# 教育惩戒概论

吕 伟 著

经济管理出版社
ECONOMY & MANAGEMENT PUBLISHING HOUSE

图书在版编目（CIP）数据

教育惩戒概论 / 吕伟著 . — 北京 : 经济管理出版社，2023.12
ISBN 978-7-5096-9546-3

Ⅰ. ①教…　Ⅱ. ①吕…　Ⅲ. ①中小学教育—教育方法　Ⅳ. ①G632.41

中国国家版本馆 CIP 数据核字（2024）第 020205 号

组稿编辑：杨国强
责任编辑：白　毅
责任印制：黄章平
责任校对：王淑卿

出版发行：经济管理出版社
　　　　　（北京市海淀区北蜂窝 8 号中雅大厦 A 座 11 层　　100038）
网　　　址：www.E-mp.com.cn
电　　　话：（010）51915602
印　　　刷：北京晨旭印刷厂
经　　　销：新华书店
开　　　本：710mm×1000mm/16
印　　　张：15.75
字　　　数：285 千字
版　　　次：2024 年 1 月第 1 版　　2024 年 1 月第 1 次印刷
书　　　号：ISBN 978-7-5096-9546-3
定　　　价：98.00 元

# 前　言

在人类历史的洪流中，教育始终扮演着至关重要的角色，影响着文明的进步，推动着时代的发展。在漫长的历史演变过程中，我们能够清楚地看到教育推动人类完成社会化的轨迹，它有力地推动了知识的积累、传承和创新，启发了无数伟大的思想家、科学家和领导者，也培育了我们现在所熟知的多元文化和社会价值观。这其中，教育惩戒发挥了独特而复杂的作用。

从广义上讲，惩戒的核心思想是纠正不当行为，引导个体走向被认为更正当的道路。然而，无论是教育者还是被教育者，对于教育惩戒的理解、接受程度都有着显著的差异。在不同的历史时期、不同的文化背景，甚至不同的教育目标下，教育惩戒的应用都面对着不同的挑战和选择。人们不得不反复思考并追问：在教育过程中，我们究竟应该如何理解和应用惩戒？这个问题并不容易回答，因为它涉及人类社会的许多深层次问题，包括权力与服从、规则与自由、均衡与公正等。因此，惩戒在教育中的角色并不能简单地进行是非二元的判断，需要进行更深入而全面的探讨。

在这本《教育惩戒概论》中，我们试图通过深度探索教育惩戒的演进历程、理论基础和实践应用来尝试回答这个问题。我们将历史视角、文化视角和理论视角相结合，试图揭示教育惩戒在不同文化背景下、不同历史时期的表现形式和内在机理。我们认识到，教育惩戒并不是孤立存在的，它是被嵌入在更大的教育理论和实践框架中的。教育惩戒的理解和应用必须在考虑其背后的教育目标、社会价值观、学生发展阶段、教育环境等多个因素的基础上进行。因此，本书的目标不仅是让读者了解教育惩戒的基本知识和理论，更希望引导读者深入思考教育惩戒在教育全局中的角色以及如何把握理性、正义、爱与责任。

另外，我们明白，作为一个复杂而敏感的领域，教育惩戒的研究和实践需要各方的参与与合作，不仅需要教育者思考和谨慎选择使用教育惩戒，家长、社会和学生本身也需要对教育惩戒有理性的认知和应对策略。因此，我们希望本书既能服务于教育工作者和研究人员，也能为家长、学生和社会公众提供一种理解和参考。

我们深信,《教育惩戒概论》是一次意义深远的探索,也是一次必要的反思。只有理解教育惩戒的真相,才能更好地实现教育的目标,才能更好地促进每一个学生的全面发展。本书的创作初衷,就是希望通过全面、深入地剖析教育惩戒的演进历程,深化对教育惩戒全貌的理解,以及对未来可能的发展趋势做出洞察。本书是对各时代、各地域、各领域的教育惩戒研究的全面总结,也是对现有研究的拓展,主要内容如下:

第一章,我们首先对惩戒的概念、类型和教育惩戒进行了概述,以此为读者奠定基础。同时,我们也回顾了古代中国教育惩戒思想的变迁,通过对源远流长的中华文化的理解,形成对教育惩戒的初步认识。

第二章和第三章,我们将目光转向国外,探讨古代和近代西方的教育惩戒思想。不仅包括古希腊、古罗马、古埃及和古印度的教育惩戒思想,也包括西方文艺复兴时期和近代的教育惩戒思想演变,以便从更宽广的视角理解教育惩戒。

第四章和第六章,我们回归中国,从明末清初到现当代,详细地考察了中国近代和现当代的教育惩戒思想。特别是中国现当代的几个重要阶段,包括接管改造阶段、自主探索阶段、纠正复苏阶段以及持续改革发展阶段,我们尽可能全面地揭示了中国教育惩戒思想的复杂变迁。

第五章和第七章,我们对西方和全球的现代教育惩戒进行了概述,以展示教育惩戒在现代社会中的实际应用和影响,以及全球各地的教育惩戒制度的比较和差异。

第八章,我们深入讨论了教育惩戒的理论基础,包括哲学、心理学、教育学、社会学和法学依据,以期为教育惩戒的理解提供更为深厚的理论支持。

第九章,我们从文化视角出发,对教育惩戒理念的发展趋势进行了展望,以期对未来的教育惩戒提供一些启示和思考。

全书旨在通过深度剖析教育惩戒的历史、理论和实践,对教育惩戒进行全方位的探索和反思。通过这种方法,我们希望能为读者提供一个全面的视角,以更深入、更全面地理解教育惩戒的各个方面。同时,我们也期待本书能激发新的研究和讨论,进一步推动教育惩戒理论和实践的发展。

最后,我们希望本书不仅是一本学术书籍,还能为教育工作者、家长、学者以及所有关心教育的人提供有价值的参考和启示,协同共建一个更加公正、和谐、有爱的教育环境。

编　者
2023 年 8 月 1 日

# 目　录

# 第一章
# 惩戒概述及中国古代教育惩戒

## 第一节　惩戒的概念

惩戒是社会规范的基础构成规则。在日常生活中，无论古今，惩戒的应用范围都十分广泛，人所群居之处，惩戒必如影随形，不然，社会秩序必然崩乱。惩戒的主体来源复杂，既可以是司法机关、行政机关，也可以是企事业、学校及社会团体等，还可能是族群中的威权长者、家庭中的监护人或上位人。惩戒的对象则全员覆盖，理论上所有人都应该受到惩戒的约束，因为既然没有人可以独立于社会规则之外，那么受到惩戒规范就是应有之义。

何谓惩戒？惩戒的概念如何界定？内涵如何解读？体系维持是否合理？制度约定是否适当？古今中外惩戒的功能、形式的稳定性如何？同质点何在？差异性在哪里？导致差异的原因是什么？这些无不显示惩戒问题的重要性与复杂性。

惩戒行为的出现应该与人类社会的形成一样古老。中华文明是目前世界上已知记载"惩戒"最早且最完整的人类文明。早在甲骨文流行时期，惩戒两字的形态"𢖒 𢼄"便已产生。

由形推义，"惩"一字为上征下心，即对人心的征伐与征服。而"征"本身又带有武力胁迫的意味，因此，"惩"一字可视为以武力对身心的征服。"戒"一字示两人执一戈，展示威慑戒备之义。组合成戒备一词，可推导出三层含义：一是武力为备，二是体罚为用，三是攻心为本。至于后世文献中关于"惩戒"一词的记载更是不胜枚举。《汉书·表·诸侯王表》："汉兴之初，海内新定，同姓寡少，惩戒亡秦孤立之败，于是剖裂疆土，立二等之爵。"《汉武故事》："上微行，至于柏谷，夜投亭长宿，亭长不内，乃宿于逆旅。逆旅翁谓上曰：'汝长大多力，当勤稼穑，何忽带剑群聚，夜行动众，此不欲为盗则淫耳。'上默然不应……自是惩戒，希复微行。"《元典章·刑部三·穆豁子杀兄》："若不明示罪名，则后人无以惩戒。"汉蔡邕《故太尉乔公庙碑》："禁锢终身，没入财赂非法之物，以充帑藏，惩戒群下。"宋王谠《唐语林》："臣不敢不奉诏，但许臣且系之，俟征积年税物毕放出，亦可为惩戒。"明冯梦龙《东周列国志》第五十七回："延及于今，逆臣子孙，布满朝中，何以惩戒后人乎？"冰心《斯人独憔悴》："原来是他们校长给他父亲的信，说他们两个都在学生会里……请他父亲叫他们回来，免得将来惩戒的时候，玉石俱焚，有碍情面。""惩戒"亦作"惩诫"，意思是惩罚之以示警戒。陈夔龙《梦蕉亭杂记》："饬令戮尸传首犯事地方示众。经此惩诫后，各乡纷纷开报地亩，极为踊跃。"

至当代，《辞海》一书对"惩戒"二字作如下解释，即"惩治过错，警戒将来"理以警惕将来。从字面意思分析，惩戒包含着两层含义：一是以前失为戒；二是惩戒亦作"惩诫"，即惩罚犯错者以示警戒。

教育部于2019年颁布的《中小学教师实施教育惩戒规则（征求意见稿）》明确指出："本规则所称教育惩戒，是指教师和学校在教育教学过程和管理中基于教育目的与需要，对违规违纪、言行失范的学生进行制止、管束或者以特定方式予以纠正，使学生引以为戒，认识和改正错误的职务行为。"此处的惩戒前缀教育，是指学校和教师在教育教学过程中对学生的违规行为给予某种否定性评价，并通过使违规学生感到痛苦或羞耻来激发其悔改之意，以达到矫治或戒除的目的，从而培养学生良好的行为习惯，促进学生发展。

至于行政惩戒，是指在公共信用领域中，行政主体对严重失信违法行为的当事人所采取的限制或约束措施。从以上教育惩戒和行政惩戒的大致概念中我们可以看出，惩戒是惩戒者对被惩戒者所做出的不当的、有违规则的行为进行管制约束，达到使被惩戒者改正错误行为、明白道理、遵守规则的目的。

为加深对惩戒概念的理解，不妨通过对比惩戒、体罚、惩罚的词义来进行深层的解读。对比体罚和惩戒。何谓体罚？从哲学角度看，体罚即对学生肉体的惩罚，隐藏在其后的身体观是"灵""肉"分离的，是身心二元的，身体是教育过程中的一个媒介，通过对肉体施加痛苦以使人"不敢"再犯错误。体罚的动作过程清晰明了，目标直指受罚者身体的痛感。但此概念概括过于简单、形式描述过于片面、内涵描述基本空白，容易引发各种歧义和遐想。如体罚力度如何设定？尺度如何把握？是否要进行风险管控？体罚是"灵""肉"二元分离论，还是"灵""肉"一体论？均无法从此概念中得以解释。已有研究者如此定义体罚：体罚是为了纠正、控制和改变儿童的不良行为，对儿童实施的旨在引起其身体的疼痛或不适（而非伤害）的行为。在此类概念中，身体扮演着媒介的角色，如果按此解释，则可推断为体罚的目的是由"肉"至"灵",是二元合一的,体罚最终还是指向心的征服,体罚不过是惩戒的手段之一,是被包含与包含的关系。但从我国现有法律制度来讲,体罚属于违法行为。有学者认为惩戒和体罚最大的区别就在于身心合一,惩戒指向人的心理和行为,且目的具有教育性,体现的是主体对客体的关怀①。但也有人认为这种认识是片面的,是对惩戒及体罚的曲解。因为从方法论角度来看,既不能将惩戒单独视为只能施加于心理的处置措施,更不能将生理与心理的作用生硬割裂。事实上,如果纯粹地将生理处罚排除在外,仅从心理角度达成心理层面的某种制裁效果,那么许多现行的惩戒手段恐怕都有违法的嫌疑。如罚站涉及生理处置,这样,判断惩戒和体罚的标准就大可商榷。

从惩罚和惩戒两词的对比来看,何谓惩罚?从广义角度来看,惩罚泛指社会中的组织、机构或个体对个人的违规违纪行为采取的一定措施,使人身心承受痛苦,以规范和维持社会秩序。从狭义角度来看,惩罚指单位、学校、家庭的主要管理成员对不合规范的行为进行不同程度的处罚,以减少和消除不良行为。法国社会学家、人类学家涂尔干特别指出,惩罚首先要遵循公正原则。深入剖析惩罚一词的内涵来看,惩罚似乎侧重于工具性,目的直指矫正行为以规范秩序。相对而言,惩戒一词中,"惩"是惩罚,"戒"是警戒,在惩戒中,惩罚是工具,警戒是目的,惩戒即通过惩罚,从而使人警戒②。如此看来,惩戒的目的性强、教育性强,兼顾被惩戒者的内心,具有强烈的人文色彩。

对比"惩戒""体罚""惩罚"三词可以发现,三词的重心有明显的区别。惩戒的重心在"戒",惩罚的重心在"罚",体罚的重心则在"体"。即惩戒的目的性被重点强调,在于对不良行为的威慑预防,目标在于未然。惩罚的目的重点在于代价付出或代价补偿、对已然发生的不良行为的对等处置,目标在于当下。体罚为生理制裁,通过生理痛楚对已然发生的不良行为作对等处置,目标亦在于当下。三者重心不一,内涵多有差异。但如果将三者的关系简单割裂,恐怕亦失之甚远。如有研究者认为体罚是消极的刺激性行为,只重在让接受客体体验身心的痛苦,"身心"重于"身",并可能还会携带着主体的负面情绪⋯⋯惩罚介乎于消极与积极之间,惩罚会对纠正消除不良行为产生一定作用,但作用或许并不持久,且对接受客体的心理来说,仍然缺乏教育效果,难以从根源上解决问题,教育效果一般⋯⋯将体罚与惩罚简单地作否定性有失准确。如关于"负面作用",即便是惩戒,也是通过不良体验处置达到行

---

①② 王振宇,谷亚.教育惩戒的意蕴、价值及实施原则〔J〕.教学与管理,2019(11):25-27.

为拒止的目的，如果没有"负面体验""负面作用"，惩戒目的的实现就可能成为空中楼阁。再如论及"体罚"与"惩罚"的功能问题时，认为两者缺乏明确的教育目的导向，因为其价值评价明显不如"惩戒"，这显然又是一个伪命题。不管承不承认，"体罚"也好，"惩罚"也罢，附带教育效果是必然的。因为两者都会使接受客体因体验到的身心痛苦而产生恐惧和规避心理，因恐惧身心受罚的痛苦感受导致未来降低做出同类行为的概率。由此可见，"惩戒""体罚""惩罚"三者的关系极其密切，我们既不应当简单地对某个概念进行人为的美化，也不应该对另一个概念作主观的贬低。

据说，马克·吐温家里有一个规矩：孩子们犯错了就要受到应有的惩罚。至于具体采取什么方式，那就由孩子们自己提出来，并经过他们的母亲同意后才能实施。有一天，阳光明媚、微风和煦，是个出游的好日子，马克·吐温夫妇决定带着孩子们去附近的农庄旅行，这正是孩子们期待已久的事情。然而，在出发前，大女儿苏茜却欺负了妹妹克拉。克拉被欺负得哭闹不止，苏茜也很快意识到自己的错误——她太冲动了，竟然对妹妹动手。于是，她主动向母亲承认错误并请求原谅。根据家规，苏茜必须受到惩罚。苏茜犹豫了许久，最终坚定地对母亲说："今天我留在家里不和大家一起坐马车去旅行。"马克·吐温很心疼，不由地说："你可以选择另一种惩罚方式。"然而，令马克·吐温夫妇没想到的是，苏茜果断地回答道："我必须为自己的行为负责。这样做能让我永远记住这次过失！"①

这个故事流传甚广，抛开真伪不论，却是一个不错的可以进行解构分析的材料。在接受客体上，体罚针对个人，惩罚针对错误行为，惩戒则结合个人的行为和心理。在行为过程中，体罚简单粗暴、动作清晰，效果明显，接受客体产生耻辱、痛苦、怨恨等消极情绪的概率较大；惩罚形式相对多样，但它追求以消极的体验达成某种积极的目标；惩戒更多地讲求教育性，追求积极目标，但同样是依托某些消极的形式或手段。在目的性上，体罚除带有目的性外，似乎还含有报复性与补偿性，重在痛苦的体验；惩罚旨在减少或消除不良行为；惩戒则是使个体从内心对规则或秩序警戒、屈服。马克·吐温的家庭惩罚故事用惩戒一词描述可能更加贴切。

---

① https://www.sohu.com/a/246417690_100016885.

# 第二节　惩戒的类型

在法治社会，惩戒通常需要法律或行政法规的授权。以我国为例，我国国民由于违法或违规导致的惩戒通常可分为如下几类：

## 一、行政处罚

根据《中华人民共和国行政处罚法》（2017年版）第八条规定，行政处罚有以下7种：

（1）警告。是国家对行政违法行为人的谴责和告诫，以及对行为人违法行为所作的正式否定评价。从国家方面来说，警告是国家行政机关的正式意思表示，会对相对一方产生不利影响，应当纳入法律约束的范围；对被处罚人来说，警告的制裁作用，主要是对当事人形成心理压力、不利的社会舆论环境。适用警告处罚的重要目的，是使被处罚人认识其行为的违法性和对社会的危害，纠正违法行为并不再继续违法[1]。

（2）罚款。是行政机关对行政违法行为人强制收取一定数量的金钱，剥夺一定财产权利的制裁方法。适用于对多种行政违法行为的制裁。

（3）没收违法所得、没收非法财物。没收违法所得，是行政机关将行政违法行为人占有的，通过违法途径和方法取得的财产收归国有的制裁方法；没收非法财物，是行政机关将行政违法行为人非法占有的财产和物品收归国有的制裁方法。

（4）责令停产停业。是行政机关强制命令行政违法行为人暂时或永久地停止生产经营和其他业务活动的制裁方法。

（5）暂扣或者吊销许可证、暂扣或者吊销执照。是行政机关暂时或者永久地撤销行政违法行为人拥有的国家准许其享有某些权利或从事某些活动资格的文件，使其丧失权利和活动资格的制裁方法。

（6）行政拘留。即公安机关对违反治安管理法规的人在短期内剥夺其人身自由的一种强制性惩罚措施。由于行政拘留是行政处罚中最严厉的一种，因而法律对其适用作了严格的规定：①在适用机构上，只能由公安机关决定和执行。②在适用对象上，一般只适用于严重违反治安管理法规的自然人，但不适用于精神病患者、不满14岁的公民以及孕妇或者正在哺乳自己一周岁以内

---

[1] 公淑一. 教育惩戒：背景、内涵及政策意蕴［J］. 科学咨询（科技·管理），2020（27）：10-11.

的婴儿的妇女，同时也不适用于我国的法人和其他组织。③在适用时间上，为1日以上，15日以下。④在适用程序上，必须经过传唤、讯问、取证、裁决、执行等程序。

（7）法律、行政法规规定的其他行政处罚。①人身自由罚：包括行政拘留。②行为罚：主要形式有责令停产停业，吊销许可证、执照等。③财产罚：主要形式有罚款、没收财物（没收非法财物和违法所得）。④声誉罚：主要形式有警告、责令具结悔过、通报批评等。

《中华人民共和国行政处罚法》除以列举方式规定了上述行政处罚外，考虑到这几种行政处罚可能不足以处罚所有行政违法行为，又授权法律和行政法规这两种全国性的法律文件可以创设这几种行政处罚以外的其他行政处罚。由法律和行政法规新创设的行政处罚主要有劳动教养、通报批评、强制履行兵役、驱逐出境、撤销注册商标、注销城市户口等。

## 二、刑事处罚

刑事处罚主要分为人身罚和财产罚，但主体是人身罚，本节主要介绍主刑。

（1）管制。是指对犯罪分子不实行关押，但限制其一定自由，依法实行社区矫正的刑罚方法。是我国刑罚种类之一，属于主刑的一种。管制是最轻的主刑，是我国独创的一种刑罚。管制刑的特征：一是刑罚的最低档；二是不必投入特殊的改造场所，由公安机关负责监管；三是劳动有报酬；四是羁押时间可抵刑期。

（2）拘役。是剥夺犯罪人短期人身自由，就近实行强制劳动改造的刑罚方法。在我国刑罚体系中，拘役是介于管制与有期徒刑之间的一种主刑，它具有以下特征：①拘役是一种短期自由刑。拘役的刑期最短不少于1个月，最长不超过6个月。所以，拘役是我国对罪犯予以关押、实行强制劳动改造的三种自由刑中最轻的一种。②拘役适用于罪行较轻但需要短期关押改造的罪犯。

（3）有期徒刑。是剥夺犯罪分子一定期限的人身自由，实行强制劳动改造的刑罚方法。有期徒刑是剥夺自由刑的主刑，其刑罚幅度变化较大，从较轻犯罪到较重犯罪都可以适用。所以，在我国刑罚体系中，有期徒刑居于中心地位。

（4）无期徒刑。是剥夺犯罪分子终身自由，并强制劳动改造的刑罚方法。

（5）死刑。是剥夺犯罪分子生命的刑罚方法，包括死刑立即执行和死刑缓期执行两种。死刑是我国刑罚中最重的一种，是由最高人民法院判决、执行的剥夺犯罪分子生命权和政治权的刑法，因此，死刑是严格控制的。

## 三、教育中的惩戒

### （一）学生惩戒类型

在 2021 年 3 月以前，从我国的学校制度来看，学生惩戒大致可以分为以下两大类型：

1. 纪律处分

纪律处分是学校对违反学校规章制度的学生，采取具有书面记录的惩戒措施。纪律处分有以下措施：

（1）警告。对于初次犯错误的学生，学校一般给予普通警告，警告该学生不能再犯类似错误。

（2）严重警告。已经犯错误超过三次的学生，教师或者学校会给该学生严重的警告。

（3）记过。对于那些屡教不改的学生，学校会采取记过的措施。但是在学生积极改正错误后，会取消该学生的处分。

（4）勒令退学、开除学籍，情节严重的转交给少管所等。这些措施用于严重违反学校的规章制度、影响学校教育活动正常进行的学生（义务教育阶段除外）。

可以根据学生行为改正的态度，减轻或者消除对该学生的处分（惩戒）。这些内容是根据学校的规章制度以及国家的法律条文进行设置和安排的，并根据学生所犯错误的程度而采取不同的处分。纪律处分一般是由学校内部商议决定并实施的惩戒措施。

2. 事实惩戒措施

事实惩戒措施是指教师在教学过程中自己决定做出的惩戒措施，例如：当堂批评不守纪律的学生；让扰乱课堂秩序的学生站着听课；对于没有按时完成作业的学生，罚他们抄写作业；惩罚不遵守学校纪律的学生在操场跑步；等等。以上惩戒措施是教师在课堂上或者课后实施的。而对于这些举措，社会上始终存在褒贬不一的看法。

### （二）中小学教育惩戒规则

2020 年 12 月，教育部颁布了《中小学教育惩戒规则（试行）》，在这份文件里面，对教师和学校实施教育惩戒的方式进行了细致的说明。其中，也包括了惩戒的类型。

按照学生犯错误的程度，本书把惩戒分为以下四种类型：

（1）一般惩戒。一般惩戒的惩戒措施主要是对在课堂上违规的学生进行点名批评；责令做错事的学生赔礼道歉；教师还可以要求学生做口头或者书面检讨；其他符合学校规定的且适当的惩戒措施。在对学生实施惩戒后，可以通过适当的方式告知学生的家长。

（2）较重惩戒。较重惩戒的惩戒措施主要包括由负责德育工作的教师对违规违纪的学生进行训斥和教导；可以安排破坏学校公共财物的学生进行校内公益服务；可以对打架斗殴的学生进行行为的限制，限制其参加游览、校外集体活动；其他符合学校校规校纪规定的措施。教师在实施较重惩戒后，应当告知学生的家长。

（3）严重惩戒。严重惩戒的惩戒措施主要包括以下措施：给予不超过一周时间的停课或者停学，并要求违规违纪学生的家长在家对其进行教育、管教；可以建议该学生的家长为该学生改变教育环境或者限期转学；其他符合学校规定的适当措施。采取严重惩戒措施之前，应当事先告知学生的家长。

（4）强制措施。强制措施主要针对的是学生携带危险的物品，如刀具、管制物品等，将其私藏并偷偷带进学校的行为。针对这些可能会危害学生的健康以及会对学校的正常教学产生消极影响的行为，教师应该在发现学生携带或者使用危险物品时，及时阻止并没收；情节严重的，应该报备学校。教师如果发现学生做危险性的行为，应该立即采取行动阻止该学生的行为，防止意外事故的发生，避免造成不必要的后果。

# 第三节　教育惩戒

教育惩戒是惩戒的重要组成部分，是依法设立的各级各类教育机构为维护正常的教育秩序依法依规对受教育人员采取的强制措施。

## 一、教育惩戒

何谓教育惩戒？教育部颁布的《中小学教育惩戒规则（试行）》首次对教育惩戒的概念进行了定义：教育惩戒，是指学校、教师基于教育目的，对违规违纪学生进行管理、训导或者以规定方式予以矫治，促使学生引以为戒、认识和改正错误的教育行为。换句话说，教育惩戒是学校和老师在规则框架下，对学生违规违纪的不良行为作出定性判断，采取规则框架内的措施对学生行为进行矫正，让学生能够意识到自己的错误所在，在事实上形成一定的敬畏心理，在未来学习与生活中做到言行自律的一种教育活动。这样的教育活动是在原则上不损害受惩戒人身心健康的前提下，根据已有的规章制度或法律制度实施相应程度的处罚措施。

学校为什么需要教育惩戒？这是由学校的功能所决定的。学校的功能大致可分为个体个性化与个体社会化两类功能[①]。从系统论的角度来看，社会化可视为对外功能，个性化可视为对内功能。进一步细分，对外功能又可分为固有功能（个体个性化）和工具功能（个体社会化），对内功能可分为自我保存、自我调节和自我更新的功能[②]。从以上功能定位可知，学校教育的功能内涵十分丰富，承载着众多科学和人文的价值追求，且随着时代的发展有不断演进扩充的趋势。但无论学校功能怎样演进，有一种功能始终存在，虽未明确但不可或缺——学校教育矫治功能。

## 二、教育惩戒的重要意义

### （一）矫治功能是现代社会对学校教育的必然要求

随着现代科学技术赋予人类越来越多的知识和技能，现代社会发展前景呈现出机遇与危机并存的局面。一方面社会财富不断积累，全球人口数量与质量不断提升；另一方面社会分裂日益加剧，社会矛盾与极端主义思潮对人类的和平与安全提出了越来越严峻的挑战。作为"文明复兴的新动力"[③]，教育肩负着科学与人文的协同使命，既要为社会培育合格的人力资本和知识精英，又要防止受教育者不良品行和反社会人格的滋长，两者相权，后者的压力与难度更甚于前者。学校教育如果在矫治问题上不能有所作为，将是社会文明体系的重大损失。

1. 学校教育对接家庭教育要求专业矫治的介入

首先，在个体一生所接受的各类教育中，家庭教育是个体社会化的起点和基础，学校教育则是个体系统地进行社会化和个性化的唯一专业社会组织活动，学校教育与家庭教育在生理和时间序列上形成对接关系。成功的学校教育和社会教育通常是建立在良好的家庭教育基础之上的。但家庭教育由于自身的局限性，如教育条件、家长知识经验等因素的影响，质量参差不齐，不能达到理想的家庭教育效果[④]。因此受教育者具有接受专业辅导和矫治的必要性。其次，我国特有的城乡二元社会经济结构产生的一个特殊群体——留守儿童，需要学校教育的特殊介入。据国家有关部门统计，2010年我国留守儿童总数约6000万人，规模相当于法国的全部人口，由于他们与父母分离，普遍处于隔代教养状态，心理及行为偏差问题突出，亟须教育的及时介入。最后，大量研究证明，不良的家庭环境与品行障碍的发生显著相关，如父母婚姻不和、家庭

①④ 柳海民 . 现代教育原理［M］. 北京：人民教育出版社，2006.
② 蒋士会 . 教育功能及其演进［J］. 广西师范大学学报（哲学社会科学版），2003（2）：99–104.
③ 朱永新 . 新教育的文化使命［J］. 中国教育学刊，2013（9）：1–4.

暴力、父母离异、父母有犯罪史、家庭社会经济状况差等[1]，此类家庭中个体品行不良及反社会人格的产生概率明显高于正常家庭。此类状况涉及个体数量占社会总人口的比重虽然不大，但绝对数字不容忽视。此类群体由于具有潜在的社会危害性，更需要学校矫治的深度切入。以上三类目标人群均需要得到不同程度的心理引导或矫治，学校教育是一个很好的选择。

2. 平衡社会不良影响需要学校教育矫治发挥作用

社会教育一般指学校教育和家庭教育之外个人所接受的教育活动。资讯科技的发达极大地拓宽了个体接触不同文化的渠道，同时也极大地丰富了不良文化的侵入手段。在信息化、价值观多元化的社会里，个体无时无刻不受着社会的各种影响，学校不再是封闭的"象牙塔"。学生因身心发展不成熟导致其容易受到社会不良文化的影响，因此在成长的全过程中始终需要得到专业的指导。在对抗社会不良影响的文化争夺战中，教育矫治要做的并不是划出是非标准，指导甚或代替个体作出选择，而是帮助个体学习分析问题的科学方法，掌握为人处世的智慧，学会独立且理性地作出个人的价值判断。只要社会存在，不良文化作为文化的一个组成部分就永远不会消失，学校教育没有能力也没有可能彻底消除社会不良影响，但专业化的教育矫治在帮助个体抵御及消解部分社会不良影响方面的积极作用是不容置疑的。因此，即便仅从牵制或平衡社会不良影响的角度来说，学校教育矫治也是无可替代的。

3. 矫治功能是学校教育的基本内隐功能

教育任务和教育对象的复杂性决定了教育功能的复合性，教育只有通过功能的分化和专业化才能对应各类目标群，实现分类治理。早在春秋时期，中国古代教育先驱孔子就提出了"因材施教"的教育原则，此原则的提出显示了我国很早就注意到了教育对象的差异性，使教育有顺逆之分，顺者顺势而为，从善如流，教育水到渠成；逆者逆水行舟，批亢捣虚，教育必先治而后教。显然，从逆到顺，需要一个矫治导引的过程，而为了达到良好的矫治导引效果，教育手段必须有软有硬，对症下药。《吕氏春秋》说："为善者赏，为不善者罚。"将之引入如今的教育语境中就是既有柔性教育，也有刚性强制。刚性强制就是依靠法律法规、条例条规、制度规范、纪律约束、惩戒、申斥等进行硬性要求，达到矫治的目的。[2] 可见，矫治功能从来都是教育基本功能的一个重要组成部分。

---

[1] 杨翠，袁茵. 青少年品行障碍研究进展［J］. 当代青年研究，2006（11）：52-57.
[2] 纪大海. 人性矫治与刚性教育［J］. 中国德育，2011（7）：88-89.

### （二）学校教育矫治功能缺失的危害

矫治功能不仅是教育基本功能的一个重要组成部分，而且日益成为个体接受更高教育的前提或必要条件。矫治功能一旦缺失，它可能导致"教育主体自身需要的价值危机"[①]，对当事个体影响重大，社会也将为此付出代价，后患无穷。目前，我国在社会实践中侧重于依赖工读学校或司法部门作为教育矫治的主体，这种末端治理思路低效且笨拙。人性矫治是一项前易后难的工程，最佳矫治期是在萌芽阶段而不是强化成熟阶段，因此，品行矫正治理重心必须前移到学校教育阶段，对此全社会必须要有清醒的认识。

1. 不利于当事个体的矫治及发展

教育矫治的对象非常明确，即由于家庭教育不当或社会不良影响而造成品行偏异乃至品行障碍的目标个体。个体品行是在个体长期的成长过程中形成的，因此个体品行不良的发展离不开以下三个环节：不良诱因的浸染、长期的影响固化、不良品行程度的加深。三个环节中除了第一个不良诱因学校教育无法控制外，后两个环节均有可能随着教育矫治的介入而改善或中止。首先，教育矫治可以在发展早期通过及时介入扰乱不良品行的固化进程。个体在品行发展的过程中具有很强的可塑性，既容易受到不良文化的浸染而误入歧途，也容易因正确的教导而返正，而且这一进程越早介入，效果越好。研究表明，青少年时期的攻击性行为往往与童年早期那些没有被习得"要求禁止的"攻击性行为是一致的[②]。神经生理研究也显示，品行不良引发的越轨行为会因介入因素发生正强化或负强化。当越轨行为没有得到及时矫治时，行为将因正强化而形成动力定型，越轨动力定型的形成，使个体与越轨行为相关的神经活动具有了直接性和自动性，一旦某种条件刺激物出现，条件反射就会接踵而至地显现出来[③]。其次，教育矫治可以中止品行不良程度的升级。大量证据表明，青少年期的品行障碍问题如得不到及时解决，持续时间过长，问题会变得更加复杂、严重[④]。即品行不良如果不能得到有效矫治，很容易固化并升级，从品行不良发展到品行障碍，再发展到违法犯罪，由低到高，有明显的因果关系。面对此类情况，学校教育不能介入，就等同于放任，个体可能就此失去了一个重回正常人生轨道的机会，而社会则增加了不稳定的风险。

---

① 张旸.学校教育价值危机的凸显及超越——基于对"读书无用论"的反思 [J].中国教育学刊，2013（3）：16-19.

② 熊小青，刘启珍.国外关于品行障碍性别差异研究的综述 [J].赤峰学院学报（自然科学版），2013（2）：157-158.

③ 吕耀怀，陈颜琳.论社会制裁及其矫治功能 [J].湖南工业大学学报（社会科学版），2008（5）：23-26.

④ 杨翠，袁茵.青少年品行障碍研究进展 [J].当代青年研究，2006（11）：52-57.

2. 不利于周边易感人群的预防和保护

一个有不良品行倾向的个体行为同时会具有不良文化浸染源的效应，即品行不良个体既是受害者，也是加害者。有研究表明，收容机构里暴力的氛围和攻击性行为在同伴团体中的多次重现不仅会增强，而且会均质化居住在里面的青少年的攻击性行为[1]。而不良的班级环境和恶劣的学校环境对于儿童品行障碍的形成均有影响[2]。以上研究充分证明了没有得到及时有效矫治的不良品行是如何影响其周边人群的，它具有感染性，使危害扩大。相反，及时的矫治措施不只能有效教育品行不良者本人，还能对周边人群进行有效教育，因为无论是未被标定的越轨个体的行为矫治，还是暂时没有表现为相应行为的越轨心理的矫治，都须依赖于足够的社会制裁所传递的警戒信息[3]。因此，仅从预防和保护品行不良个体周边的易感人群来说，教育矫治能够发挥至关重要的作用。

3. 不利于教育环境的净化

在学校教育活动中，个体矫治不仅涉及个人利益，同时也涉及关联人群的利益。因为在集体教育环境中，每个人的行为都会对周边人群产生直接或间接的影响。相应地，所有关联人群的利益都会受到不同程度的侵害——被影响或者被干扰。马卡连柯曾说过："如果学校中没有惩罚，必然使一部分学生失去学习生活保障。"这句话的另一种理解是，如果教育中没有矫治，必然使一部分学生失去学习生活保障。当不良行为在教育环境中不能被立即标签化并给予相应惩戒或矫治时，教育环境就处于污染化状态，正常教育无法顺利开展。即便广大关联人群能够对不良行为自动免疫，教育的公平公正也受到了严重侵害，因为社会没有为全体受教育者提供良好的教育环境。

惩戒对于教育来说是不可或缺的一部分，教育要面对不同的教育对象，就需要掌握不同的教育工具，使用不同的教育手段，使用惩戒权就是应有之义。当然，教育有尺，惩戒有度，把握好尺度是关键。教育惩戒的目标就是在为广大学生群体健康成长保驾护航之余，确保少数品行不佳的学生也能得到关爱与矫治。改革开放以来，由于人口政策及社会转型等因素影响，我国社会教育观念发生了重大变化。如独生子女的过度关爱、留守儿童的家教失守等，家庭与学校、家长与教师、教师与学生的关系均脱离了传统的轨道，教育关系变得极

---

[1] 熊小青，刘启珍.国外关于品行障碍性别差异研究的综述［J］.赤峰学院学报（自然科学版），2013（2）：157–158.

[2] Kellam S. G., Ling X., Merisca R., et al.The Effect of the Level of Aggression in the First Grade Classroom on the Course and Malleability of Aggressive Behavior into Middle School［J］.Development and Psychopathology，1998（10）：165–185.

[3] 吕耀怀，陈颜琳.论社会制裁及其矫治功能［J］.湖南工业大学学报（社会科学版），2008（5）：23–26.

其复杂。以至于部分教师纷纷"躺平"，对少数学生的不良行为不敢管、不愿管，放任教学秩序的失控。针对这种不良倾向，中共中央、国务院联合印发的《关于深化教育教学改革全面提高义务教育质量的意见》明确提出了教师对学生实施惩戒的规范和细则，这在一定程度上有利于遏止课堂教育管理濒于失控的局面。

## 三、教育惩戒的对象

《中小学教育惩戒规则（试行）》对应当给予教育惩戒的情形作了具体化划分，本书据此作出总结，即在确有必要的情况下，学校、教师可以在学生存在不服从、扰乱秩序、行为失范、具有危险性、侵犯权益等情形时实施教育惩戒。

不服从，指学生故意不完成其基本的学习任务，包括故意不完成教学任务要求或者不服从学校的教育、管理要求。

扰乱秩序，包括扰乱课堂秩序和学校教育教学秩序，即学生的个体行为已经在一定范围内产生了不良影响。

行为失范，主要指吸烟、饮酒以及其他违反学生守则的行为。

具有危险性，指学生实施危害自己或者他人身心健康的危险行为。

侵犯权益，指学生打骂同学、老师，欺凌同学或者侵害他人合法权益的行为。

此外，《中小学教育惩戒规则（试行）》与《预防未成年人犯罪法》相衔接，规定学生实施属于《预防未成年人犯罪法》规定的不良行为或者严重不良行为的，学校、教师应当予以制止并实施教育惩戒，加强管教。

具体而言，一般教育惩戒适用于违规违纪情节轻微的学生，包括点名批评、作口头或者书面检讨、增加额外教学或者班级公益服务任务、一节课堂教学时间内的教室内站立、课后教导等；较重教育惩戒适用于违规违纪情节较重或者经当场教育惩戒拒不改正的学生，包括德育工作负责人训导、承担校内公共服务、接受专门的校规校纪和行为规则教育、被暂停或者限制参加游览以及其他集体活动等；严重教育惩戒适用于违规违纪情节严重或者影响恶劣，且必须是小学高年级、初中和高中阶段的学生，包括停课停学、法治副校长或者法治辅导员训诫、专门人员辅导矫治等。

从宏观方面来讲，教育惩戒的对象就是指违反了校纪校规或者其他妨碍学校教学活动正常进行、有害他人身心健康的学生，因此，可以根据年龄、性别、受教育学段、身心发展状态等因素对学生群体作进一步细分。如根据年龄，可以将教育惩戒的对象划分为幼儿、小学生、中学生以及大学生。不同的学生，其不良行为习惯存在较大差异，在不同的年龄阶段也具有不同的特征，因此，对其进行教育惩戒的方式和手段也不同。从性别角度来看，对男生与女生的教育惩戒可以适当不同，如劳动的分配需考虑男女有别，有些处罚情境要考虑女性的生理状态等。再比如，从身心发展状态角度来看，对特殊学校的学生进行教育惩戒必须建立在对特殊人群的科学评估基础之上，如果简单对应正常学校学生的惩戒措施恐怕会有失公允。以通过年龄区分受教育对象为例，不同年龄或学段的对象分别具有不同的典型特征。

## （一）幼儿

在幼儿阶段即学前期，惩戒对象存在的不良行为习惯可能有自私、任性、撒谎、欺凌、盗窃等，这些不良的行为习惯不仅对幼儿本身的身心健康成长不利，而且可能影响同一环境下其他幼儿的正常生活和活动。如果不及时加以纠正，幼儿的这种不良习性则会随着年龄的增长日益固化，积重难返，最终有可能酿成大错。因此，及时地对其进行教育惩戒是必不可少的。教育家洛克也曾说过："当孩子违反了某些规则你却不加以处罚，结果他势必轻视这些规则，而你的威信在他的心目中也就降低了。"尽管幼儿的年龄还比较小，但也不能因为年龄小而对其放纵，尤其是考虑到幼儿正处于社会化的基础期，这个时期幼儿的身心发展很大程度上受到其成长环境的影响，抓住这一成长关键期，对于培养幼儿健康的身心素养至关重要。因此，家庭、托幼机构及全社会必须高度关注幼儿的养成教育。许多幼儿就是因为在家长的宠溺下娇生惯养、为所欲为，没有得到正常价值观的引导，无法形成正常的社会人格、习得从事社会生产的技能，从而导致成年以后很难在社会上立足。所以，适时适当地对幼儿开展教育惩戒也是应有之义。

幼儿的常见不良行为习惯如下：

（1）自私。自私是所有正常幼儿的天性，这是由人的生物性所决定的。从生存策略来看，生来自私是生物最高效且最合理的存在及发展方式。只有在自私行为的作用下，生物个体之间才会发生竞争，推动生物进化，从而达成资源的最佳分配。但在充分社会化的人类社会中，自私需要受到合理的约束，因为生命个体之间除了竞争，还需要合作，只有竞争加合作才能实现社会相对稳定地良性运行。3岁之前幼儿的自私行为是纯粹且本真的，他们的领地意识及占有欲都十分强烈，霸道及不讲道理通常是这一年龄阶段孩子的共性，在独生子女家庭中表现尤甚。但正因为这是孩子的天性，在后天的教育中才更需要长期有意识地约束和引导。约束和引导的方式可以不谈，教育的效果也可以暂时不加理会，这些不是关键所在，因为教育结果在这一阶段不可能理想地达成。这一阶段所施加的约束和引导最重要的价值在于过程和潜在的影响。正常来说，所有影响结果真正显现是在幼儿期之后，即孩子智力快速接近成人水平之际。因为仅当孩子的智力达到一定水平，才会真正意识到有约束的自私行为最合乎自身利益。但如果在幼儿期未施加这些影响，或者影响的施加力度强度不够，那么该个体形成正确意识的时期很可能会无限期推迟，以至于错过社会化的最佳期，而一旦错过社会化的最佳期，也就意味着该个体大概率会错失融入社会的时机，个体的人生悲剧可能就由此展开。因此在幼儿期展开对幼儿自私行为的教育，包括采取必要的教育惩戒措施，是引导幼儿正确认知自私行为的必要措施。

（2）撒谎。撒谎是幼儿另一个常见的不良行为习惯。心理科学研究表明，智力水平越高的孩子，撒谎的概率会越大。同样从生存策略角度来看，撒谎是合理的行为，因为撒谎可以使某个个体规避风险或惩罚，降低犯错成本，获得非对称的好处。但撒谎又是一柄"双刃剑"，合理地、有技巧地、有节制地使用撒谎，对于维持正常的人际关系来说，利大于弊，但撒谎一旦被滥用，将可能导致糟糕的甚至是灾难性的后果。因此，在幼年状态有意识地对幼儿的撒谎行为进行正面教育非常必要。首先，幼儿必须意识到撒谎是很可能被识破的，而谎言被识破后撒谎者很可能要付出比不撒谎更大的代价。其次，幼儿要意识到撒谎行为本身是有成本和风险的，如可能会逐渐导致个人诚信的缺失、为避免撒谎被识破不得不编造和组织更多的谎言。最后，幼儿要强烈意识到外界对撒谎行为的容忍限度——谎言有善恶边界，善意的谎言或许无伤大雅，而恶意的谎言往往难以被接受。幼儿对撒谎行为的认知态度基本取决于家庭的认知态度。幼儿在进入幼儿园之前的时光都是与父母一起度过的，这段时期家长的言行举止就显得极为重要，因为幼儿正处于一个爱模仿的阶段，父母又是幼儿社会行为的主要参考对象，如果父母在家中本身就存在撒谎的行为，幼儿自然而然地就会去模仿。美国的一项调查也发现，父母自身的诚实水平与孩子的诚实表现呈现明显的正相关关系。另外，社会因素也会较大程度地影响幼儿的撒谎行为。如幼儿在进入幼儿园后通过与其他小朋友的互动，使撒谎行为强化或弱化，如果幼儿园教师未及时对此类行为进行引导或干预，家、园合作不同步，教育将难以达到较好的效果。因此，对于幼儿的撒谎行为，家、园双方必须通力合作，高度重视针对此类行为的正面教育。情节较轻的可以通过口头语言劝诫孩子不能撒谎，情节稍重的则可以通过一些适当的行为处罚使孩子形成深刻的心理记忆，从而逐渐矫正不良行为。

（3）盗窃与抢夺。盗窃与抢夺也是幼儿常有的不良行为习惯，男生尤甚。孩子盗窃与抢夺的原因主要是：孩子喜欢上了某一个事物，但是自己却得不到满足。比如，看到别人有令人羡慕的新玩具，自己想向别人索取却遭到拒绝，家长也因为各种原因不能满足自己的需求，于是就采取了盗窃或抢夺的手段。幼儿发生这类行为，一个重要的原因是幼儿认知能力不足：幼儿的认知能力尚未完全发展，他们可能无法完全理解偷窃和抢夺的概念，只是觉得某些东西看起来有趣或者想要尝试一下，而没有意识到行为的性质。幼儿的盗窃与抢夺行为从本质上来说是自私行为的延伸。这种行为在社会群体中显然是不合乎道德规范的。幼儿之所以会有此类行为，很大程度上与幼儿尚未形成道德观念有关。道德是一个社会化概念，社会成员只有在理解并接纳社会规则的基础上才可能形成道德和法律观念，因此，在成长过程中，不断触碰道德和法律界线的行为几乎会出现在所有正常幼儿的身上。从这个角度来讲，幼儿的成长过程就是一个不断试错的过程，家庭与社会要有足够的耐心和包容。当然，耐心与包容不是为了纵容孩子在错误的道路上越走越远，而是为了在这个认知基础上找到帮助孩子认识并纠正错误行为的正确态度与有效途径，引导孩子逐渐约束并规范自己的行为。同样，在这个问题上，最重要的教育场所仍然是家庭，当孩子出现此类行为时，家长既不能反应过度，更不能熟视无睹，而是要给予妥善教育和指引。在幼年时不及早正确教育孩子，极易使孩子在成年时滑入违法犯罪的深渊。早期的初级的盗窃与抢夺行为应当以正面教育为主，但当正面教育效果不佳时，批评乃至教育惩戒就应当作为备选手段，手段不同，目的一致，即逐步戒断孩子的不良行为习惯。

（4）欺凌。在幼儿群体中，以强凌弱的现象时有发生，主要表现为"力量较强的一方对力量相对弱小的一方所实施的一种特殊的攻击性行为"。幼儿之间的欺凌呈现以下几个特征：首先是重复度高。欺凌行为在不受控的情况下似乎成为一种行为本能，随时可能发生，在教育实践中较难防范。其次是不可预知。欺凌方的欺凌动机十分复杂，欺凌行为无法预测。如既可能是为了霸占某个玩具发动攻击行为，也可能无理由地展开就近攻击。最后是自我强化。如果欺凌行为未受到相应的约束或控制，欺凌主体的欺凌行为可能自动强化，甚至逐渐升级，有可能导致较为严重的后果。对幼儿欺凌模型进行分析不难发现，这种行为在生理与心理两方面均具有一定的规律。从生理层面来看，欺凌行为双方通常存在力量强弱的对比，即力量强势方通常成为欺凌方，而力量弱势方通常沦为被欺凌方。从心理层面来看，心理强弱也可能成为左右欺凌的关键因素。如某些力量强但心理弱的孩子也会沦为被欺凌方，且在反复的欺凌事件中越发自卑和胆怯；而某些心理偏早熟的幼儿尽管在生理上并不占优势，但却成为事实上的霸凌者。分别分析生理因素和心理因素不难发现，家庭养育和教育失当的幼儿更容易成为欺凌事件的主角，要么喜欢暴力行事，初步呈现出反社会人格的雏形；要么懦弱退缩，不能适应家庭外的社会环境。对于幼儿欺凌，针对欺凌方，较佳的模式是教育加惩戒；针对被欺凌方，应当以教育为主，以鼓励和爱护为辅①。

**（二）其他年龄段**

1. 中小学生

中小学生属于身心发展迅猛、体能增长与心理变化强烈的人群，反抗意识强、独立觉醒剧烈，在行为上具有冲动、逆反、冲撞、鲁莽、不计后果等特征，一旦行为引导或约束不力，产生的后果也更为严重。因此，对中小学生进行教育惩戒的方式也相对不同。同样是中小学生，但因地域、年龄的差异，其特征也具有诸多差别。

2. 大学生

大部分大学生都已经步入成年人的行列，智力、性格、心理及价值观念基本定型。部分大学生仍未具备独立生活的能力，处于完全社会化的过渡阶段，仍具有行为调整的空间。当前大学生普遍存在的不良行为主要体现在以下几个方面：

（1）沉迷网络。随着近年来我国高等教育的高速发展，截至 2020 年，我国平均高等教育毛入学率已达 54.4%，全国各类高等教育在学总规模 4183 万人，高等教育规模位居全球之首。数量庞大的在校大学生为国家提供了可靠的人才储备，但是，部分大学生入学之后沉迷网络，尤其是部分男生沉迷游戏的情况十分突出。有研究表明，当前大学生沉迷网络的比率为 3.3%~10%。大学生不分昼夜地沉迷在网络世界中，不仅违反了校规校纪、荒废了学业、搞垮了身体，而且日益与现实世界脱节。如果就此离开校园，恐怕难以顺利融入社会，寻找不到自己的人生价值，而且可能酿成家庭人伦悲剧。因此，对于这部分大学生人群，在大学阶段如不采取有效措施予以干预，无论对学生个人，还是对整个社会来说，都是重大损失。

（2）逃课挂科。按照我国高等教育法规和各高校人才培养方案，在校大学生需按要求完成一定学分的专业学习，并经考核合格后，方能毕业，进入社会，参与社会分工。但部分大学生因各种原因无法完成学业，导致学生无法毕业的情况时有发生，其中尤以逃课挂科现象最为突出。据统计，仅在 2019 年，全国就有 5.5 万名本科生因各种原因被取消学位，如果计算专科层次的人数，逃课挂科导致学业失败的情况更为严重。大学生不能正常完成学习任务是较为严重的社会问题，因为它不仅关系到大学生个人的社会生存、影响家庭的稳定，而且不利于社会的安定团结。

---

① 屈卫国. 幼儿欺负行为的调查研究及其科学矫正［J］. 学前教育研究，2005（3）：27-29.

（3）诚信缺失。大学生是社会花费大量资源培养的精英群体，肩负着实现中华民族伟大复兴的历史使命。品行问题是重大的公共性问题，具有品行障碍的个体无论在生活中，还是工作中，都会存在重大的隐患，不利于社会的长治久安。在众多的品行问题中，诚信是全社会重点关注的基本品行，诚信缺失是现代社会的"毒瘤"，直接危害社会公信力及社会经济的安全运行。大学生的诚信缺失如果不能得到及时的矫治，将来步入社会，其位越高，其害越甚。当前大学生诚信缺失主要体现在考试舞弊、简历作假、学术不端、欠贷不还等方面，这些触及道德底线的行为将要或正在触及法律底线，显然，对这些问题的漠视不符合对大学生进行德育教育的时代要求。

# 第四节　教育惩戒的基本程序

教育惩戒是实现教育正义的重要且必要手段之一，教育惩戒要达成其目标，必须符合正义的基本标准，因此，教育惩戒的实施需要程序正义的参与与框正。只要设计并实施好教育惩戒的基本程序架构，教育惩戒的正义才能真正落到实处，教育惩戒的效果才能最大化地得到保障。尤其在当今社会关于教育惩戒的议题共识不多、争议不少的情况下，重视并科学推进程序建设极其重要。教育惩戒的程序在我国尚是一个新生事物，但从全球来看，许多发达国家已有相对成熟的制度或做法，可以作为参考。没有严谨程序的惩戒很容易陷入随意性和反教育性的泥沼中，负面效果巨大。如据报道，国外有老师处罚学生跪冰冻的豌豆、玉米粒或者米饭，被罚的学生需将手高举在空中，时间长达几个小时；美国佛罗里达州的一位老师甚至强迫某位在课堂上捣乱的学生戴狗用的伊丽莎白圈以儆效尤，虽然学生在生理上并没有遭受痛苦，但对学生造成了巨大的心理创伤。这些例证从反面显示了程序正义的极端重要性。

## 一、教育惩戒基本程序的说明

根据行为性质不同，教育惩戒可分为事实惩戒和惩戒处分两类。事实惩戒属于教师的职业权力，教师在惩戒种类、判断违纪的事由、应有幅度和时机的选择上享有自由选择权；惩戒处分属于教师的法定权力，但教师仅在惩戒的轻重和情节认定方面享有有限的自由裁决权。

仅对《中小学教育惩戒规则（试行）》解读来看，教育惩戒的基本程序需要注意这么一些实施细节：实施《中小学教育惩戒规则（试行）》规定的一般教育惩戒的基本措施，教师可以当场实施，且可以事后视需要决定是否跟学生的家长进行相应的沟通；而欲实施较重惩戒，教师应当报告学校，由学校作出相应裁定，且学校需将裁定及时告知家长。此类做法在国外通行，具有一定的普适性。以德国巴伐利亚州《学校法》为例，第 86 条第 1 款规定：如果学生没有足够地参与课堂学习，须在教学人员监督下补课。第 88 条第 4 款进一步规定：教学人员在执行该措施前须及时通过书面形式向学生监护人履行告知义务并说明事实情况。但如果某学生违纪，后果严重，按相关处置规定符合重处的条件，惩戒实施主体则应由学校承担。《中小学教育惩戒规则（试行）》规定在实施严重教育惩戒和给予纪律处分时，应当把听取学生的陈述和申辩作为必经的前置程序，如果学生或者家长有申请听证请求的，学校也应当无条件地组织听证。这样，从程序上才符合正义的基本诉求。

在一般情况下，教师或学校可以根据犯错误的轻重程度采取相应的纪律措施，教育惩戒应该提醒在前、警示在中、处罚在后，且始终要把教育贯彻其中。学生犯错行为总体可分为有意识犯错行为和无意识犯错行为，错误程度及行为后果也不尽相同，社会影响也千差万别。此外，行为个体的年龄不同，适用的处罚措施应有所区分、有所侧重。如对于学前教育阶段的幼儿来说，一般的纪律处分显然并不适当，可选择的惩戒措施大致可包含提醒、批评、禁止游戏（活动）、离园（要求家长带回家）、劝退转园。到了义务教育阶段，可辅以警告、记过等纪律处罚手段，但停课、停学、劝退转学则不为我国当前法律政策所支持。从高中到大学，则可视情况处以开除学籍等严厉处罚。所以针对不同学段，惩戒方法不能"一刀切"。总体而言，本着教育为本的原则，应遵循"提醒在前、警示在中、处罚在后"的程序。

**（一）提醒**

学生犯错是普遍现象，从某种程度上讲，不断试错本就是个体成长的必经之路，通过犯错、纠错、改正、接纳、巩固等一系列复杂调整，最终实现个体的成长与成熟。因此，在错误行为发生前或错误行为还在萌芽或初始阶段，提前或及时地介入不仅必要，而且效果最好。教育工作者有义务、有责任全面且精准地做好校园事态的监控与跟踪管理，将不良事态消灭在恶化之前。所以，每位教师应秉持公平公正的基本原则，以人为本，灵活采取最适切的处置手段。在学生出现违纪行为时，如果影响不严重的话，教师可以先予以提醒，只要提醒奏效，则不必处罚。以小学课堂上的学生管理为例：

（1）发现有违纪的迹象，教师可边授课边示意，或暂停讲授并明确示意。

（2）违纪现象仍未终止或改善，教师可通过近距离提醒、丢粉笔等方式予以提醒。

（3）如以上提醒无效，可在课堂上直接点名提醒，施加集体压力迫使当事人中止错误行为。

（4）提醒无效，可请班主任、级组长或其他校领导暂带其离开课室，进行单独思想辅导。

**（二）非正式警告**

如果温和、耐心的提醒无效，可视情况升级为非正式警告。非正式警告可分为公开警告、单独警告和书面警告三种形式。公开警告可以直接在课堂上或其他公开场所对提醒无用的学生提出警告，对其提出明确的行为要求。单独警告是以单独谈话的方式予以劝诫，动之以情，晓之以理，恩威并用。书面警告则以告知书的书面方式通知本人及监护人，就其行为进行告诫，通过家、校合作强化警告的效果，必要时还可约谈监护人。进行公开警告与单独警告时均可视情况判断是否需要跟进家、校沟通手段。

**（三）处罚**

如果提醒和警告无效后，则可考虑进入处罚程序。目前，我国各级各类学校通常采用如下一些处罚手段：

（1）警告（学前教育阶段不适用）。

（2）严重警告（学前教育阶段不适用）。

（3）记过（学前教育阶段不适用）。

（4）记大过（学前教育阶段不适用）。

（5）留校察看（学前教育和义务教育阶段不适用）。

（6）开除学籍（学前教育和义务教育阶段不适用）。

以上处罚手段由轻到重，具体处罚等级视行为主体情节轻重裁定。学校作为处罚裁定及实施主体，应当在国家相关教育法律法规的指引下，科学制定本校学生管理条例，本着公平公正、客观适用的原则，就学生违纪处罚的规则、程序、行为调查、取证、裁定、申诉等事项进行清楚的界定，确保处罚的形式正义、程序正义及结果正义的全面实现。要始终明确，教育惩戒并不以处罚为目的，设置一定的程序只是为了更好地规范学生的行为，营造良好的教风学风环境，不管将教育管理推进到哪个环节，都应该始终把教育理念贯彻其中。

## 二、教育惩戒的注意事项

教育惩戒的公平公正性是实现教育惩戒正义目标的重要前提，罗尔斯认为，公平即正义。公正是"社会制度的首要价值，正像真理是思想体系的首要价值一样"[①]。公平公正是教育惩戒合理乃至合法的基石，缺乏公平公正的教育

---

① 罗尔斯.正义论［M］.何怀宏，何包钢，廖申白，译.北京：中国社会科学出版社，1988.

惩戒从道义上讲就失去了正当性，从目标上讲更与追求的价值终点相背离。以公平公正为最重要的关注尺度，在教育惩戒过程中应该注意以下事项：

（1）教师在进行教育惩戒时，必须公平公正，不能靠个人主观意志去判断一个人的好坏。不同的学生或数位学生同时犯错时，教师在了解情况之前，每个人都不应该被区别对待，都应该受到同等标准的对待，不能以成绩好坏、是否是班干部、家庭贫富、与老师关系亲疏等因素实行不同标准的处置。

（2）实施教育惩戒时要注意确保学生的基本权益，如确保隐私权等不受侵犯。教育惩戒的实施者要避免通过污辱性语言等方式羞辱学生，使学生在公众场所当众出丑或难堪。实施者更不能触碰教育惩戒的底线，教育惩戒的一切行为都应该在道德、法律允许的范围内。

（3）所实施的教育惩戒方式应当控制在学生承受能力范围之内，避免不可控的悲剧或意外事件的发生。实施教育惩戒时如果超出学生能够承受的限度，可能会对学生的心理或身体造成一定的伤害，特别是根据年龄大小的不同，惩戒可以有所区别。因此，实施教育惩戒本身确实存在一定的风险，实施前应当进行必要的风险评估，实施后可采取必要的防控手段。

（4）规则面前，人人平等。保证管理措施公平公正地落实，班级要注意营造良好的文化氛围。教师作为课堂教学的主要负责人，应当以身作则，引领风气，"欲正人，先正己"，在学生面前做好表率。如教师自己要成为规则的遵守者、守护者，以自己的行为维护校规校纪、班规班纪的权威性。要求学生不迟到，教师自己就不能迟到；要求学生按质按量交作业，教师自己就要按时、按量、保质完成作业批阅，并督促相关学生修改作业。师生共同严格落实规则要求，没有人能够游离于规则之外，规则的权威性就得到了基本的保障。

# 第五节　古代中国教育惩戒思想变迁

中国的教育惩戒思想源远流长。教育惩戒与教育同步产生，早在5000年以前，惩戒已是教育的常态。回顾教育惩戒的历史发展，共分为三个阶段：以体罚为主的教育惩戒阶段、约束体罚的教育惩戒阶段、禁止体罚的教育惩戒阶段。

教育惩戒从出现起，就与体罚密不可分。在某种程度上惩戒等同于体罚，或者体罚即惩戒。在中国古代的传统教育中，塾师对于蒙童的扑责，即体罚，被视为贯彻师道的重要标志之一。体罚被视为教育的题中义，也是塾师阶层安身立命的要诀①。中国从奴隶社会到封建社会末期，幼儿的教育也几乎都是在棍棒威慑下进行的。中国的甲骨文"教"字，即指儿童在成人执鞭监督下习文之事，它是由表示教育目的、内容的"孝"和比喻暗示驾御方法的"反"（扑打）组成的，即表示没有体罚就无教育②。中国第一部系统论述教学思想的《学记》有"夏楚二物，收其威也"之言，"夏楚"指教师使用的教鞭。孔子也不避讳论体罚。《论语》云："刑罚不中，则民无所措手足。"春秋战国时期著名历史故事"负荆请罪"显示荆条是那个时代惩戒的常用工具。战国末期，《吕氏春秋》记载："为善者赏，为不善者罚。"此处依然将奖罚并列。汉时，家规多行"笞"刑，《史记·曹相国世家》记载："参子窋为中大夫。惠帝怪相国不治事……窋既洗沐归，窋侍，自从其所谏参。参怒，而笞窋二百……"其中，"笞"可作鞭解，有文献又解为"竹条""木条"。隋唐之后，直至清末，"笞"始终为惩戒常用之具③。从明始，戒尺进入学堂。戒尺原为佛教法器，"用两只木块制成的。两木一仰一俯。仰者在下，长七寸六分、厚六分、阔一寸分余，下面四边有缕面。俯者在上，长七寸四分、厚五分余、阔一寸，上面四边有缕面"。多为佛教戒师向僧徒说戒时的用具，亦用于"皈依、剃度、传戒、说法、瑜伽、焰口、施食"等仪节，如《百丈清规·沙弥得度》："设戒师座几，与住持分手，几上安香烛、手炉、戒尺。"传说明太祖朱元璋见皇子朱棣性顽，不服老师教管，遂特赐戒尺，命以之击其掌以示惩戒。后来戒尺成为学堂标配。

中国古代教师惩罚学生的常见方式有如下几种：①戒尺打手心（重）；②罚抄背课文（轻）；③罚跪（轻）；④退学（重）；⑤其他，如罚站门外、没收午饭等。

清朝末期，西方文化陆续传入亚洲，以儿童中心为本的心理学、教育学思想对中国传统教育思想产生了巨大的冲击，教育惩戒观念也随之转变。光绪二十九年（1903年），清政府颁布《钦定学堂章程》，章程明确规定："夏楚只可示威，不可轻施，尤以不用为善。"这是中国教育史上首次明确以法规的形式对教育体罚行为进行规范。虽然该章程没有断然否定体罚行为，但官方谨慎的措辞已显示出吸收西方教育理念的明显倾向，标志着中国教育思想开始迈入约束体罚的教育惩戒阶段。对于体罚的具体实施，该章程提出了一些细则，明确规定，体罚对13岁以上的学生不适用，而对13岁以下的孩子可以区别适用，体罚的方式限制于打手心、打屁股、鞭打等举措，而罚站、剥夺假期、剥

① 张礼永. 师道与体罚——传统教育观念的由来及其转变［J］. 全球教育展望，2017（3）：118–128.
② 姬庆红. 古代世界教育中的体罚［J］. 新疆石油教育学院学报，2005（2）：35–37.
③ 李姣，郑红红. 浅论唐代刑罚思想与唐代的酷刑制度的关系［J］. 商品与质量，2012（5）：212.

夺自由等不算在体罚之列。对体罚进行约束而不禁止，从落实层面来说，这一阶段的教育惩戒思想与传统的教育惩戒思想并没有本质区别，从某种程度上来说，其仍是中国传统教育惩戒思想的延续。但从观念发展层面来看，传统教育惩戒思想面临近现代新教育理念的挑战，这为教育惩戒理念与制度的变化埋下了伏笔，因此，这一历史时期注定成为中国教育史短暂的过渡阶段。

中国教育正式禁止体罚始于民国。1912 年元旦，孙中山宣誓就任中华民国临时大总统，民国时代开启。当年七八月份，全国临时教育会议筹备召开，1912 年 9 月 3 日，教育部正式公布学制系统框架，史称"壬子学制"。到 1913 年 8 月，教育部先后公布了《小学校令》《中学校令》《大学校令》《实业学校令》等法规章程。在教育惩戒方面，直接与西方主流接轨，明确禁止体罚。《小学校令》规定，小学校长、教职员工，在教育的时候，认为已经到了不得已的地步，不得不实施惩戒，可以去惩戒不听话的儿童，但是不得体罚。"壬子学制"的颁布，标志着中国教育在理论上开启了无体罚教育惩戒时代。

1949 年中华人民共和国成立，反体罚的教育理念已然深入人心。在此后长达数十年的发展历史中，中国教育法制逐渐完善，教育顶层设计在体罚这一问题上的立场始终如一。《中华人民共和国教育法》《中华人民共和国义务教育法》《中华人民共和国教师法》《中华人民共和国未成年人保护法》等所有法律法规均将体罚划归"违法"行列。

首先，根据立法的法理逻辑，体罚或变相体罚侵犯了学生的人格尊严。而人格尊严受《中华人民共和国宪法》的保护。《中华人民共和国宪法》第三十八条有明确的规定，"中华人民共和国公民的人格尊严不受侵犯。禁止用任何方法对公民进行侮辱、诽谤和诬告陷害"。

其次，体罚侵犯了学生的身体健康权。健康权是指自然人依法享有的保持身体机能正常和维护健康利益的权利。立法者认为，青少年身体正处于迅猛发育期，生理发育尚不成熟，采用暴力的方式体罚学生，"极易造成学生身体器官的损伤，严重者造成终身残疾"。因此，教育机构体罚学生，不论是否造成严重后果，一律违法。情节严重者，甚至会涉嫌构成刑事犯罪。其中《中华人民共和国教师法》第三十七条规定，"体罚学生，经教育不改的"，由所在学校、其他教育机构或者教育行政部门给予行政处分或者解聘。很明显，体罚问题在法律及行政政策层面被明示为行业红线，且随着监管力度的不断加大，教师体罚现象迅速受到严厉的管制，并在 20 世纪末总体上接近退出学校教育舞台。

## 一、古代中国教育惩戒思想形成原因

中国传统文化历来提倡尊师重道，"一日为师，终身为父"的师道尊严观念深入人心。古代中国教师地位的崇高有着其深刻的历史原因。从教育起源来看，早在原始部落时代，教育行为就已然系统性出现。生产技能、生活经验既需要在代际间传承，也需要在个体间交流，以提升部落总体的生存概率和生存质量。彼时并无固定和专职的教授人员，通常由部落酋长或具有丰富经验的长者兼职传授。至夏商周时代，学校雏形出现，教育成为统治阶级的专项特权，教育者也都出身于统治阶级，地位崇高毋庸置疑。西周时代，官学制度成型，设专职教育官，官师一体，教师的贵族身份无可动摇。至春秋战国时代，私学兴起，退休的官吏或士人任教，教师仍然为社会上层人士所垄断。以孔子为例，孔子远祖可上溯至商朝开国君主商汤。西周立国后，封商纣王亲兄微子启于宋（今商丘）。启薨，其弟微仲即位，微仲即孔子十五世祖。至孔子父叔梁纥时，虽然家世中落且已流落到鲁国的陬邑（今山东曲阜），但贵族血统光环仍然荫蔽不衰，叔梁纥曾官至陬邑大夫。隋唐以后，官学、私学并行，官师一体、学仕一体成为教师职业最典型的两个身份特征，教职从根本上为士人集团所垄断，传统中国教师的身份地位便始终占据高地。因此，无论是在业务层面还是道德层面，教师都与学生形成了上下位关系，教师中心和教学中心升格至社会伦理信仰的高度，教师的威权赋予了教师及教学行为极大的自由，而学生及学习行为的内在需求则被忽略，这种不平等关系下产生相对强势的惩戒教育文化也就不足为怪了。

## 二、古代中国教育惩戒主要措施

古代中国实施教育惩戒的最早线索可追溯至夏商时代，彼时教育主要由家庭（家族）主导，故教育惩戒主要由家长或家族长实施。《尚书·舜典》记载："扑作教刑。"教刑是一种以戒尺击打身体的教育处罚，具有体罚性质。《礼记·内则》亦记载："父母怒，不说，而挞之流血，不敢疾怨，起敬起孝。"挞亦是典型的体罚形式。早期典籍对教育惩戒的记载清晰传递了两个基本信息：教育惩戒行为的普遍性及教育惩戒中体罚现象的普遍性。

周以后，官学日渐昌隆，官学作为国民教育最具代表性、引领性的教育形式，它的规范无疑就代表了行业规范。因此，官学的教育惩戒理念，几乎就是其所处时代社会教育惩戒理念的标准缩影。梳理考证古籍资料可知，古代中国教育惩戒的主要措施有以下六种：

### （一）申饬

申饬，也称戒谕、告诫、斥责，是师长对有违规行为或较大过失的学生进行的口头训斥，类似于今天的批评教育或口头警告，一般适用于初犯者，或犯错行为较为轻微的行为人。汉刘向《说苑·修文》："修德束躬，以自申饬，所以检其邪心，守其正意也。"意思是说修养德行且检点约束自己，以严苛的标准开展批评与自我批评，以达到剖析出存在的不良认知、坚守纯正心志的目的。例如，元代国子监的监生如有悖慢师长、言行不谨、讲诵不熟、功课不办、无故废学、有故不告辄出、告假违限、忿戾斗争等不端行为，初犯者通常处以"戒谕"的惩戒。作为最初级的一种惩戒，申饬以思想教育为主，既是说理引导，也含威胁警告，恩威并用，是各种惩戒措施中成本最低的一种。

**（二）记过**

记过，原意指记录过失，即将行为人的违规违纪行为记载在案。记过是一种正式的品行负面评价行为，会直接影响对被评价人日后的任用、提拔，因此记过可能会对个人的政治待遇与经济待遇产生重大的打击，是社会对个体施加的一种集体性惩处。《汉书·贾谊传》记载："及太子既冠成人，免于保傅之严，则有记过之史……"《宋史》记载："政和间，诏博士、学正依大理寺官除授，不许用无出身人及以恩例陈请。生徒犯罚者，依学规；仍犯不改，书其印历或补牒，参选则理为阙失。"[1] 可见，记过处分不仅会约束受惩戒人，还对全社会责任相关单位或相关人有明确的约束作用，以维护记过处分的权威性。在组织机构越是成熟的社会，记过的威慑性也越强大，其后果之严重在有些时候甚至超过其他的惩戒方式。

**（三）体罚**

生理性责罚，也称为体罚，即对违规学生进行引发生理痛觉的处罚。体罚是一种直接且强烈的惩戒措施，通常在强者与弱者之间，或上位者与下位者之间发生。体罚的本质是武力征服，在教育中，体罚的施加对象一般以未成年人为主。宋代官学《京兆府小学规》就以 15 岁为界。15 岁以下学生"行扑挞之法"，即体罚。[2] 体罚作为教育惩戒方式，最早可以追溯到上古五帝时期。《尚书·舜典》中有"扑作教刑"的记载，东汉末年大儒郑玄注解说："扑，挞也。"《尚书孔氏传》云："扑，榎楚也。不勤道业则挞之。"[3]《易经》亦云："初六：发蒙，利用刑人，用说桎梏，以往吝。"《续资治通鉴》记载："后性庄严，颇达古今。金主已立为太子，有过，尚切责之；及即位，始免夏楚。"解文可知，连金国太子在受教育阶段也会因有过要受"夏楚之扑"。明清两朝，国子监设有绳愆厅，专事监生的教育惩戒事务，"由监丞掌管，司纠察、挞责"。

**（四）赎财**

即经济处罚。赎财的方式多种多样，如夺禄、罚俸、停俸、罚直、罚赐

①② 脱脱，等．宋史［M］．北京：中华书局，1977.
③ 蒲坚．中国法制史大辞典［M］．北京：北京大学出版社，2015.

钱、停厨、复本役等不一而足，实质就是让受罚者遭受经济损失。在中国古代教育制度中，接受教育本身就是给予特定阶层的一种福利，在这一基本福利之上，为鼓励学子勤勉学习，官学还往往提供更优厚的经济待遇，如免除其赋税徭役、政府提供免费的食宿及一定的生活补贴等。但如果学生学业有亏或行为不端，则可能视情节处以相应惩戒，包括经济手段。如在唐代，对于学业怠惰、不堪教诲的学生，就将予以"停厨"或"复本役"的惩戒。[①] 宋代也有对15 岁以上的违规学生进行罚钱充公的惩戒。从性质上看，赎财可视作教育惩戒的一种辅助手段，且不论这种处置手段是否合理，单从效果来看，因为涉及受罚人的财务利益，对处于中下层家境的普通士子的影响无疑是巨大的，但对于上层家境的学子来说可能效果有限。

**（五）解退**

解退又称除籍、削籍、落籍。可视为今天的劝退与开除，即解除学籍，剥夺继续受教育的权利。中国古代，尤其是唐以后，教育与仕途密切关联。学籍的有无很大程度上会影响政治前途，因此，解退是一种严厉的教育惩戒手段，因而具有较强的震慑效果。《唐会要》记载：国子监学生"有艺业不勤，游处非类，樗蒲六博，酗酒喧争，凌慢有司，不修法度有一于此，并请解退。又有文章帖义，不及格限，频经五年，不堪申送者，亦请解退"。据记载，唐大和九年（1835 年），有七名新罗籍留学生被解退，即"勒还蕃"。宋朝学制亦有规定：太学生严重违犯学规，或请长假满一年，即予除籍。

**（六）刑罚**

因违犯学制管理，遭受刑罚处理，无疑是古代中国最严厉的惩戒方式，一般适用于违规违纪情节严重的行为。唐朝将殴打、杀害教师的行为列入"十恶"之大罪，最高可处死刑。《旧唐书》就记载了一起贵族子弟因殴打国子祭酒阳峤被唐睿宗下令"杖杀"的事件。宋政和三年（1113 年）制定的州县学规规定："州县学生有犯，在学，杖以下从学规，徒以上若在外有犯，并依法断罪。"[②] 明洪武十五年（1382 年）起，明太祖为规范国子监管理下令制定学规。其中，对于辱师行为有专门的刑罚名目："敢有毁辱师长及生事告讦者，即系干名犯义，有伤风化，定将犯人杖一百，发云南地面充军。"因辱师导致充军，刑罚不可谓不重。刑罚的设定，使官学的权威性得到空前的加持，对规范学生的学习行为、整治违犯学规的乱象起到了强大的震慑作用。

---

① 田振洪 . 传统中国教育惩戒规则的历史考察与启示——以官学学规为主要视角［J］. 法学教育研究，2020（4）：397–414.
② 徐松 . 宋会要辑稿［M］. 北京：中华书局，1957.

### 三、古代中国教育惩戒的特点

古代中国教育惩戒思想起源早，制度形成历史久远，严密度及可靠性高，实践应用历经考验，不仅在漫长的历史进程中发挥了巨大的作用，而且为中国现代教育惩戒体系的建设奠定了坚实的基础。现代中国教育惩戒制度基本沿袭了古代中国教育惩戒的思想和措施。总结来看，古代中国教育惩戒措施主要呈现以下三个典型特征：

（一）多样性

教育惩戒的终极目的在于拒止，因此，为达成此目的，着眼于生理、心理的叠交效应从而达到最佳效果无疑是明智的，多样性的惩戒手段是古代中国教育惩戒取得成功的重要原因之一。申饬是针对行为后果相对较轻或不良行为初犯者的主要惩戒手段。其为言语性说理或警示，成本低、效果好，从教育角度来说，理性的沟通显然是最高性价比的手段。记过是以未来潜在价值牺牲为代价以达到警示行为人的一种惩戒手段。这种方式同样成本不高，具有较强烈的警示作用。在威权社会或强组织机构中，这种方法作用明显。体罚粗暴而有效，生理的不适会给行为人带来生理与心灵的双重刺激，惩戒的效用非常明显。体罚也是跨国家、跨民族，适用性最强的惩戒手段之一。赎财以利益损失为手段，是一种间接处罚措施。从社会性角度来看，人的教育与成长追求的重要目标之一就是社会资源分配，利用社会资源分配压力对个体进行惩处，直接关系到个体的终极需求，因而足以产生强大的震慑作用。但此种手段的效用与被处罚者的社会阶层高度成反比，即对象越偏向于底层，效用越明显；对象越趋向于上层，效用越弱。解退从纯教育角度来说可称为终极手段，直接剥夺受教育者的受教育权利或资格，在教育与社会经济或社会阶层紧密捆绑的时代，解退的杀伤力毋庸置疑。刑罚超越了普通教育惩戒手段的范畴。在任何时代，刑罚都是所有惩戒手段中最终极的选择，从具体的个体教育层面讲，选择了刑罚，在某种程度上就是对教育情怀的放弃，与教育惩戒的目的相背离。当然，从社会层面来讲，刑罚仍然具有教育意义，主要体现在对他人、未来预期的警示与威慑。中国古代发明的这些教育惩戒手段基本涵盖了所有可行的适用措施，并为后世教育惩戒的规制设立了标准。现代教育惩戒手段至今未突破这一标准体系，可见古代中国教育惩戒多样性的成功。

（二）威权性

古代中国教育惩戒制度的设计及实施主体是以官方为主要代表的教育机构，通过《学制》《学规》等法律法规达成强制约定。它首先是统治阶级的意志体现。对于阶级社会来说，教育同时具有权力与权利的双重属性。一方面，权利为统治集团提供了凝聚力，通过权利分享团结核心力量，有利于维护利益垄断与统治。另一方面，权力是社会性强制属性，无论是社会契约还是暴力强制，作为维系既定社会秩序的硬约束力量，强权法则之下服从是唯一选择。权利的软约束与权力的硬约束赋予了教育惩戒的威权性。官学作为教育威权的代表，其在整个教育体系中的引领性、示范性及强制性使其地位超然，其所制定的规制、行为准则便是行业标准，从中央到地方，从私学到家教，上至贵胄，下至走卒，自觉服从，进而维护，形成传统。尤其是古代中国中央集权式专治制度一再强化，威权文化长盛不衰，威权制度成为统一范式。教育惩戒制度的威权化极大地提高了惩戒效率，威慑效应极高，同时也使教育对教育惩戒的依赖性日益增强。教育与教育惩戒相互需要的一个结果就是思想的保守与固化，创新与改革的阻力也随之增大。

### （三）实效性

中国文化是极致的实用主义的体现。教育惩戒是教育需要的产物，因此，教育惩戒从一开始就极其重视实效性，只要与实效性不相违背，任何一种手段都无须排除，且可以用到极致。以最轻度的申饬为例，申饬是以说理与警示的形式，达到教育的目的，有时会不可避免地触及被惩戒人的自尊，但发展到羞辱就已经近乎极端了。事实上，以申饬之名行诛心之实的案例，在中国古代教育史中屡见不鲜，以致引发受辱者自杀或其他群体性事件。对于这一现象，清朝方大湜曾道："诸生即有一二不肖，须为众人惜体面，切不可窘辱太过……"[①] 这确实是中肯的见解，但在众多具体的惩戒情境中，行为一旦发生，事件的发展走向便不一定可控。因此，哪怕看似无害的申饬，在追求实效的驱动下，也会显示出强大的杀伤性，一言而杀人，不乏实例。在众多的惩戒手段中，体罚是一种使用频率极高的措施，官学、私学、家教皆如此。中国古代就有"棒打出孝子""板子头上出状元"的说法，可见体罚风气之盛。被体罚者常被击打的部位众多，如手掌、臀部、大小腿等部位皆是热点选择，其中尤以臀部为最，雅称"笞尻"，俗话就是"打屁股"。《红楼梦》第三十三回就有贾宝玉被其父按在凳上，举起大板打臀部的描写："只见他面白气弱，底下穿着一条绿纱小衣皆是血渍。"这还是家法被强行劝止后的结果，如果未有他人介入，贾宝玉遭遇的体罚是有可能危及生命的。这个典型场景揭示了即便在统治阶层，体罚也是常有现象，这是因实用而普及的明证。在实效价值的遮蔽下，体罚的负面效应要么被忽略，要么被淡化，大众无意识地陷入盲从而无法自拔。

---

① 方大湜. 平平言 [M]. 合肥：黄山书社，1997.

## 四、中国传统教育惩戒思想的弊端

奖与罚是教育通用手段，二者的协调使用有助于教育目的更好地达成。在长期的教育实践中，中国传统教育形成了过于依赖教育惩戒的现象。教育惩戒滥用的特征极为明显。

### （一）功能场域的滥用

在中国历史上，教育惩戒很早就被视为巩固封建统治的重要手段，而不只是教育手段，这就容易造成以教育名义越界作恶的现象，从而违背教育惩戒的本义。《周易·系辞下》言："小人不耻不仁，不畏不义，不见利不劝，不威不惩；小惩而大诫，此小人之福也。"这段话中，明显预设了一个前提：惩戒对"小人"是有天然的正义性的，所以只要是教育惩戒，对小人而言就是行善，以一种不容辩驳的奇怪逻辑将行为立场化，将立场合理化，至于道理、利弊，已经不值一提。明清时期，文字狱盛行。康熙时期著名的"朱方旦《中补说》案"是一个典型。朱方旦是当时的名医，著有《中补说》和《中质秘录》两书。朱方旦创造性地提出脑是人的思考器官，称"古号为圣贤者，安知中道？中道在我山根之上，两眉之间"。所谓"中道"，即指人之意念、记忆，也就是我们的认知意识。应该说，这个理论当时领先世界，堪称朱方旦对中医学的革命性突破，具有重大的进步意义。但时任翰林院编修的王鸿绪大肆攻讦朱方旦，称其"诡立邪说，妄言休咎，煽惑愚民，诬罔悖逆"，并安上"罔上，逆圣，惑民"三大罪行。康熙二十一年（1682年），康熙帝下诏将朱方旦处死，其著作尽行焚毁。至雍乾两朝，因文罗罪之风更盛，仅乾隆一朝，各种类型的文字狱案件就达130起，对后世影响极为恶劣。将文教问题上升为政治问题，将教育惩戒异化为残酷刑罚，这显然是功能场域的滥用。

### （二）惩戒手段的滥用

既然惩戒的目的在于教育，那么过度惩戒而脱离教育的初衷显然是不适当的。总体来看，中国古代教育在制度上赋予了教育机构及教育者施行教育惩戒的权力，但关于教育惩戒的程序、约束及受惩戒者的申诉、救济等措施则基本缺失，这导致在具体的事件中很容易发生权力滥用、手段升级或失控的现象。在体罚行为中，此类滥用尤其明显，普通的体罚手段升级为极端的伤害手段，直至消灭其肉体，造成人伦悲剧。《孔子家语》记载："曾子耘瓜，误斩其根。曾皙怒，建大杖以击其背，曾子仆地而不知人久之。"曾子不过手误，在农耕时将瓜苗的根锄断，曾父竟然以杖击其背，以致曾子昏迷。曾父惩戒的行为显然过罚不当，属于典型的惩戒滥用，其风险之大可见一斑。将体罚发展至极致的时代应是明清时期，为严格培养和管理督学，国子监专设监丞一职，对师生言行进行"纠察"，通常在"绳愆厅"办公。监丞兼具司法权和行刑权。对监生的惩罚有痛决、充军、吏役、枷镣终身、饿死、自缢、枭首示众等。[①] 手段之酷烈远远超出了正当的教育惩戒，危害尤重的是，这种恶劣风气由国子监蔓延至地方各级各类官学、私学机构中，甚至普通蒙学亦深受其累。明朝知名学者王阳明对当时蒙学中盛行体罚的做法就非常反感，他认为这种做法对儿童极其有害，致使儿童"视学舍如囹狱而不肯入，视师长如寇仇而不欲见"，将滥用体罚的危害揭露得入骨三分。

据传，在战国时期，有一位叫作明罚的老师，喜虐待学生以示"管教"。明罚经常使用体罚来惩罚学生，例如，逼迫学生站在高立的台阶上低头，如果抬头，就使用竹篾击打学生的头部。这种残酷的体罚方法曾使一名学生因为颅脑损伤而死亡，在当时引起了巨大的争议。在长达千年的古代科举考试时代，体罚导致的悲剧也颇为典型，为了提高学生参加科举考试的成绩，一些老师在考前会对学生实行长时间的禁食和封闭训练，有时甚至会通过体罚来激励学生。这种极端的压力和虐待导致许多学生身心俱损，有学生因此而自杀。

在民间学堂中类似的事件和悲剧可能更加普遍。在古代中国农村地区，一些知识或技能技术传授的补习班被称为"杂碎学堂"，并由私人或集体经营。杂碎学堂一般是供百姓子弟获得基础教育的场所，主要是为了教授一些基本的文化知识和技能，如读写、算术和一些常识等。这些学堂通常由私人设立或者由地方政府组织，提供免费或低廉的教育服务。由于缺乏正规管理，此类学堂中滥用体罚的问题尤为严重。有记载称，学生仅因细微错误，如写错字或者忘记背诵，就遭受老师的严厉鞭打或其他酷烈的惩罚。此类虐待式惩戒不仅容易导致学生丧失学习兴趣，更给他们的身体和心灵带来了巨大伤害。

① 毛礼锐，沈灌群.中国教育通史［M］.济南：山东教育出版社，1987.

# 第二章
# 国外古代教育惩戒概况

## 第一节　古希腊的教育惩戒思想

古希腊指今天欧洲东南部、地中海东北部的众岛之地，具体包括希腊半岛、爱琴海、爱奥尼亚海上的群岛及岛屿。由于面向大海，岛屿地形多为山岭沟壑，土地贫瘠，不宜耕种，生活资源从海洋获得。地理决定生活方式，生活方式决定民族文化，因此，独特的古希腊教育文化应运而生。区别于其他地球早期文明，古希腊不是一个国家的概念，而是一个地区的总称。城邦一般由一个城市及周边的若干村落组成，面积有数十至数百平方千米不等，人口少则数万，多则数十万。古希腊城邦林立，不同理念偏好的人群在不同的城邦奉行不同的社会管理制度，使这个地区成为不同政治思想的伟大试验场。比如，有些城邦奉行奴隶主贵族寡头制，由国王、公民大会、长老会议和监察官组成国家机构，统治权集中在国王手中，如斯巴达。有的城邦则奉行奴隶主民主政治，由执政官、贵族会议和公民大会等机构构成城邦管理力量，如雅典。

### 一、古雅典的教育惩戒文化

#### （一）古雅典的教育思想

公元前499~前449年，借希波战争的胜势，雅典崛起，经济与文化逐渐走向巅峰，对后世人类文明产生了巨大的影响。奴隶主贵族寡头制下的古雅典重视教育，古希腊著名的哲学家亚里士多德曾经说过：教育不应该是娱乐的一种方式。它不属于玩乐活动，而应该是一种十分严肃并且神圣不可侵犯的活动。但教育权是奴隶主享有的特权，奴隶是无权接受正常的教育的。古雅典人认为，合格的公民应该是德、智、体、美全面发展的人，因此，教育在全不在精。同时，人是归属于家庭的，教育也应该主要由家庭负责，因此，在古雅典盛行私人办学，16岁之前，个体教育分别由家庭教育和私立学校承担，而国家则负责16~20岁青年的教育。

雅典的儿童出生后，须进行一次严格的生存资格检查，即通过基本的体格评估，决定孩子是否有抚养的价值。只有体格健康、无明显缺陷的孩子才会被留在家里抚养，身体孱弱或者残疾的新生儿则被抛弃荒野，执行检查的通常是父亲。正常抚养的孩子在 7 岁之前接受教育的主要场所是家庭，父母通常不负责具体的教育，由家养的年长女奴隶任家庭教师，负责照顾孩子的饮食起居，同时兼任健康及教育导师。值得注意的是，古雅典前期女子的社会地位十分低下，即便是奴隶主家庭出生的女子也通常被排除在教育之外，如亚里士多德就认为："男性天生优越，而女性天生低劣；他们一个是统治者，另一个是被统治者。"（《政治学》第一卷）。鉴于彼时社会对女性的歧视，大多数的女孩子从小便跟随母亲学习一些基本的持家本领，7 岁之后，继续在母亲的指导下学习纺织、缝纫等技能。社会普遍不鼓励女子接受书写等教育，"因为这样可以让她们免于被宠坏"。

男子自 7 岁起将被送至学校，学习文法、音乐和体操，以在将来成为合格的商人、武士或政治家。文法含读、写、算及哲学、文学知识。音乐主要学习歌唱。体操学校又叫角力学校，主要训练内容为赛跑、跳跃、角力、掷铁饼、投标枪。今天奥林匹克"铁人五项"的传统就来源于此。在学校教育中，男子 16 岁正式毕业，毕业后大部分男子可以直接进入社会谋生。少数贵族子弟可以选择升级至国家办的体育馆继续深造，接受体育、智育和审美教育。升至国家体育馆的学员 18 岁时还将再面临一次选择：是否接受专门的军事训练。20 岁是一个重要的年龄线，古雅典城邦中出身于贵族家庭 20 岁以上的成年男子，拥有一定的财产，且自备武装承担了兵役服务，经过一定的程序后，将正式成为一个国家公民。

**（二）古雅典的教育惩戒**

综上可知，古雅典的教育思想脱胎于其民主政治思想。正义、权利、平等、自由、契约、法制等概念深入人心且烙印在其社会体系中。但在具体的教育中，采取了较为严酷的教育思想和做法。

古代雅典教育强调德育和纪律的培养，认为通过严厉的惩戒可以塑造学生的品格和纯洁的精神。他们相信，只有通过严格的教育和惩罚，才能使学生远离邪恶，养成良好的习惯和道德品质。古代雅典教育中的教育惩戒制度主要由家庭、学校和社会共同执行。在家庭中，父母是孩子的第一任教育者，他们负责对孩子进行基础道德教育和纪律约束。家庭教育中的惩戒以体罚和训斥为主要手段。父母可能会使用棍棒或皮鞭等物品进行体罚，以惩治孩子的不良行为。此外，他们也会通过责骂、威胁和短暂的禁闭等方式来纠正孩子的错误。在学校中，教师扮演着教育的角色，他们通过体罚和训斥等方式来纠正学生的

"错误"行为。教师可以采取体罚、鞭笞、责骂、羞辱等手段来纠正学生的不当行为。该制度的主要目的在于培养学生的服从和自律意识。而在社会中，法律及其行政机构负责对违规行为进行制裁，以维护社会秩序和道德规范。这包括罚款、剥夺公民权利、流放甚至死刑等。

古雅典人高度重视体育训练，这种重视是一以贯之的。苏格拉底指出，"人们所做的一切事情都是要用身体的"（色诺芬《回忆苏格拉底》），有健康的身体，才有健全的理智。柏拉图强调："良好的培养和教育造成良好的身体素质，良好的身体素质再接受良好的教育，产生出比前代更好的体质。"[1]骑马、投弹、标枪、射箭、体操、角力等内容一个都不能少。亚里士多德提出，"立法者应从考虑如何使他教养的儿童的体格能够充分强健开始"（亚里士多德《政治学》）。在儿童教育中，"我们必须首先训练身体"。

古雅典人对体育训练的重视基于两个基本原因。首先，健康的体魄离不开体育训练。在医疗水平不高的古文明时代，疾病与伤痛对人的生命构成了巨大的威胁，要维系正常的生命，最简单、最直接的方法除强健体魄外并无其他捷径可寻，这可能是古雅典人不得不依赖体育训练的首要原因。其次，体育训练具有明确的军事训练目的。古雅典人所处的时代并非是温情与和平的时代，相反，战争与暴力才是那个时候城邦生态的主旋律。为了避免如斯巴达等其他城邦倾覆的危机，古雅典人不得不从小就做足军事训练，且除此外无其他选择。基于以上两个重要原因，可以想象，植入儿童学习生涯的体育训练必然是铁血和无情的，相对于城邦灭亡，个体的体罚教育与羞辱又算什么呢？

此外，古雅典人还高度信奉自然惩戒法，这是一种基于自然法则的教育观念和惩戒方法，即每个个体成年后便会在社会生活中接受检验，优者成功，劣者失败，个人行为个人负责。根据古雅典人的理念，自然惩戒法认为，通过自然的结果和后果来引导和惩戒学生是最有效的方式，而不是通过人为的体罚或惩罚。自然惩戒法强调人与自然法则的联系，相信违反自然法则的行为将会带来不良后果。因此，在古雅典的教育体系中，老师会教育学生遵守道德原则和社会规范，将他们引导到正确行为的道路上来，并指出错误行为会带来不良的结果和后果。举例来说，如果一个学生盗窃别人的财物，古雅典的教育者会用事实和逻辑告诉学生，这样的行为会破坏社会的秩序并导致其他人对他们失去信任，进而影响他们与他人的关系。通过教育让学生意识到他们的错误行为带来的后果，自然惩戒法试图激发学生内在的道德意识和责任感，使他们主动纠正错误并遵守规则。

---

[1] 柏拉图.理想国［M］.郭斌和，张竹明，译.北京：商务印书馆，1986.

古代雅典教育虽然在教育惩戒与体罚教育方面与同时期其他区域、其他民族的做法并无明显差异，但总体的严酷程度较古希腊其他城邦更为温和，极端事件的发生率明显较低。如体罚的方式主要包括用木板抽打学生的手掌或大腿，以及用绳子拍打学生的身体等。这些体罚方式通常不会造成过大的伤害，更多的是给学生一个警示和惩戒，且与其他城邦相比，古雅典在教育惩戒方面更加注重口头教育和道德规范的引导。教育者通过言辞上的教诲、榜样示范以及社会价值观念的传递来影响学生。古雅典的教育系统强调知识的传授和思维能力的培养，相对更为注重培养学生的理性思维和自主性。之所以出现这些特征，主要有以下几个原因：

1. 民主思想的影响

虽然古雅典的民主政治是服务于奴隶主阶级集团的，具有很大的局限性，但不可否认的是，在奴隶主阶级集团内部，强调平等、重视制衡、尊重契约精神拥有广泛的民意基础。反威权、反专制的共识初步普及。在古雅典人看来，17岁之前的教育属于个人私权可以决定的事务，有充足的理由让每个有权利接受教育的个体努力争取得到最好的教育，因为教育越优质意味着受教育者将来在社会生活中得到的奖励更多更好，但凡一个有正常智力的人都应当认真学习，刻苦修炼，以期毕业后去获得与其相配的美好生活。在这种思想逻辑中，教育惩戒思想在一定程度上已形成"师生自觉"，既然自觉，自然不需要额外强化。尤其是古雅典的民主思想中去权威化、去弱公民化的倾向与教育惩戒思想中的向权威化、强组织化的潜在主张在思想根源上是衔接不良的。

2. 教育思想的影响

17岁之前，古希腊男子接受教育的场所分别是家庭和学校。7岁前在家庭接受教育，7~16岁分别在文法学校、音乐学校及体操学校接受后续教育。这些学校全部是私立教育机构，学生入读时要缴纳不菲的学费，这意味着受教育者实质上是自主购买教育服务。无论是家庭教育还是学校教育，教育目的是培养孩子的全面素养，"使未来的公民身心和谐，在各方面都得到发展"。简而言之，古希腊人崇尚的是"博雅"教育。"博雅"的拉丁文本意是"适合自由人"，"博雅"教育的宗旨是培养具有"广博知识和优雅气质"的人，这样的教育内涵强调调动受教育者的本能和兴趣，启发诱导学生训练和思考，"博雅"之教，何需严烈？此外，由于强调主动性，在选拔或考核机制方面则相对松散，矫正目标的外驱动机不强，教育惩戒的存在基础自然被削弱。至于16岁之后的国立体育教育机构和18岁之后的国立军事训练机构，虽然具有权威组织的强制性，但要注意的是，首先学员受训是建立在自愿入学的基础上，即教育行为仍然是内在驱动的。其次无论是体育教育还是军事教育，都是以身心痛苦耐受磨炼为指向的特殊训练行为，仅从痛苦指数上看，其对学员的刺激强度已经远远超过普通的惩戒行为，另行惩戒其实意义不大。

3. 行为主体不适合

执行教育惩戒的行为主体人一般来说是处于教职岗位上的人，即教师。而教师要行使惩戒权，首先要得到正式授权，显然，这个条件在古雅典城邦并未很好地满足。更重要的是，行使惩戒权，教师的社会地位必须受到相应的尊重，权力与地位相称，权力的行使才能无障碍落实。而古雅典城邦的家庭教师身份一般是成年女奴，名义上虽然承担孩子的教育工作，但还负责照顾孩子的日常起居，奴隶与主人的关系决定了教育惩戒的弱可操作性。7 岁后的私立学校教师虽然由贵族成员和非城邦公民担任，不再是卑贱的奴隶身份，但在古雅典社会，普遍轻视职业化和专业化，因此，教师社会地位较为低下。教师与学员的关系仍然主要是服务与被服务的关系，执行教育惩戒的衔接度依然不良，由此可见，在阶级地位与职业地位"双低"的情况下，古雅典社会的教师作为教育惩戒行为主体人的地位较为尴尬，在执行惩戒时难免有所顾虑，在客观上就可能造成惩戒程度的弱化。

## 二、古斯巴达的教育惩戒文化

古斯巴达的政治理念与教育思想与古雅典有重大的差异，不同于古雅典以商立国，商业思维统领制度建设，古斯巴达以农立国，实行严厉的大奴隶主集团专政。对于教育，古斯巴达同样高度重视，但在目标定位及制度设计等方面与古希腊存在重大的差异。

### （一）古斯巴达的教育思想

在古斯巴达人看来，儿童是国家重要的战备资源，而不只是家庭的私产。因此，孩子出生后，便由部落长老而不是孩子的父亲进行体格检查评估，评估通过，孩子交由原生家庭抚养；评估不通过，孩子便被抛下山谷，生命终结。孩子回到家庭后，交由父母或保姆养育，7 岁前，只需保障孩子健康成长即可。7 岁后，男生被送到国家举办的诸如"少年特训团""青年军训团"（埃弗比）等军事训练机构统一接受严苛的军事训练和道德灌输，教育的目的是将所有男性培养成忠诚、勇猛、无畏的爱国武士。20 岁后，古斯巴达男子告别少年教育期，将再接受长达 10 年的正规军事训练并为国服役，直到 30 岁才能离开军队，回家结婚生子。但平时根据需要还要参加民兵组织，训练或参加战斗，直至 60 岁时（如果还活着），才能真正享受退休生活。

古斯巴达的军事训练学校采取军事化管理，孩子一入校，便接受各种形式的残酷磨炼。首先是日常劳苦训练。学校只提供最基本的生活条件和环境，以磨炼孩子的劳苦忍耐力，如不提供足够食物的饥饿训练、不提供足够衣物被褥的抗寒锻炼。其次是求生策略训练。学校故意让孩子处于饥饿状态，以鼓励孩子设法去公共食堂或附近村落偷取食物，成功偷取者得以饱食，但偷窃失败被捕获者则遭受毒打和挨饿，以此磨砺孩子的求生能力。再次是体罚训练。接受鞭刑是军事训练的重要内容之一，孩子可能在日常训练中由于违纪或成绩不良被动接受鞭打，也可能为表现自己的勇气毅力主动接受鞭打训练。如每个男孩在成年时（18~20岁），均要在专门的神殿祭坛上接受鞭笞，不得有任何软弱或怯懦的表现（哪怕是叫喊），表现合格者被授予"神坛胜利者"称号，标志着该男子正式成年。最后是为完成成年礼所经历的"秘密特训"任务的考验。通常在18岁时，他们要秘密潜入到拉各尼亚各地奴隶希洛人的聚集地，择机对希洛人进行猎杀。这种猎杀有时甚至变成屠杀，但古斯巴达对此乐此不疲，认为这种秘密任务对于培养优秀的武士是极其必要的。

区别于古雅典人对女性教育的歧视，古斯巴达对女性教育非常重视。当男生在接受特别军事训练时，女子在家中或生活地附近同样接受专门训练，受训内容有跑步、游泳、掷标枪、摔跤、合唱、舞蹈等。在古斯巴达看来，女子的重要性在很多时候并不亚于男子，她们不仅同样可以保家卫国，还可以用音乐和舞蹈为战争中的武士们提供慰问和奖励，尤为重要的是，只有女子强壮了，才有可能生出更强壮的孩子，因此，女性无疑是国家重要的战略资源。在古斯巴达，女性没有婚姻忠贞的观念，一妻多夫是普遍现象。

在体育和军事训练之外，古斯巴达轻视文化教育，甚至会惩罚那些在国外接受修辞学教育的人。他们也会组织学习诗歌和音乐，旨在培育斯巴达人为国奉献的爱国情操。在道德教化方法上，基本是以说教式灌输为主，学员只需要服从，启发引导是不存在的。单一刻板的教育使古斯巴达人虽然勇猛剽悍，在传统战场上难以战胜，但也日趋保守和固执，在创新的战法及战争工具前，也会经历失败。如公元前371年，人数占优的斯巴达人在留克特拉战役中就被底比斯机动灵活的骑兵队伍打败。

### （二）古斯巴达的教育惩戒

古斯巴达的教育思想野蛮残忍，痛苦的磨砺无处不在、无时不在，从这个角度讲，古斯巴达人高度依赖教育惩戒。生理折磨加精神摧残作为基本标准渗透在日常教育过程中，以目标导向，不计后果。以挨饿训练为例，12岁之前的孩子正处于身体发育的关键期，食物配给本应按需供应，但教育机构故意提供少量的食物，分量以"饿不死"为基本标准。在频繁的鞭打折磨中，不乏有孩子因此丧生，但这丝毫不能阻止国家教育机构继续进行地狱式身心磨炼做法。在进行日常的体育项目训练时，学员通常裸体，且全身涂抹橄榄油，原始而野性，没有隐私的概念。古斯巴达人的教师清一色由奴隶主贵族集团成员担任，尤其是在役武士，他们在对学员施刑时心狠手辣。古斯巴达极端的教育惩戒与古雅典人形成了鲜明的对比。古斯巴达之所以会形成如此极端的教育惩戒思想，主要源于其残酷的生存文化，而导致其形成如此独特生存文化的原因主要有以下两点：

1. 严苛的生存环境

斯巴达城邦位于伯罗奔尼撒半岛南部的拉哥尼亚平原，它三面环山，南部靠海，但缺乏出海良港，对外交通不便。面积约 8500 平方千米，是个典型的内陆城邦，适宜农业耕作，以农立国在较长一段时期内是其基本国策。城邦国民主要由斯巴达人、皮里阿西人（自由人）及希洛人（奴隶）组成，总人数近40 万人。由于农耕生产力的限制，城邦生存压力较大，因此，对外征伐殖民是其另一个基本国策，频繁的战争在削减部分生存压力的同时，又新增了暴力对抗带来的新的生存压力。在这样严苛的生存环境中，斯巴达城邦的选择并不多，要么继续强化暴力扩张政策，维持城邦生存；要么顺其自然，与其他城邦及本城邦的其他族群和解，接受命运的安排。显然，斯巴达人选择了前者，这样的生存环境要求国民必须有强悍的精神与体魄，那么贯彻在斯巴达教育理念中就必然充斥着统治阶级的铁血意志，以激烈体罚为标志的惩戒式教育大行其道也就不难理解了。直至公元前 192 年，斯巴达被亚该亚同盟并吞，斯巴达文明就此成为历史的尘埃。

2. 威权的社会制度

在古斯巴达城邦奴隶主贵族寡头制下，军国主义与威权主义是其典型政体特征。在这种政体系统中，首先，个体与集体的地位严重不对等。个体的意志与权利从属于集体的意志与权利，个体的服从意识是合格国民的首要素养。国家认为对于必要的教育内容、教育方式，个体基本没有拒绝和谈判的空间，而教育传统一旦形成，调整或变更的困难更会无限加大，所有人深陷其中难以自拔。其次，族群结构不良的形势使然。斯巴达族群虽然占据绝对专制地位，但由于人口稀少，不足城邦总人口的 1/10，因此专制压力极大，斯巴达贵族集团不得不通过强化威权性来巩固政权，并为此付出了极大代价。对内，斯巴达人对希洛人（美塞尼亚人）进行残酷压迫，对皮里阿西人进行严厉压榨。研究史料表明，仅仅为了平息希洛人（美塞尼亚人）的反抗，从公元前 8 世纪至公元前 464 年，斯巴达先后发动了三次针对美塞尼亚人的战争。第三次战争长达十年之久，最终美塞尼亚人迫使斯巴达人承认失败，从而彻底摆脱了屈辱的奴隶身份。对外，不断以军事力量向外扩张，以满足日益增长的生存资源的需要。事实上，斯巴达族群的发展史就是一部不间断的血腥侵略史。斯巴达人原为希腊东北方伊庇鲁斯和马其顿的多利亚（或译多里安）人，约公元前1100~前950年，他们入侵希腊南部的伯罗奔尼撒半岛，建斯巴达城，并自命为斯巴达人，而将斯巴达地区的原居民迈锡尼人变为奴隶。继而，侵占拉哥尼亚，称其人为皮里阿西人。公元前736年，他们再度侵占西部邻邦美塞尼亚，开始了对美塞尼亚人的奴役。为争霸希腊半岛，斯巴达人与雅典人分分合合，公元前404年4月，斯巴达人最终战胜了雅典人，取得了胜利。战争造就了斯巴达人的民族性格，他们社会制度的威权特性就是为战争服务的，他们的教育因而同样被深深打上了身为武士应有的烙印，在惩戒中成长，在体罚中挣扎，无惩戒，不教育，古斯巴达人以独特的教育理念践行了其对于成长及人生价值的理解。

但战争是柄"双刃剑"，持续的战争将斯巴达人拖入了走向崩溃的深渊。长期以来，人口数量不足的问题始终困扰着斯巴达人，据考证，斯巴达人男性公民最多时也不过9000人。在完成对雅典的占领后，男性公民已下降至1000人。这意味着战争带来的伤亡对斯巴达造成了不可弥补的创伤，事实上，当公元前404年斯巴达人与雅典人的战争结束时，斯巴达已经不可避免地走向衰落，斯巴达人的教育制度同样昙花一现，湮灭在古希腊文明的历史浪花中。

# 第二节　古罗马的教育惩戒思想

古罗马文明是世界上最古老的文明之一。古罗马兴起于意大利半岛，以罗马城为中心逐步建立和发展而来。从公元前8世纪以来，古罗马文明可分为王政时代（公元前8世纪至公元前6世纪）、共和时代（公元前510年至公元前27年）、帝国时代（公元前27年至公元476年）三个时代。王政时代是古罗马由原始社会向国家形态发展的时代，奉行贵族寡头政治，处于文明的萌芽期。共和时代虽然建立的是奴隶制国家，但民主共和政体的出现，尤其是执政官、公民大会（代表平民）、元老院（代表贵族）三方制衡思想的创立及实践，为后世权力制衡政治理念及议会制度的建立作了伟大的先行实验，居功至伟。另外，其制定了罗马首部成文法典——《十二铜表法》，不仅首次体现了公平、平等思想，而且为后世西方法治思想的发展作出了卓越的贡献，被称为后世一切"公法与私法的渊源"。帝国时代承袭共和时代的余荫，在法制、哲学、自然科学、文学、艺术等领域均取得了惊人的成就，尤其在公元前214~前146年的四次马其顿战争，打败了由亚历山大大帝建立的马其顿帝国。征服希腊半岛以后，罗马人痴迷于古希腊人的文明成就，"罗马在军事上征服了希腊，但在文化上却被希腊征服"。他们完美继承了古希腊文明的精髓，将古希腊文明的文字、教育、神话、宗教、艺术及思想全盘接收，他们甚至将自己的语言拉丁文改为希腊语，以至连当时的《新约》都是用希腊文写成的。古罗马的教育哲学也深受古希腊教育的影响，其将古希腊教育理念与自己的教育思想巧妙结合，形成了古罗马的教育风格。在教育惩戒方面，显然，古斯巴达人的教育体系给古罗马人留下了更为深刻的印象，对于教育的神圣性、纪律性、权威性、不可侵犯性，古罗马人深以为然。尤其在体罚方面，古罗马人很好地扮演了好学生的角色。

## 一、古罗马的教育思想

古罗马自王政时期以来，相当长的一段时期都以家庭教育为主，主要由父母负责，并未出现学校教育形态。而家庭教育一直以培养农夫和军人为目标，兼习道德修养、公民责任及《十二铜表法》。古罗马的第一个学校在公元前4世纪中叶建成，称为卢达斯（Ludas），标志着系统化教育在古罗马萌芽。但直到罗马帝国将触角伸入希腊半岛，大批的希腊学者涌入古罗马，这些人成为古罗马最早的教仆、家庭教师及教师，古罗马教育才真正获得了强劲的生命力。古希腊教育对古罗马教育的影响是全面、深远的，在共和时代早期，很大程度上相当于在古罗马帝国复刻了古希腊教育。共和时代早期的教育基本处于模仿移植希腊教育的低水平发展状态，如约在公元前3世纪，获得自由的安得罗尼库斯在罗马开办了第一所中学性质的学校，它完全模仿古希腊时期的"文法学校"，课程包括希腊文法、戏剧、诗歌、散文、神话等。[①] 至于古罗马的高等学校，则干脆完全照搬古希腊的修辞学校。值得注意的是，古罗马人向其他文明学习和吸收的态度是高度开放的，他们不仅向古希腊学习，事实上，古罗马铁骑横扫之处，被征服国家凡是优秀的文明成果无不成为古罗马人研究和学习的对象，在模仿、吸收、融合、创新的过程中，具有罗马特色的学校教育体系逐渐成形。如重新回归拉丁母语的拉丁文法学校、拉丁修辞学校、医学校纷纷建立，为男孩和女孩提供教育。儿童在各个年龄段应该上哪个级别的学校也被确定下来，一般是7~12岁上小学，12~16岁上中学，[②]16岁之后则是高等教育阶段。这其中，小学教育机构通常为私立，招生对象主要是平民。贵族通常自己聘请家庭教师在家中开展初等教育。中等教育与高等教育主要面向贵族和上层阶级。教育目标定位为培养"善良的、精于雄辩的人"。[③] 至于教育内容，

---

① 赵倩.古罗马与中国汉代共通教育问题探讨［J］.教育观察，2013（5）：52–55.
② 葛秀英.论古罗马儿童教育［D］.呼和浩特：内蒙古大学，2012.
③ 昆体良.昆体良教育论著选［M］.任钟印，译.北京：人民教育出版社，2001.

除了训练读、写、算，还提供历史、地理、几何、天文、音乐、数学及修辞知识。进入帝国时代，古罗马教育发展至巅峰。职业学校出现，如法律学校、哲学学校等。为强化帝国的统治，帝国一方面将部分私立学校改制为国立；另一方面将教师纳入国家官僚体系，教师的社会地位显著上升。这一时期教育目标又转变为培养能干的官吏、专业化的人才和忠实顺民。[1] 后随着基督教成为罗马帝国国教，教会也开始干预世俗教育，并派遣牧师作为教师，宗教气息逐渐浓厚。教会还创办了教会学校，基于《圣经》展开教学。公元 395 年，罗马帝国分裂。公元 476 年，西罗马末代皇帝罗慕卢斯·奥古斯图卢斯被日耳曼人宣布废黜，西罗马帝国灭亡。罗马帝国终结，中世纪来临，这被称为"欧洲文明的倒退"。罗马教育伴同罗马帝国由盛而衰，荣光不再。

古罗马人的教育思想是古罗马人文明成就的缩影，它迷人而可敬，引人深省。无论是在世界文明史还是教育史上，征服方如此谦逊地学习吸收被征服方的文明成果及教育思想，古罗马的行为都是极其罕见的。这一方面固然说明古希腊文明的伟大与不可抗拒；另一方面也证明了古罗马人的开放及包容的可贵品质，尤其是后者，对于文明的发展与创新至关重要。西方文明之所以能催生出现代科学文明，很大程度上可溯源至古罗马人可敬可畏的学习精神。

## 二、古罗马的教育惩戒

无论围绕着怎样的教育目标，才能的尺度与道德的标准在帝国野心勃勃的重压下必然高企，这种来自外部沉甸甸的压力与学生的兴趣在多数情况下并不合拍。虽然通过个人的努力，多数个体能够做到尽可能迎合教育提出的要求，但不达标甚至失败的情况仍然可能普遍存在，在这种情况下，教育惩戒就有了广阔的用武之地。

古罗马教育体系中的体罚有着十分悠久的历史，在古罗马思想框架中，"教育"与"惩罚"的关系并没有通过科学的分析得到明确的区分，而是几乎画上了等号。因此，体罚在古罗马教育中是非常普遍的。从许多的研究中可以看到，在古罗马的教育中，对儿童的体罚是十分普遍和常见的。"学习"一词的拉丁语解释就是"伸出你的手去接受挨打"，可见，在古罗马人的教育观念中，教育与惩戒，尤其是体罚如影相随，密不可分。他们所用的工具和体罚的部位也很讲究。一般要求体罚工具要比较坚硬坚韧、粗细均匀、长度适当。大部分用树枝枝条或皮革做成。并且这些体罚工具并不是用完就马上扔掉，而是将它们放在显眼的位置，让学生看见而产生畏惧，从而起到震慑作用。另外，

---

[1] 葛秀英.论古罗马儿童教育［D］.呼和浩特：内蒙古大学，2012.

体罚的部位一般是手部和臀部。古罗马人认为手是人做错误的事、违反纪律规则、犯罪的主要部位，并且他们认为臀部就算被用力地鞭打，也不会危害生命安全。

**（一）家庭教育**

在古罗马的传统家庭教育中，来自父母的体罚普遍存在。在奴隶制社会阶段的早期罗马，尚武重农的罗马国家需要培养果敢的兵士和健壮的农民，培育的过程非常残酷和严格。首先，罗马人认为，在家庭教育中，针对儿童通过计划、组织、领导、协调、控制等来协调他们的活动，实现既定目标和教学教育是比较困难的，所以必须用一些特殊的方法来震慑他们，从而对他们提出严格的要求和训练规范。贺拉斯在他的作品《歌集》中提到："年轻人必须在战争中锤炼四肢，忍耐艰苦，学会进攻霸道野蛮的帕提亚人，叫他做你的刀下鬼。你要在危难之中生活下去。"而这样的教育思想观点在每一个罗马家庭中都能够得到充分的展现，这些观念与帝国的需要、民族的特点是相契合的。学生学习时并不是在嬉戏，因为所有的学习都是一种痛苦的过程。而这种痛苦所指的，不单是学习的过程中的单调乏味、知识的刻板严谨和循环往复，更多的是父亲残酷严厉的体罚式教育。古罗马允许父亲以任何形式对儿童进行抽打和体罚，这是为了让孩子更好地学习和发展。在古罗马社会，法律规定父亲拥有对儿子的绝对权力，这种权力毕生有效。父亲有权拘押和鞭笞惩处他的儿子，也可以把儿子当作囚徒来对待，甚至有权处决他。教育家昆体良认为，这种体罚教育是对孩子的不尊重和侮辱。"鞭打很不光彩，它只适用于奴隶。事实上，它无疑是一种凌辱。"他认为这是一种对人格的侮辱，应该是在阶级社会中对奴隶使用的。小普林尼也针对这一现象提出了自己的观念："他只是一个孩子而已，而你曾经也是一个孩子，在你使用作为父亲的专属权力的同时，别忘了你和你的儿子都一样只是人。"他认为，实施教育惩戒的同时应该保留一种宽容的态度，用一种正确合理的手段规范和教育孩子的行为。这些事例也印证了古罗马的家庭教育崇尚惩戒、依赖体罚的风气之盛。

**（二）学校教育**

从公元前4世纪中叶出现第一所学校之后，学校教育日益受到帝国的重视，尤其是在屋大维结束帝国内乱，罗马帝国政局相对稳定之后，为加强对各行省的管理，推广并强化教育显然是一条有效路径。至共和时代晚期，学校教育已经极之兴盛。古罗马的学校教育私教与公教并举，但不论公教与私教，由于本身就有教育与惩戒不分家的传统，再加上早期受到古希腊教育思想的影响，尤其是斯巴达教育思想的影响，学校教育对教育惩戒非常重视，因此惩戒现象，尤其是体罚现象在教育机构中非常普遍，许多教师甚至在某种程度上患有"体罚依赖症"。在庞贝发现的湿壁画中，有一幅壁画记载着这样一个场景：一个仅腰间裹布的男生正接受裸背鞭打。他前面的一个同学抱着他的胳膊，将其扛在肩上。后面的一个同学则蹲在地上，把脚竖起来，形成一个"马"形将其固定。一位可能是老师身份的男子挥舞着桦树鞭。男生面部扭曲，痛苦呻吟。另外，帝国持续地维持扩张政策，需要培养大量的武士，教育自然也偏向军事训练，这种高强度的教育体罚确实在迎合了帝国需要的同时，也锻炼了罗马人的身心，磨砺了他们的意志，使他们意志刚毅坚强、体格孔武有力，在战场上骁勇善战，非常契合当时社会管治和对外政策的基本要求，罗马帝国能够成为统领三洲、屹立数百年的庞大帝国，其奉行的教育思想与政策功不可没。

重视教育惩戒，推崇体罚显然是古罗马教育的重要特征之一。虽然古罗马教师对学生实施体罚的初衷是想通过这样的方式来更好地达成教学目的，但对教育惩戒和体罚的滥用确实会对人体造成严重的痛苦和不适，同时对学生的人格和自尊也可能造成深重的伤害，学生因不堪惩罚进行自残，以及厌学、逃学的现象时有发生。针对古罗马泛滥的体罚现象，有不少教育学家提出了不同的见解。古罗马著名的教育家昆体良便坚决反对体罚行为，他认为这是对孩子的侮辱和虐待，是残忍且不可接受的行为。如果责骂呵斥不能纠正孩子的过错，下次他仍然不会接受口头上的训诫，因为这并不会对他造成实际利益或是身体上的损害，那么在下一次的教育警示中需要采取体罚教育才能使他听从。久而久之他就会习惯体罚从而使其失去作用，造成之后每次教育警戒时都需要进行体罚教育，以致陷入恶性循环。昆体良的言论表明，古罗马社会对教育中过度的惩戒与体罚是有一定的反对声音的，但教育作为国家的思想管治工具，其首要职能要服从于国家的发展战略和帝国尚武的传统意志。与征战四方、雄霸天下的需要相比，教育惩戒的负作用在帝国看来，只不过是国家巨轮航行过程中激起的一朵小小浪花，无足轻重、无伤大雅。只要时代未遭巨变，既定的轨迹将在巨大惯性的加持下沿着原有的方向继续前行。

### （三）形成原因

在古罗马的教育中，体罚式惩戒的盛行自有着历史及文化根源。纵览古罗马的崛起、发展及衰亡史，其教育惩戒思想文化的形成主要是生存驱动及文化输入共同作用的结果。

#### 1. 生存驱动

体罚在阶级层面的根本源头在于传统的罗马社会中奴隶主所追求的权力的威权性，这是体罚盛行的最本质原因。众所周知，追求至高无上的权力是古罗马人的目标，他们崇尚武力又性格暴躁。他们的早期教育目标是培养农夫和军人，一如古罗马诗人维吉尔所言："我们这个从一开头便能吃苦耐劳的民族……"农夫要劳作，军人要牺牲，均需要臣民拥有强健的体魄，强迫式教育司空见惯。至古罗马中期，古罗马人的教育目标变更为培养雄辩的演说家，要求学生必须善于辩论，知晓各种有价值的知识，具备治世之才能，并有远大的理想、高尚的情操，努力成为善良正直的人。同时，所有人有责任为了帝国甘于服从、勇于牺牲。学生不仅没有办法从学习中得到真正的快乐，当他们学不好或达不到父亲、老师要求的时候，除温和的告示警戒之外，他们可能受到严厉的处罚，为此他们不得不承受着巨大的精神压力去迎合父母或老师的要求。成为工具还是成为有思想的人？这样近乎矛盾的教育诉求培养出来的孩子在一定程度上难以实现精神自洽，这本身就是一种深度的精神折磨。当历史运转到共和时代后期，培养能干的官吏、专业化的人才和忠实顺民成为教育的核心任务时，大量的官吏被补充到教师队伍中，教育的威权主义作风更是大行其道，命令与服从、强迫与接受成为教与学的基本互动模式，惩戒与体罚在这样简单粗暴的教育模式中自然如鱼得水。无论是在国立学校还是在私立学校，儿童经常受到教师的责罚，一般都用鞭笞的方法，这种现象还受到政府以及家长的赞成。[①]

此外，古罗马鲜明的奴隶制社会制度也不可避免地给生硬的教育思想带来额外的压力。因为奴隶主阶级和贵族、平民、奴隶之间本来就存在激烈的矛盾，随着帝国扩张，征服者与被征服者的矛盾又随之增加，社会需要强有力的压制手段，这也使惩戒在古罗马的教育中十分常见。

2. 文化输入驱动

相比古罗马，古希腊文明发展更为完善和进步，因此在征服古希腊后，无法抗拒古希腊文明的迷人魅力，古罗马一度对希腊文化高度痴迷，借助全面且深度的文化复制，古罗马人在文化层次上在短时间内得到了巨大的进步。古罗马对古希腊教育体系中的惩罚思想同样较为推崇。古希腊的斯巴达和雅典这两个城邦是最具有代表性意义的。它们的教育对象是奴隶主阶级，由于奴隶制的城邦之间很容易发生战争冲突，因此在教育中斯巴达和雅典一向高度重视体育的作用，并且形成了比较完善的教育体系和教育方式。其中，斯巴达特色鲜明的体育及军事训练尤其给古罗马人留下了深刻的印象。斯巴达教育的唯一目的就是通过严酷的军事教育，把人民培养成体格健壮的战士以应对国家军事防御和社会动荡。古罗马奴隶主统治集团深受启发，以体罚为必要方式的教育惩戒的地位再次得到全社会的确认。

---

① 葛秀英. 论古罗马儿童教育［D］. 呼和浩特：内蒙古大学，2012.

# 第三节 古埃及的教育惩戒思想

古埃及是世界古代文明发祥地之一。大约在公元前 3000 年，古埃及人建立起埃及古国，直至公元前 525 年，古国先后历经早期王朝、旧王国、中王国和新王国等几个历史时期，形成强大的奴隶制国家，对人类文化的发展作出了重大贡献。古埃及人制定了人类最早的历法，创造象形文字，发展文学，并在几何、水利、工程、医学等方面均取得了耀眼的成就。寺庙是古埃及重要的政治与文化传播场所，在古埃及早期，寺庙除了祭祀和祈福之外，同时管理政治、社会等各种事务，寺僧是重要的文化保存者和传承者。

## 一、古埃及的教育思想

古代埃及的文化及科技成就非常出色。为了预测尼罗河的洪水，形成了最早的天文学。为测量土地、修建沟渠、修筑堤坝和桥梁，形成了埃及最早的几何学、水利学。在发展木乃伊制造技术和医治疾病过程中，医学也有不错的发展。在公元前 3000 年之前便形成了图形文字。国家十分重视文字，差别化发展出为宗教所需的象形文字、为政府办公所用的简体字、为经商所用的草体字。而掌握以上这些知识或技能的大多为僧侣和文士。

如同其他文明古国，古埃及较早就出现了职业分工，重视职业教育，这是古埃及教育的重要特征之一。如国家高度重视擅长文字的职业人士，因此除了法老（皇帝）与贵族之外，僧侣与文士处于最崇高的地位，他们不但是文化最主要的承载者，更是教育最重要的传承者。而且因为关系到阶级专治，他们是奴隶主集团的天然盟友。在古埃及，僧侣是比较特殊的存在。古埃及是政权与神权相结合的国家，据不完全统计，古埃及人崇拜的神祇超过 2000 个。为敬奉神祇而广修寺庙，因而会有许多的僧徒。寺庙中的高僧摆脱了体力劳动，除了负责宗教活动外，还要负责水利、天文、建筑、医药等事务，此外因身负丰富的学识，他们大多还担负着培养接班人的职责。"文士"是指社会上一些擅长文墨、富有知识的人。古埃及的"文士"多在政府供职，享有较多的特权，因此不少奴隶主热衷于培养自己的儿子成为"文士"，充当官吏。重视道德素质的培养是古埃及教育的另一重要特征。其教育目标是"敬日敬神、忠君敬臣、孝顺父母、疼爱妻儿"。要求所培养的文人务必品行端正、自制、端庄。"教谕文学"是实施道德教育常采用的一种文学体裁，通常采用贤人训话的形式提出告诫。古埃及文学在题材或体裁上对古代希腊文学及中世纪的东方文学均产生了深远的影响，为人类文明作出了可贵的贡献。由于有大量的僧侣和官吏在各类学校担任教职，教师的社会地位普遍较高。

值得注意的是，相比于其他文明古国，古埃及对于女性教育持有一种相对宽松的态度。接受一定的职业教育，是古埃及女性的基本权益。从医、接生、宗教祭祀、经商、理发、纺织、舞蹈表演，均是古埃及女性可以涉猎的领域。以宗教祭祀为例，祭司是一种相当尊贵的职业，有记载表明，女祭司在古埃及神圣的宗教活动中常扮演重要的角色，可见女性的社会地位有着相当的保障。其中以接生职业尤为特殊，在古埃及，接生这一行业几乎完全为女性所垄断。在古埃及人看来，接生是一项神圣而严肃的工作，显然，从事接生这一工作的职业女性的社会地位相当可观。以上事例足以表明，古埃及社会虽然总体上是男权社会，但女性的社会地位及受教育权利还是有一定保障的。

**（一）家庭教育**

古埃及早期时代，教育基本依靠家庭来完成，家庭教育是最重要的教育形式，4 岁以前孩子的教育由母亲负责，4 岁以后男孩的教育由父亲负责。当时生活简单，生产技术相对落后，教育与生活、生产融为一体。人们在家中以子承父业的方式传授专业知识和技能。僧侣、祭司为世代相传的职业，它们通常被上层奴隶主贵族集团垄断，父子相承，成为职业世家。其他较为贵重的职业如文士、医师、木乃伊师、建筑师等亦在家族中代代相传，相对固化。在通常的家庭教育中也会教授基本的读写和计算知识，但仅作为基本素养。即便在出现学校教育之后，古埃及的家庭教育功能仍然继续发挥着重要作用。

**（二）学校教育**

古埃及文字的出现时间据考证大约在公元前 3250 年，到了公元前 3200 年左右，发展出完备的文字体系，而文字书写大约出现于公元前 3150 年。[①] 一般来说，文字的出现往往伴随着原始学校教育形态的出现。因为文字的复杂性与重要性离不开专业的教育和培训，学校教育自然因势而生。古埃及学校主要可分为四种类型，分别是宫廷学校、寺庙学校、职官学校和文士学校。古埃及学校教育的阶级性非常明显。各种学校都是奴隶主子女接受教育的场所。农民子女极难参与，奴隶阶级子女不享有在学校接受教育的权利。教学内容分为初、高等级。初级阶段，书写、阅读与简易计算是儿童的主要学习内容，重点是一些繁难的文字。高级阶段的教学包括练习公文、信札、契约、记事文等。有些学校还教授巴比伦文等。

1. 宫廷学校

截至目前，有明确文献记载的最早的宫廷学校记录可追溯至公元前 2500

① 玛利亚·卡美拉·贝特罗.图书古埃及象形文字［M］.于宥均，译.台北：枫书坊文化出版社，2013.

年左右。考古研究也表明，早在中王国时期古埃及便已有组织良好的宫廷学校。这意味着宫廷学校出现时间应该在旧王国或更早时期。宫廷学校主要为法老的子孙后代服务，同时也容纳其他大奴隶主和大臣们子弟，学校多设在法老的王宫中，施教者被称作"高官教师"——通常由法老指派，多为知识渊博的高级僧侣或高级官僚。接受教育的学童起步年龄一般在五六岁。宫廷学校的具体教育内容不详，但培养法老的接班人及高级官吏则是相对明确的。

2. 僧侣学校

又称寺庙学校，很可能是古埃及学校教育的源头，是最早的学校教育形态。因为古埃及是世俗政权与宗教神权合一的国家，庙宇通常建在大城市中，社会地位崇高。寺庙常与学校合一，它不仅是宗教活动场所，同时也是专业教育场所。重大的宗教及政治活动必须依赖僧侣进行，而只有接受文字书写素养训练及其他相关技能培训的僧侣才可能执行各类复杂的仪式，因此，对僧侣进行专业化教育是必由之路。古埃及著名僧侣乌若霍赫新特在其创办僧侣学校的铭文中记载，其直接受命于法老创办学校，可见国家对僧侣学校的重视。寺庙僧侣全部来自"显贵人家"，教育的内容非常广泛，除学习文字，还可能兼修军事、医术、建筑等知识，因此僧侣学校不仅培养出众多的宗教人士，还出了不少的科学家和思想家。

考古研究表明，古埃及文书教育作为一种特权一直为祭司阶级所垄断，因此，文字教育也被牢牢地控制在僧侣学校手中。公元2世纪左右，在古罗马人的打击下，最后一批神庙祭司死亡，文书传承已濒于中断。公元391年，罗马皇帝狄奥多西一世颁布法令，关闭埃及境内的所有神庙，在这一时期精通古埃及文字的人已经非常少了，而到了公元4世纪左右，古埃及文字已经成为无人知晓的死文字。①

3. 职官学校

职官学校的出现稍迟于宫廷学校，具体时间大约在公元前2000年，即中王国时期。职官学校为专业化较强的职业教育学校，是对宫廷学校的补充。它也被称为书吏学校，是各级政府为弥补宫廷学校培养官员的不足而专门设立的一所学校。学习年限为12年。由于主办单位不同，各部门有各自的分工，因此这类学校主要培养本部门所需的人才。教育内容与机构的日常工作有关，即教育内容既包含普通文化课，也包含专业职业教育。它们的招生和教育对象是贵族子弟，教师则来源于有经验的官员。如管理皇家马匹的机构，就专设学校以培养驯养及驾驭马匹的专业人才；司档机关设专门学校专事培训司档官员；

---

① 曹巍. 古埃及书写教育研究［D］. 长春：吉林大学，2017.

司库机关负责培养理财官员；"书籍之家"（即古埃及皇家图书馆）则负责培训书记员和抄写员。

4. 文士学校

文士学校是古埃及开设数量最多、覆盖面最广的教育机构，培养文学、计算、医术等各领域的专业人才，在教育职能上很好地补充了僧侣学校及职官学校的不足，对于古埃及文明的运行和传承发挥着不可或缺的作用。教育的主要内容是阅读和写作，并根据需要兼教数学、几何学、物理学、天文学、医学等专业知识和技能。受教育者通常在 5 岁入学，学制大约十年不等，视财力多寡及个人需求决定修学年限。这其中以文士教育需求量最大，学生毕业后可在政府部门、寺庙及商业机构中任职。最受社会欢迎的是书吏职业，在古埃及，书吏专业化程度很高，可分为公文书吏、书信书吏、军队书吏、国王书吏、圣书书吏等，受人尊敬，待遇不错，是广大普通奴隶主子弟追捧的职业。文士学校的招生门槛其他三类学校较低，不仅面向贵族的后辈，普通平民和工匠的孩子也有入学的机会。因此，文士学校深受中低层奴隶阶层及平民阶层的喜爱。文士学校在古埃及学校教育体系中占据独特且重要的地位。

## 二、古埃及的教育惩戒

### （一）基本概况

古埃及知识体系较为复杂，重视应用，因此学习具有一定的难度。以最为基础的文字教育为例，古埃及文字可分为三种字体：碑铭体、僧侣体和人民体，后世合称"圣书体"。字体一般由三种符号组成，分别是意符、音符和定符。字符组成基本构成方式有三种，可以由一个意符构成，也可以由"意符 + 音符"或"意符 + 音符 + 定符"构成。文字的书写也分为四种书写方向，可从右向左写、由左向右写、从上往下写，也可由中间起笔向左右两个方向书写，极尽繁复。由字体教育就可知相关教育之枯燥乏味。机械训练和死记硬背是最通用的学习方法，灌输和惩罚就是最通用的教学辅助手段。依赖教育惩戒、依赖体罚，是古埃及教育较为典型的基本特征。

在世俗学校的教学中，教师往往通过体罚来培养学生。体罚在古埃及学校里往往会被认为是一种合理且合法的教育手段。古埃及有句名言："男孩的耳朵是长在背上的，打他他才听。"古代埃及另有谚语称："学神把教鞭送给了人间。"希伯来语有句名言："棍棒和呵斥产生智慧。"可见体罚在古埃及教育中的风气之盛。在古代苏美尔人的学校里，"导师"亦被学生称为"鞭子老师"，违反规定的结果便是被"导师"鞭打。当学生违背学校纪律时，他们将会被拘押在寺院或学校里，古埃及人认为，男孩需要达到跟马或驴一样的训练程度才能被制服。当学生有偷懒行为时，也会受到惩罚。根据文献记载，学生因为不努力学习而被鞭打的事例极为普遍。老师对学生告诫如下："努力学习，不要浪费时间，否则你的身体会受到伤害""不要浪费时间，否则你会挨打""严重违反规定的学生应该给他戴上脚镣关进寺院或其他地方"。在如此"全民狂欢"的体罚文化中，即使顶级权贵子弟也难逃此难。文献记载，古埃及某位王子哀叹："我每天都会被打，就像家常便饭一样从不缺席。"即便在当代，仍不乏有体罚过度致死的案例，埃及一名教师涉嫌杀害一名未交作业的学生。据报道，事件中的那位23岁数学老师，在得知学生没有做完功课后，先用间尺施以体罚，然后把学生带到课外，痛打他的腹部。巴尔德当场晕倒，送院后因为心脏衰竭不治身亡。

为了达到更好的教育效果，古埃及人在体罚工具和体罚部位上也有相当精细的研究。如体罚的工具，其质地既硬又韧，其形状厚实均匀，其长度长短相宜，以便于把握打击的力度，从而达到最佳的教育效果。在体罚部位上，"打击"的身体部位多集中在手和屁股上。古埃及人认为，手既然是犯错误、违反规律的罪魁祸首，就应当是遭受处罚的重点打击部位。这种对应也反映了古埃及人的朴素的救赎观，只有这样，体罚才具有正当性和合理性。对于打击屁股，古埃及人的逻辑是：屁股是神创造出来的身体的一部分，很适合专门用来挨打。因为屁股皮糙肉厚，抗击打性强，即使皮肤裂开，也不会伤及筋骨，更不会危及生命。但受创后的痛苦指数又较高，便于形成惩戒记忆。

**（二）形成原因**

1. 早期文明的共性

在人类早期文明中，古埃及文明是较早的文明类型。实用主义、经验主义是社会发展初级阶段的共性思维与行为模式。和其他古老文明一样，古埃及同样是奴隶制社会，教育既是人类维系生存的重要工具，也是奴隶主阶级维系专制的重要工具。实用主义首重结果导向——只要能达成预定目标，手段要服从于目标。趋利避害为人之本性，教育惩戒无疑是完全符合这一规律的，而体罚又是教育惩戒策略选择中最为有效的选项，不仅可用，而且可重用。实用主义次重效率导向——要简单易行可操作，烦琐冗长要不得。教育惩戒成本不高、简单粗暴，教育者随时随地可进入状态，被教育者亦须进入状态，进入状态的程度决定了惩戒强度。惩戒，尤其是体罚的激情性是这种效率导向的最好诠释。此外，经验主义是人类在长期生产生活实践中取得的宝贵思想财富，凭经验、靠直觉行事既是本能，更是智慧。惩戒、体罚的功效是久经考验的教育手段，使用、重用乃至于依赖自然源于朴素的经验指引。

2. 生存文化的影响

古埃及文明属于大河文明，位于非洲东北部尼罗河中下游地区。尼罗河由于两岸水资源充足、地势平坦，土地在冲刷作用下十分肥沃，且气候温和，十分适宜发展农业。发达的农业文明对于天文观测、水利兴修、几何丈量、建筑设计存在现实的需求，因而对于天文学、数学、几何学、建筑工程的发展有着明显的促进作用，文明的传承也将这些专业知识列为教育的重点。从教育角度来看，相关的知识和技能精细、枯燥，教育的效率必然受到干扰。除此之外，古埃及文明由于受宗教影响极大，文明发展在日益精细化的同时趋向繁复与奢华，教育内容相对艰深，学习困难也相对较大，在学业质量标准不降的前提下，学生需要更多的外部驱动才能维持一定的学业水准。如古埃及时代纸笔的价格昂贵，而书写教育对书写质量标准要求极高，不仅要求正确熟练，还需美观得体，为降低成本，用陶器和石碑当作文具来复习单词是当时的普遍做法，教学的不便捷性可想而知。而面对这些学习困难，古埃及人的教学方法十分简单，灌输和机械式训练是最流行的手段，效果不佳便施以惩戒，加以体罚。生存文化决定教育文化，以生存为直接目的的社会环境决定了人们对教育的关注点只能是结果优先于体验。

# 第四节　古印度的教育惩戒思想

古印度是历史悠久的古老文明区域，位于印度河和恒河流域，土地肥沃，气候温暖湿润，利农作。公元前 2000 年中叶，一支雅利安 – 旁遮普人侵入印度，并奴役了当地的原住民达罗毗荼人，被称为雅利安 – 旁遮普人 – 印度人。到公元前 1000 年，恒河河谷陆续建立了多个奴隶制国家，并形成了社会等级制度，即种姓制度。"种姓"的梵文原意指"颜色"或"肤色"，转义有"等级"或"集团"之意。种姓制度的原旨是用来区分雅利安人与非雅利安人，以便于种族专制。根据制度规定，白肤色的雅利安人为高等级种族，深肤色的达罗毗荼族和其他土著民族为低等级的种族。后来随着职业分化，出现了四个种姓的划分。约公元前 7 世纪，婆罗门教应运而生。婆罗门教崇拜梵天，认为梵天是万物的根源，称梵天是宇宙的纯净精神、永恒存在，万物只是它的幻影。人们必须看穿并鄙视世界的不真实，获得精神解放，然后才能与梵天联系起来。奴隶主贵族为了巩固其统治，在婆罗门教的帮助下将种姓制度神圣化，残酷压迫被统治阶级。婆罗门教规定，那些能够登上婆罗门教祭祀梵天的人，属于最高种姓，即婆罗门。其次是刹帝利（Kshatriya），负责行政管理和军事，为军事贵族，主要负责世俗统治事务。婆罗门和刹帝利是国家的天然统治者。

第三个是吠舍（Vaishya）种姓，即平民，从事商业贸易，后来也有部分从事农业。这三个种姓都是再生种姓（即婆罗门教赋予这些人第二次生命），从种族来看均属于雅利安人。最低的种姓是首陀罗，从事农业、牧业、仆役及其他奴隶工作。各种姓世袭各自的职业，严禁相互通婚，尤禁首陀罗与其他种姓的混乱。针对首陀罗男子与别的种姓女子所生的混血后代，专门制定法律给予严惩，赐以卑贱之名旃陀罗，意为"不可触者"。地位最为低贱，在四姓之外。这个族群世代从事着印度社会认为最为低贱的职业，如抬死尸、屠宰、刽子手等，社会境遇极为悲惨。公元前5世纪佛教兴起，在古代印度，宗教权威至高无上，教育权力基本为婆罗门和佛教所垄断。

## 一、古印度的教育思想

古代印度是一个宗教主义和宗教统治色彩浓厚的国家。雅利安人进入印度后，其原始的吠陀信仰和印度西北部各部族的文化、信仰、生活方式相结合，形成了古老的婆罗门教。古印度的早期教育以婆罗门教的学说和婆罗门教的吠陀为教育内容，是婆罗门教的附庸。婆罗门教以吠陀经典为中心，逐渐形成了吠陀天启、祭祀万能、婆罗门至上的三大信仰，又加入"业力轮回"说，这些学说信仰充斥在印度生活的方方面面。《吠陀经》是一部婆罗门教的经文，是一部赞美宗教崇拜、表达哲学思想和伦理的著作。在古代印度，吠陀经学主要是通过家庭教育来学习的，孩子们在家中花费数年甚至数十年的时间从父母或其他家庭成员那里学习吠陀经。后来出现了两种学派，吠陀学派和古吉克（Gujic）学派，它们都主要教授吠陀经。在Gujic学校，助手协助老师将知识传授给其他孩子。这种方法后来被英语老师贝尔所采用，即兰开斯特教学法。古印度还是佛教的发源地，佛经也是宗教教育的重要内容。通过记忆、解释、辩论、反省、修行等方式进行教学，传授宗教原则和道德。在佛教中，"五明"分别指语言和修辞、工艺、医方、伦理、宗教哲学的教学。古印度的教育等级观念森严，如只有属于婆罗门种姓的人才有权享受完备的教育，教师也只有婆罗门人才能充当，而婆罗门教育的核心任务之一就是维系种姓制度。

### （一）家庭教育

在早期吠陀时期，印度河和恒河流域的氏族社会瓦解，农村公社成为自给自足的经济组织。在这种农村公社中，有个人家庭和联合家庭两种形式。前者是家庭成员分开居住，各自拥有私有财产；后者是共同生活的家庭的共同财产，以至于一个家庭中往往有数百名成员。两个家庭都是父权制的，教育孩子是父亲的责任和义务。一个婆罗门教他的儿子在家诵读《吠陀经》，这样他就可以出家成为高贵的僧侣。《吠陀经》是神圣的书籍，只允许口述而不被复制。

此外,《吠陀经》是用梵文写的,不容易理解或阅读,所以每天都要逐句地背诵它们,以达到熟练程度,这种学习很枯燥。按照规矩,一个婆罗门必须完成"四吠陀"的学习,才能出家。由于每部"吠陀"需学习 10~12 年,全部习完需 40 年以上,故实际上只要求学习一部分即可。在古印度的漫长岁月中,家庭是唯一的教育场所,直到"《奥义书》时期"出现学校后,家庭依然是重要的教育场所,通常 7 岁以前的儿童需要在家庭里接受教育,诵记经典是家庭教育的最基本形式。

**(二)学校教育**

大约在公元前 5 世纪,古印度人在天文学、数学、建筑学等领域的持续取得进展,且为了强化婆罗门种姓的统治力,传统的家庭教育已不能满足社会对人才的需求,因此,学校教育相继出现。其中,影响较大的分别为婆罗门教育、佛教教育及各类职业类教育。

1. 婆罗门教育

婆罗门教育是推行婆罗门教义的教育,婆罗门教崇拜梵天,追求摆脱尘世的解脱,认为要经过禁欲、苦行和静思三个阶段,方能进阶永生,掌握真理。因其立意极高,修习也极为困难。修习吠陀经典是婆罗门教育最基本的要求,学习的唯一方法是诵记,因为婆罗门教义认为吠陀是神语,书写是大不敬。婆罗门、刹帝利、吠舍这前三个种姓的适龄儿童均有资格接受婆罗门教育,首陀罗被排除在外。公元前 4 世纪后,设"阿什仑",即古印度由古儒私设的经义学校,带有家庭教育气氛,以弥补家庭教育之不足。早年儿童 5 岁入学,后改为 7~8 岁入学,学制一般为 12 年。古儒极其重视道德教育和意志锻炼,以苦修促德行。学习期间师生共同生活,同席用餐。日常生活十分清苦,饮食清淡,剃度独身,就地而睡。学校纪律严明,对于教师的指令,所有学生均需无条件服从。学生禁欲戒色,早睡早起,定时沐浴,虔诚祈祷,还须到各地经历特别的修行——行乞。婆罗门教的学习内容除了吠陀圣典之外,还根据需要增加了几何学、代数学、天文学、星占术、文法学、韶韵学等。

2. 佛教教育

从某种程度上来说,佛教是反婆罗门教的产物。佛教不承认婆罗门教的经典,也不承认婆罗门种姓的特权。[1]佛教教育以佛教教义为主要教育内容,皓首穷经,钻研哲理,此外还涉及科学、艺术。在学习初期阶段,师生面对面地讲授,经师口诵,僧徒记诵,口耳相传,反复诵读。学习到高级阶段,则采

---

① 关松林.古代印度教育述论［J］.教育评论,1990(4):61-64.

用议论和争辩的方法，对经义里面一些疑难问题，学生可以进行发问。[①] 僧徒修行 12 年后，经考核合格者，升为比丘。如果再留寺修学十年，可担任僧职。佛教具有民主精神和平等意识，主张废除种姓制度，众生平等，推行教育的平民化，教育对象不分出身、不分性别，为此专为女子设尼庵，供女子学习。在教学方法上，婆罗门教以梵语施教，理解困难；佛教禁用梵语，用当地方言教授，较为通俗易懂。由于佛教思想的开放性与包容性，迅速受到社会各阶层的广泛认可，婆罗门中相当一部分地位低下的教徒也纷纷改信佛教。佛教在最鼎盛之时，一度被尊为国教。据考证，以创建于公元前 425 年的那烂陀寺为例，仅僧徒就达 9000 余人，僧师 1500 人，负笈求学的域外僧众也不计其数。我国的玄奘、义净两位法师，就先后不远万里来此留学。其中，玄奘法师凭其游历记忆留下著名文献《大唐西域记》，成为后世研究古印度文化的重要典籍。

3. 技艺教育

古印度除了发展出辉煌的农业文明，借着大河运输便利，商业、手工业也极为发达。按照种姓制度，职业世袭，处于底层的贱民群体世代从事着各种劳动强度大、报酬低廉的体力和手工行业，如达罗毗荼人就是手工业者的主体族群。施教者多为行业匠人，或父子、或师徒进行手工技艺的传授。传授地点多是在手工作坊或匠师的家里，也有专门的技艺学校，如考古发现的雕塑学校，用以培养精通建筑的专业人才。学徒通过缴纳一定的学费，或者为匠师提供一定年限的免费服务换取技艺的传授，这一点与古代中国民间中医学的传承极为相似。技业教育接受政府的监管，古代印度大多数职业很早就形成了行会，[②]因此，行会在技艺教育中也发挥着重要的作用。研究表明，印度于公元前 600年出现了行会，到公元 300 年就有了比较完备的制度。[③] 在行会的业务监管下，师徒双方的行为均受到规范和制约，对于技艺教育、技艺发展传承都产生了良好的推动作用。

## 二、古印度的教育惩戒

### （一）基本概况

古印度由于世俗权力更迭频繁、小国林立等原因，且没有形成持续的历史记载制度，历史的传承主要是依靠宗教典籍、文学作品及口头传说，记载散乱零碎，加之遗失严重，相关文献极度缺乏。因此，对于古印度的教育惩戒文化，尤其是制度化的记录基本缺失，仅靠现存的铭文记载、考古发掘等可以还

---

①③ 庞媛媛 . 古代印度教育的发展及其特征［J］. 河南广播电视大学学报，2013（1）：41-43.
② 马骥雄 . 古代印度的教育［J］. 杭州大学学报（哲学社会科学版），1985（2）：20-28.

原部分面貌。从目前已有的文献佐证来看，古印度教育是相当重视教育惩戒的作用的，对于体罚更不避讳。如耆那教的日常教育，倡导学生要修心养性，谦虚克制，保持善良，不咒骂任何人，但一旦发现学生有违反教义或违反教学纪律的行为，便会施加足枷和体罚。有迹象表明，古印度教育体罚现象不仅普遍，而且相当残酷。婆罗门教存世的文献记载，"学生像信奉神一样崇拜和尊重教师"。在教学过程中，教师对学生有极大的处置权，学生犯了错误，教师不仅可以严厉斥责，而且还会威胁说："下次再犯，便拳打脚踢；拳打无效，就可把犯过者投入水中。"[①] 记载虽然只是只言片语，但真实反映了教学关系的严重不对等。在教师与学生地位悬殊的情况下，教育惩戒作为教师保持教育权威的有力工具被滥用的可能性极大。即便忽略有意的、规则化的惩戒行为，认真审视古印度的教育过程，事实上的体罚式教育内容也很普遍且严重。如婆罗门教要求学生在"净行期"的生活必须"简朴、纯洁、苦行"。简朴的准则是食必清淡，寝必弃床。纯洁的目标是要修炼到心灵"坚如磐石"的境地，因此学生常要到人烟绝迹的森林中进行修行，承受孤寂的磨炼。苦行最为残酷，苦行者必须忍受剧烈的痛苦，如绝食、躺在布满钉子的床上、行走在火热的木炭上等。至今苦行僧在印度都时时可见，延续着几千年前的古老传统，以惊世骇俗的方式维持着生命形态。受教育者在这种教育环境中身心承受的压力和痛苦远远超出正常人的想象，寻常的教育惩戒和体罚与之相比不值一提。佛教教育的情况相比婆罗门教要人性化得多，师生关系也更为融洽，但清规戒律一样多而严厉。生活必须节俭清静，入学者务必断绝家庭联系，舍弃钱财，仅此两点便非常人所能接受。佛家戒律繁多，如"具足戒"，达数百条之多，且无论违反者受到何种惩处，仅依戒条一一践行，已是对身心的极大考验。

**（二）形成原因**

古印度教育惩戒流行，体罚泛滥现象的存在复杂的历史及文化原因，综合来看，生存文化、宗教信仰是根本原因。

1. 生存文化的影响

雅利安 - 旁遮普人 - 印度人本身是属欧罗巴人种，操印欧语系，发端于中亚草原地区，身材高大，生性尚武。定居印度后，对非雅利安人实行高压统治和残酷剥削，骨子里的力量崇拜使他们的民族文化中处处渗透着相应的价值理念，因此在教育中频繁地使用教育惩戒手段和他们的认知逻辑是完全相符的。尤其在体罚应用方面，古印度人表现出罕见的忍耐和接受度。这可能和长期以来古印度形成的重精神轻物质的文化倾向有关。由于高度重视精神的磨砺

---

① 关松林. 古代印度教育述论［J］. 教育评论，1990（4）：61-64.

与修炼，皮肉之苦被认为是实现心灵升华的必由之路，那么体罚在一定程度上不仅是正确的，而且是必要的，这种文化认同在教育上自然也成为古印度人的行为指南。

2. 宗教文化的影响

古印度文化的高度宗教化是古印度文化区别于其他地区文化的一个显著特征。婆罗门教、佛教、耆那教，以及后来的印度教虽然教义不尽相同，有些甚至在思想上针锋相对，但基础性的共识是统一的，即以苦为救赎，这为教育惩戒提供了坚实的信仰基础。

# 第三章
# 西方近代教育惩戒思想演变

从 476 年西罗马帝国覆灭，到 1453 年君士坦丁堡战役的落幕，东罗马帝国（拜占庭帝国）走向衰亡，这段时期长达千年，欧洲沦入基督教教义大一统时代，史称"黑暗的中世纪"。在这一漫长的历史时期，西方世界思想被禁锢，文化被蒙昧，人性被压制，教育被奴化，西方文明进入至暗时刻。黑暗的尽头是光明，13 世纪末，文艺复兴运动开始萌芽。

文艺复兴是西方文明进程中的一次重大思想解放运动，它深远地推动了西方乃至全球的文明演化方向及进程，使人类迅速迈进近代科学文明时代。文艺复兴运动始于一个旧时代的再发现，却终于一个新时代的新生——封建制度落幕，资本主义崛起。反对神权，提倡人文主义、科学思想成为西方近代的最强音。社会变革，教育先行。捷克、英国、法国、德国、瑞士等国家相继涌现了诸如夸美纽斯、洛克、卢梭、赫尔巴特、福禄培尔、裴斯泰洛齐等一批卓越的教育思想家，他们重新定义了教育的概念，斧正了教育的方向，重建了教育的内涵，拓展了教育的外延，让教育从纯粹的经验主义的泥淖中脱身，全面转向人文主义和科学主义的轨道。全新的近代教育思想、教育文化、教育制度、教育行动在暮气沉沉的文明铁幕里向死而生。

## 第一节　西方文艺复兴时期的教育惩戒思想演变

文艺复兴（Renaissance）是指发生在 14~16 世纪的一场反映新兴资产阶级要求的欧洲思想文化运动，这一时期是欧洲由中世纪封建社会向近代社会转型过渡的重要时期[①]。文艺复兴运动最早在意大利佛罗伦萨、米兰、威尼斯等城邦兴起，始于对希腊文化、罗马文化的再发现、再发展，但后来迅速演变为反对神权，倡导人权，要求重视并承认人的天性和价值。反对教会对世俗生活的

---

[①] 庞励. 文艺复兴时期欧洲教育世俗化转向［D］. 天津：天津师范大学，2017.

泛宗教化，反对教义和教规对人性的压抑和禁锢，主张个性解放和对精神自由的追求。人们逐渐不再满足于经院主义的僵化与教条，推崇古希腊时代（古雅典）的博雅教育思想，重视身心合一的全面发展。

## 一、西方文艺复兴时期的教育思想演变

### （一）教育的世俗化

长期以来，教会不遗余力地推行其教义思想，不断尝试对整个欧洲俗世社会进行思想大一统。5世纪中叶前，意大利修道士本尼狄克制定了《本尼狄克规程》，对修道院的组织管理、行为规范、修士职责等作了全面、详尽的严格规定，直接促进了修道院由原来的纯宗教机构向兼具宗教、文化和教育等多功能机构的演变，修道院学校由此在欧洲兴起。随后，大教堂学校和区学校相继产生，这些教会学校除了开展基督教教义、宗教音乐、宗教仪式等培训外，还为10岁左右的儿童提供"七艺"教育，即（读、写、算等）基本知识、文法、逻辑、修辞、诗歌、算术、天文学古典学科。客观上，教会学校一定程度起到了近代文明的摇篮的作用。当然，除了教会学校之外，随着欧洲封建王权的出现，宫廷教育、骑士教育等世俗教育也相继产生，但神权对王权的高度掌控，使世俗教育依然刻着强烈的宗教印记。中世纪中期开始，神权的一枝独秀使其日益成为阻碍思想开化及理性知识传播的主要"原凶"。它残酷打压异己思想，为了消灭一切不利于教会专制的新生事物，不惜动用宗教裁判所的骇人手段，将"异教徒"肉体毁灭。著名的意大利哲学家和思想家布鲁诺因宣扬进步思想"日心说"被宗教裁判所判以火刑烧死在罗马鲜花广场。意大利著名物理学家伽利略亦曾被罗马教廷迫害。教会的倒行逆施激发了欧洲反宗教化的情绪，教育世俗化的呼声迅速高涨。

所谓教育世俗化，是指欧洲近代对教会垄断教育状态的反击和反控制过程。其目的并不是彻底地将教育去宗教化，只是要求将教育对象从教士和教徒扩充到普罗大众，以满足社会对人才的需要。同时，争取教育管理权的合理转移。尤其在中世纪后期，以经济发展为中心的城市日渐兴盛，新兴的城市市民阶层崛起。新兴的市民阶层出于发展工商业的需要，越来越不满足于教会学校所教授的贫乏的、脱离实际的知识，希望自己的子弟学到多方面的、实用的知识和技能，要求创办新式学校，[①] 城市学校应运而生。不同于中世纪的其他世俗学校，城市学校大多是由市政当局或行会组织负责开办和进行管理的，呈现明显的职业教育特征，重视应用，虽然仍不能摆脱宗教内容的学习，但在世俗

---

① 喻冰峰. 试论欧洲中世纪城市学校的兴起及其影响［J］. 哈尔滨学院学报，2011（3）：109–112.

化方面无疑走得很远。

汤普逊对中世纪城市的兴起给予了高度的评价，他说："在中世纪文明中对于人类没有什么比城市具有更大的社会意义了。"① 同样，这个评价应该毫不吝惜地给予城市学校。正是城市学校的出现，突破了教育对象仅限于修士和贵族阶层的局限性，将广大平民阶层纳入教育的范畴。尽管城市学校总体教育水平不高，但毕竟民智启蒙出现了转机，城市开始成为思想革命的主阵地。尤为重要的是，在城市办学的过程中，经过不断的斗争，教育管理权也实现了质的突破，不再是教会一手遮天。到了 15 世纪，欧洲各城市的世俗学校基本上摆脱了教会的控制，为欧洲教育走向近代化奠定了基础。②

**（二）人文主义教育思潮的兴起**

人文主义源于对中世纪经院主义的反思与批判。人文主义强调人的身心全面发展，主张拓宽学校课程内容和学科范围，提倡使用新的教育和教学方法。③

与经院主义相比，人文主义教育思潮更关注人性，而非囿于神性的崇拜。在荷兰人文思想家、教育家伊拉斯谟（1466~1536 年）看来，教会的"原罪说"破绽百出，他提倡对儿童"首先要爱"，而不是使他们畏惧。因此，教育应该是温和的，而不是依赖于惩罚。他建议教师一定要认真研究儿童，关注他们的兴趣。即便惩罚，也要考虑适切性。伊拉斯谟的教育思想石破天惊地打破了旧有的儿童观，他创造性地提出了人性解放对于教育的重要性，提醒人们务必清醒认识教育对象的现实性。伊拉斯谟留下了《论正确的教育方法》（1511年）、《论儿童的文雅教育》（1526 年）、《论少年早期的自由教育》（1529 年）等教育著作，对近代教育思想解放作出了重大的贡献。

在教育内容上，人文主义教育思潮走得更远。以弗朗索瓦·拉伯雷（1494~1553 年）为代表的思想家毫不掩饰他们对于神学支配地位的不满，体育、智育、德育、美育，这些充满古典人文精神的古希腊课程被人文主义思想家们所推崇。1532 年，拉伯雷推出《巨人传》，在书中，拉伯雷描写了巨人国王格朗古西、卡冈都亚和庞大固埃祖孙三代的故事。拉伯雷借小说主人公的经历和言行，无情地嘲讽经院教育的弊端，表达了对人文主义教育理想的向往。在他构筑的理想世界里，人们的行为准则就是"你想做什么就做什么"。通过一份虚构的近乎百科全书式的教学计划，包括语言、方法、几何、算术、天文、音乐、法律、科学及医学的课程清单，拉伯雷看似复刻了古希腊的教育设计，实则反映了他对教会控制下的教育内容的强烈不满。意大利人文主义教育

① 汤普逊.中世纪经济社会史（下册）[M].耿淡如，译.北京：商务印书馆，1997.
② 喻冰峰.试论欧洲中世纪城市学校的兴起及其影响 [J].哈尔滨学院学报，2011（3）：109-112.
③ 单中惠.西方教育思想史 [M].北京：中国人民大学出版社，2017.

家维多里诺（1378~1446 年）虽然未曾著书立说，却用实际行动践行了他的教育理想。1423 年，维多里诺在孟都亚创办了一所新式寄宿学校，将之命名为"快乐之家"，以示亲近自然和遵循学生兴趣之意。招生对象主要是贵族子弟，在当时的欧洲影响甚大。学校实行学生自治，教育内容极为丰富，几乎涵盖了所有的文化内容。维多里诺特别重视体育教育，骑射、舞蹈、游泳、角力和体操是重要的训练内容。

思想家们对于教学方法也极为重视，大力推动教育教学方法的改良工作。他们明确反对用严酷的教育惩戒对待儿童，提出激发儿童的学习兴趣和主动性，主张采用游戏、实物教学、直观教具等进行教学。[①]如维多里诺不仅反对体罚学生，连一般的辱骂都不赞成。在文艺复兴时期的人文主义教育家中，伊拉谟斯可能最先认识到以自然及自发的能动性作为基础和最有效的教学方法的价值。[②]教育要承认并遵循一定的规律，自由与快乐对教育很重要，这些崭新的教育理念无疑极大地启发了后世教育思想家们的教育思想。

**（三）科学思想的解放**

基督教在很大程度上可以说是时代的产儿，是犹太教和希腊、罗马文明的产物。[③]12 世纪，古希腊哲学传入西欧，亚里士多德学说为基督教所接纳，两相结合催生了基督教的经院哲学。经院神学家将亚里士多德的形式逻辑方法作为理性思辨的基石，为哲学乃至科学的发展埋下了强有力的伏笔，因为理性思辨与宗教崇拜存在结构性的矛盾。尽管在初期，哲学只能蛰伏于神学阴影之下，但时间在哲学一边，只需要等待某个关键的人物和事件。

从 16 世纪后半叶，资本主义在英国获得了空前的发展，新兴的资产阶级强烈渴望摆脱教会的束缚，向往自由，推崇理性、人文主义、宗教改革，风起云涌的思想革命迫使教会不得不一再收缩其思想阵地，为科学思想的创生解除羁绊。1561 年，被誉为"英国唯物主义和整个现代实验科学的真正始祖"[④]的培根（1561~1626 年）降生。培根出身于英国贵族家庭，自幼博览群书，表现出惊人的天赋。因厌恶经院哲学，且不满当时英国的教育制度，开始致力于对自然知识的学习和研究。在长期的研究过程中，先后出版了《新工具论》《学术的进展》《论古人的智慧》《新大西岛》等著作，是实验科学、近代归纳法的创始人，为现代科学的开创立下了不朽的功勋。培根大胆提出"知识就是力量"，对一切知识都感兴趣，终其一生，涉猎领域极广，但由于精力分散，以至于在科学研究领域并没有取得多少实际的建树。培根对教育也进行了专门研

①② 单中惠.西方教育思想史［M］.北京：中国人民大学出版社，2017.
③ 弗兰克·梯利.西方哲学史［M］.贾辰阳，解本远，译.北京：光明日报出版社，2014：149.
④ 马克思，恩格斯.马克思恩格斯全集［M］.北京：人民出版社，1957.

究，认为由科学教育推动科学技术进步是必由之路。在《新大西岛》一书中，培根提出了他认为的理想的科学教育方案。他还首次明确提出"教育学"应当作为一门独立学科予以重视，显示了培根眼光的独到之处。

中世纪新生的科学思想的产生是近代社会发展的必然，它冲击了传统守旧的教育思想，打击了教会的思想禁锢，为欧洲中世纪的思想解放提供了可圈可点的精神武器。

## 二、西方文艺复兴时期的教育惩戒思想演变

在中世纪欧洲的大部分时间里，经院主义教育思想占据着主流地位，对中世纪欧洲的教育影响是全面的、深远的。在经院主义看来，教育的一切行动必须置于神的意志之下，服从教会，确保教育从目的到方法符合基督的价值观至关重要。具体来说，灵魂比肉体重要，来世比现世重要，当然上帝比个人更重要。这些观念的反复灌输，最终达成的价值信仰是让每一个人确信：个人是有原罪的，个人的现世是要赎罪的，个人当下的体验是不重要的……经院主义的奠基人奥勒利乌斯·奥古斯丁（354~430 年）的认知最具代表性。他认为，由于人性本恶，儿童生而邪恶，因此在儿童教育中，教育惩戒，尤其是体罚是必不可少的。在儿童教育中，如果缺少了鞭子和戒尺，儿童就可能得不到神的恩赐，从而走上邪路。奥古斯丁的教育思想让人不寒而栗，但在整个漫长的中世纪，他的思想在欧洲却得到了广泛的认同，成为中世纪学校恐吓、鞭打儿童的理论依据，成为"棍棒纪律"的思想来源。[①] 在家庭与学校里，惩戒严酷，体罚盛行，教育和教育惩戒如影随形。中世纪留下的手稿、文献里，教育者最令人印象深刻的特点就是棍棒不离手，尤其是教儿童的时候。在雕塑、绘画中，教师手里持着棍子或桦树条是标准形象。

欧洲中世纪如此痴迷于体罚教育的原因是多方面的，但主根源还在于教会的意志独断。教会中不乏虔诚的苦修士，在他们看来，皮囊就是灵魂走向自由的障碍，灵魂要得到救赎，就必须通过对皮囊进行折磨的考验，这样才有可能跨过灵魂升华的门槛。以上帝的名义为体罚正名，体罚的正当性自然不可置疑。此外，尽管教会如此强势，但其在骨子里恐怕也意识到过分的精神管制并不得人心，因此，残酷的体罚是重要的且必行的手段。从这一点来说，宗教裁判所是体罚教育思想的最高执行机构，当普通的鞭打已经不足以达到教育目的时，肉体毁灭就成为最终极的选项。

人文主义教育思想的兴起对体罚教育生态产生了颠覆性的影响，其呼吁要

---

① 林志伟. 权力视野下的教育惩罚［D］. 福州：福建师范大学，2007.

尊重儿童、研究儿童、关爱儿童，提倡师生之间形成平等和谐的特殊关系。伊拉斯谟旗帜鲜明地反对体罚，认为教育应该温和而不是粗暴。维多里诺也从不因为学生学习上的过失辱骂和体罚学生。米歇尔·埃凯姆·蒙田（1533~1592年）认为，残酷体罚只会压制儿童的天性，暴力和强迫只会损害儿童的心灵，学校不能跟地狱一样，儿童不应该随时受到责打的威胁。[①]他甚至写了一本书，书名就是《我谴责教育上的一切体罚》。人文主义教育思想家扰动了中世纪令人窒息的思想池，激起了教育思想的涟漪，虽然对欧洲中世纪整体简单粗暴的教育格局影响不大，但对17世纪后近代教育变革的到来起到了极大的推动作用。

# 第二节　西方近代教育惩戒思想演变

17世纪中叶到后叶，英国率先完成了资产阶级革命，资本主义站在了彻底埋葬中世纪黑暗时代的历史前台。新的生产关系迫切需要生产力的巨大进步，以满足新时代催生的新需求。然而，作为人力资源的生产者——教育，远远未能建立与新时代需求相对应的新机制、新体系。教育要完成这一转变，必须革新教育思想。新的教育理念、教育目的是破冰的关键。

## 一、西方近代教育思想

### （一）泛智教育思想

泛智教育思想的提出是17世纪西方社会最具里程碑意义的事件，由捷克教育思想家夸美纽斯（1592~1670年）提出。捷克之所以成为这一思想的发源地，自有其社会原因。1618~1648年，捷克陷入严重的国内动荡，哈布斯堡封建政权为平息农民和城市市民的反抗，发动了军事镇压行动，持续的军事行动使国家财政崩溃，农民和城市平民赤贫。在这一大背景下，普通大众基本的教育权利得不到根本的保障，为贵族子弟提供的学校教育质量也同样不堪。要求开办"周全的教育"的呼声高涨。夸美纽斯响应了这一呼声，系统研究教育的新思路。他认为，不分阶层贵贱，不论地位贫富，所有适龄儿童都应该接受共同的教育，即"周全的教育"，学习真理，学习智慧，学习一切必需的知识。1632年，夸美纽斯推出了集其教育思想之大成的著作《大教学论》，由此奠定了他教育巨匠的不朽地位。

---

① 林志伟. 权力视野下的教育惩罚［D］. 福州：福建师范大学，2007.

在《大教学论》中，夸美纽斯全面系统地提出了他的教育理想，涉及学制、课程、原则、方法。

（1）学制。从婴儿期开始，人就应该接受统一的学校教育，直到 24 岁。可以分为四个学段：0~6 岁为婴儿期，对应母婴教育学段。母婴教育学段的主要任务是全面筑基，在体育、智育、道德养成方面进行全面的教育。孩子这一阶段的成长生涯应该是健康且快乐的。6~12 岁为儿童期，对应国语教育学段。国家普遍设立国语学校，不作任何身份和性别区分，招收所有适龄儿童。之所以称为国语学校，是因为夸美纽斯认为，国语是最基础的工具学科。12~18 岁为少年期，对应拉丁语教育学段。大的城市都要设立拉丁语学校，招收优秀的学生，学习 4 种语言，全面进行所有知识的教育。这一学段是为以后接受更高深的教育做准备。18~24 岁为青年期，对应大学教育学段。每个王国或省都应开办大学。以考试选拔的方式选取青年精英，为他们提供专业训练，以培养未来的专业人才。他建议大学分 4 科，分别是神学、法学、医学、哲学。大学要有丰富的藏书及学问高深的教授，教授除了传授知识，还要承担发明创造的重任。

夸美纽斯首次提出了班级授课制，即按年龄和成绩分成不同的班组，以便更好地安排教学内容和教学进度。每个班还可以再分成若干小组，如 10 人一组。实行学年制，每个学年分成 4 个学季。每年招生一次，秋季开学。学业检查评估以考查或考试的形式进行，固定安排学时考查、学日考查、学周考查、学季考试和学年考试。其中，学年考试是最重要的考试，通常在学年终了时进行，成绩合格方可升级，不合格者要么重修要么退学。开学与放假需统一安排。每日上课时间按 4 小时安排，每课时为 1 小时，两课时之间休息半小时。每年在季末安排休假，每次休假 8 天，一学年共休假 4 次。

（2）课程。夸美纽斯反对过早的专业分化，他认为，年龄越小越要注意课程的综合性，因此，母婴教育学段主要进行体育、语言、道德、活动及思维训练。国语教育学段为智慧启蒙阶段，设置的课程为国语、道德、历史、地理、音乐、经济、政治、计算和宗教。这一学段要注意劳逸结合，课程安排之余，适当的娱乐是必要的，可见夸美纽斯已有快乐教育的理念。拉丁语教育学段首先要安排国语、拉丁语、希腊语、希伯来文的学习，在此基础之上，除了要教授传统七艺之外，还要开设物理学（自然哲学）、地理学、年代学、历史学、伦理学、神学，内容极其全面。大学教育学段分学科教学，应该是"应有学习人类知识的每一部门的准备"。

（3）原则。承袭人文主义和早期科学主义思想的适应自然原则，夸美纽斯高度重视人的成长及自然发展的规律性，认为教育必须充分遵循这一基本原则，将教育适应自然原则奉为一切教育教学活动的总原则。在此总原则的指导之下，夸美纽斯提出了其他具体的教育原则。首先是直观性原则。夸美纽斯认为，教学不应该离开观察和实验，"一切知识都是从感官的感知开始的"。一方面，他建议教师在教学过程中要尽可能将事物的本原或实质呈现给学生，如充分利用图画、模型等教具。另一方面，他主张在生活或生产中去学，即实践性教学。其次是引导性原则。在夸美纽斯看来，学生只有主动地去学，教育才有好的效果。如何激发学生主动去学？要引导。实用的、能够引发学生的兴趣或喜爱的教学才是好的教学。强制的教育教学不仅低效，而且有害。从这一原则的提出来看，夸美纽斯开始将教与学区分对待，并产生了朴素的儿童心理的思想。再次是系统性与循序渐进原则。夸美纽斯强调知识的前后逻辑关系，后学以先学为基础，后教以先教为依据。教育要由易到难，具体的教学行为要充分考虑学生的接受能力，不能让学生负担过重，因而在课程内容及难度安排上要统筹考量，内容要与学生的年龄及智力发展水平相匹配，教师也要根据学生的能力及实际情况去指导。这个原则里还隐含了因材施教的原则。复次是巩固性原则。夸美纽斯提出练习是巩固性教学所必不可少的环节，知识只有反复记忆和练习才能最终掌握。最后是实用性原则。夸美纽斯认为要教给学生在生产或生活中用得到的知识，那些毫无意义的思想和知识应该剔除出教育教学内容之外。

（4）方法。传统教育不重视教学方法，而夸美纽斯专门就教学方法作了较多论述。夸美纽斯认为，教育教学要重实效，因此研究儿童、教学内容、教学规律是教育成功的必要前提。对于教学原则与方法，夸美纽斯的定义是"教学论是指教学的艺术"。可见，在夸美纽斯的眼中，教学是一门艺术，既然是艺术，教学必然是符合审美，或者是令人乐于接受的。仅此一点，夸美纽斯的认知相比传统教育认知已有了质的提升。夸美纽斯明确反对"填鸭式"、死记硬背式的教学方法，以教学原则为基础，夸美纽斯提出了直观教学法、"自然的教法"。对教学方法的研究和改革贡献甚大。

泛智教育思想兼顾了理想和现实，不仅在当时具有巨大的进步意义，即便对于今天，仍然不乏现实的启发意义。首先，泛智教育首次提出了教育的普惠思想。即不分种族、不分性别、不分社会阶层，所有正常的适龄儿童均有权接受教育，这是现代公民权利共享的教育思路，显然具有重大的进步意义。其次，体现了民主思想。虽然泛智主义聚焦的是教育领域，但教育作为现代公民社会的重要权利场域，能够从平等的个体角度提出权利分享主张，这又是重大的时代突破。最后，体现了教育科学化的思想。无论是学制改革，还是分科教学，泛智教育从宏观到微观观照了教育教学的全局，教育教学不再是按感觉、经验走的粗糙行业，而是有自身运行规律的精细工程，它需要被研究、被验证，并存在巨大的进步空间。泛智教育思想的产生是近代教育发展史上的一个重大进展，它直接影响了现代教育体系的成型与成熟。

**（二）绅士教育思想**

绅士教育思想源于 16 世纪末，分别由英国政论家约翰·弥尔顿（1608~1674 年）和哲学家、教育家约翰·洛克（1632~1704 年）等提出、发展而来。他们提出，教育应该培养身体健康、品行高尚、知识广博、能力出众的绅士。

弥尔顿是绅士教育思想的创始人，出于对传统经院教育的不满，深受培根的科学思想所影响，成年后，弥尔顿一边投身英国轰轰烈烈的资产阶级革命运动，一边参与教育实践改革。1644 年，弥尔顿发表了《论教育》，就教育问题提出自己的思想。弥尔顿认为，教育要致力于培养实用型人才，绝不能沉陷于脱离现实的宗教洗脑中。教育要为新兴的资本主义事业服务，培养出"高贵和文雅的青年"。为此，应当举办新型学园，这种学园行寄宿制，以便于更好地学习和管理。学园里除传授人文知识外，一切必要的实用知识都要纳入教育系统，文武兼备，包括军事训练。为实现这样的培养目标，课程体系应由四部分组成，分别是人文学科、社会学科、自然科学及军事训练。人文学科主要学习传统的文法、修辞、逻辑及文学。社会学科包含政治、经济、法律、伦理及神学。自然科学含算术、几何、天文、地理、物理、自然哲学、航海、农业、建筑、医学、生理解剖等内容。军事训练由军事理论与军事操练两部分组成，用于培养优秀的军事指挥官和专业的士兵。弥尔顿还就教学方法作了改进论述。他认为，教学一定要考虑学生的年龄和接受能力，循序渐进开展教学。日常教学要结合实际，讲授要深入浅出，注意启发引导，让学生乐于学习。

洛克是 17 世纪最具影响力的教育学家，他同样因厌倦传统经院教育转而投入培根科学主义思想的阵营。成年后，洛克两次出任家庭教师，这两次从教经历使其对教育有了自己独到的思考。1693 年，他的教育专著《教育漫话》出版。《教育漫话》寄托了洛克对于教育的理解和追求。他认为，教育的最高目的在于培养"绅士"，那么，什么是"绅士"？在洛克看来，就是具备"德行、智慧、礼仪和学问"[①]这四种品质且身体健康的人。而要实现这一目标，需要在体育、德育、智育三个方面进行系统训练，这是教育史上首次将教育明确划分为德育、智育、体育三大组成部分。洛克将德育放在核心位置，认为"德育是绅士教育的灵魂"[②]。在具体教育措施上，洛克提出了游戏教学法和因

① 洛克.教育漫话［M］.傅任敢，译.北京：人民教育出版社，1999.
② 单中惠.西方教育思想史［M］.北京：中国人民大学出版社，2017.

材施教的思想，在这方面显示出其独到的眼光。围绕德育，体育是基础和前提，体育的一个重要标准是"能忍耐劳苦"。智育被洛克视为绅士教育的"辅助部分"，这倒是一个奇怪的现象。不过在传授知识和技能与发展智力的两相比较中，洛克毫不迟疑地更倾向于后者。

洛克对教育的重视超乎寻常，根据其 1690 年在伦敦出版的《人类理解论》中提出的"白板说"理论，教育是人变好或变坏的决定性因素，"我们日常所见的人中，他们之所以好或坏，或有用或无用，十分之九都是他们的教育所决定的"。[①] 洛克对当时的学校教育十分失望，但对家庭教育却寄以厚望，他认为，家庭教育相较于学校教育有着明显的优势，因此社会上层阶层应重视家庭教育。洛克这一思想显示，其教育理念是为上层阶层服务的，并未将普罗大众和底层人群纳入其关心的视野中。

### （三）自然主义教育思想

自然主义教育思想是近代以来对教育变革影响最大的教育思想，由法国启蒙思想家、教育家让－雅克·卢梭（1712~1778 年）在 18 世纪提出。自然主义教育思想"在西方教育史上乃至世界教育史上具有划时代的意义，被誉为新教育和旧教育的分水岭"。[②]

卢梭出身于瑞士的一个工匠家庭，早年学习过法律和雕刻手艺，有过受师傅虐待的经历。16 岁时辗转来到法国，28 岁曾在一个大主教家里出任家庭教师。这段家教经历改变了卢梭的人生轨迹，他开始关注并研究教育问题。1761年，卢梭的《新爱洛伊丝》问世，以爱情悲剧的笔触揭示家庭与社会伦理问题。1762 年，卢梭再推出《社会契约论》和《爱弥尔》两部巨著。在《社会契约论》中，卢梭论述了其理想中的社会，在《爱弥尔》一书中，卢梭阐述了其理想中的教育。《爱弥尔》的问世一度给卢梭带来了巨大的麻烦，作品中对宗教制度与封建制度的露骨非议使他受到巴黎和日内瓦的通辑。撇开意识形态立场不谈，卢梭的自然主义教育思想确实与传统的教育思想，包括文艺复兴以来所有新兴的教育思想都有些格格不入。

卢梭认为，在人类一切事业中，教育是最重要的事业。但是，卢梭眼中的教育，应当是超越社会制度属性和意识形态属性的，是遵从于人的自然本性的教育。"自然的教育可以使一个人适合所有一切人的环境。"理想的教育应当是由自然、人和事物三块组成的，仅当这三块完美结合，教育才能达到预期目的。如果这三块协调不良，教育的成效将大受影响。因此，最好由其中一块居

---

① 洛克.教育漫话［M］.傅任敢，译.北京：人民教育出版社，1999.
② 单中惠.西方教育思想史［M］.北京：中国人民大学出版社，2017.

中统领，这样才最有利于三者的统合。而自然天性天然契合这一功能，因为人的天性发展自有其发展秩序，试图干扰或违背这一秩序是不可取的。"大自然希望儿童在成人以前就要像儿童的样子……儿童是有他特有的看法、想法和情感。如果我们想用自己的看法、想法和情感去替代他们的看法、想法和情感，那简直是最愚蠢的事情。"① 这就要求教育必须承认并尊重儿童，成人则需主动放弃强迫和灌输的执念，通过尽可能少干预的"消极教育"方式为孩子创造良好的学习环境和条件。作为对比，卢梭尖锐批评了现实教育的弊端，将教会和上流社会培养出来的精英称之为"傲慢的傻子"和"恶棍"。他甚至对于绅士教育思想也毫不掩饰地冷嘲热讽，称"我可没有培养什么绅士的荣幸"。

那么儿童是什么样子的呢？教育又该如何为儿童创造学习环境和条件呢？卢梭将人的自然教育按四个不同的阶段进行区分。

（1）婴儿期。从出生到 2 岁为婴儿期，可视为体育保健期。这一阶段的主要任务是养育和体育训练。养育的最佳环境是贴近大自然的乡村，显然，卢梭已经注意到城市出现的空气污染等问题，他认为这是不利于婴儿的健康成长的。婴儿最好依照原始的口味摄取食物，因为这也是最有利于健康的，这个观念同样反映了卢梭对过度加工的食品的不信任，体现了对食品"原生态绿色"状态的向往。他还极不赞成当时法国的服装文化，认为小孩子的衣服太多太紧，不符合孩子的成长天性。在婴儿期，卢梭极力倡导加强体育训练。体育训练的目的不仅是为了追求强健的生理素质，还有免于娇生惯养、增强恶劣环境耐受力的重要使命。

（2）儿童期。2~12 岁为儿童期，可视为感官教育期。卢梭主张主要进行感观教育，理由是儿童的理智还未苏醒，儿童的感觉器官非常敏感，应该利用这一特点让他接触大量的感性知识。故这一阶段不宜直接开展智育，不要强迫儿童读书和学习，尤其不能强迫孩子读自己不喜欢、不愿意读的书籍。卢梭还强烈反对在这一阶段对孩子实施道德灌输，因为儿童根本理解不了。当然，这一时期要高度关注孩子的不良行为和习惯，一旦发现就坚决遏制，因为错过这一关键期，后期便很难矫正。

（3）少年期。12~15 岁为少年期，可视为智育、劳育期。有了前两期体育和感官教育的基础，少年已充分具备了接受智力开发的生理基础和道德养成的心理条件。卢梭告诫，智育的重点不在于知识的学习，而在于兴趣的培养、方法的掌握，这是卢梭版的"授人以渔"理论，确实大有见地。在智育内容方面，卢梭极其务实，他坚决反对百科全书式的学习方案，而是主张以兴趣为标

---

① 单中惠.西方教育思想史［M］.北京：中国人民大学出版社，2017.

准，只学习对他有用的知识。书并非读得越多越好，这个认知在当时还是相当罕见的。至于学习方法，卢梭强调儿童体验的重要性，儿童要多独立观察和研究大自然，培养好奇心，自我发现、自我成长方为上策。在劳育方面卢梭倒没有多少新点子，但把劳育专业拎出来本身已是一种态度，说明卢梭高度认可劳育之于少年教育的重要性。

（4）青年期。15~20 岁为青年期，可视为德育期。卢梭认为，人从 15 岁起欲念日增，而社会是污秽的，在认识世界的过程中如果引导不当很容易迷失，在此阶段主推道德教育、信仰教育正当其时。卢梭推崇"善良、博爱、怜悯、仁慈以及所有一切自然而然使人感到喜悦的温柔动人的情感"，厌弃"妒忌、贪婪、仇恨以及所有一切有毒害的欲念"。道德教育就是要近其善，远其恶。关于信仰，卢梭可不是基督教的信徒，相反，卢梭相当反动，他离经叛道地提出了"自然神"的概念，反对传统的宗教教育，声称自己"绝不会抛弃自然宗教而去皈依那种宗教"。对于性教育，卢梭给予了适当的关注，建议要教导青年"克制情欲"，在这一点上，倒使卢梭显得不那么"自然"。

卢梭的教育思想横空出世，在欧洲思想界引起了轩然大波。瑞士的裴斯泰洛齐、德意志的康德、英国的沃兹华斯都受到了他的影响。卢梭教育思想的进步意义不言而喻。总的来看，卢梭的思想突破主要体现为以下几点：首先，卢梭明确了儿童是人。从人的概念上来说人不是社会的附属品，人是一定有人性的，那么教育就要关注人性、研究人性。从人性的角度考虑教育的安排，完全颠覆了当时传统教育漠视人性、压制人性甚至泯灭人性的观念，这是了不起的进步。其次，卢梭明确了儿童是儿童。儿童不是成人的附庸，更不是成人的影子，儿童有儿童的生理和心理特征，儿童有儿童的生理和心理发展规律。对儿童进行教育就要观察儿童、研究儿童，学会从儿童的角度思考教育问题。将儿童和成人进行区分是另一个了不起的突破。最后，卢梭明确了儿童自然天性是第一性。不管人的自然性与社会性是怎样一种关系，承认并尊重第一性被卢梭视为基本原则。这意味着，卢梭不赞成过早地将社会，包括宗教的价值观强加在儿童身上。儿童成长的初级阶段教育要做的事情是依据并顺从其自然性。不阻止、不扭曲儿童的天性才是符合儿童健康成长需要的。在这一点上，卢梭是对的，但也是错的。因为事实上自然性很难与社会性割裂开来，以最基本的善恶标准为例，善恶本身就带着强烈的社会性印记，纯自然性的善恶概念并不存在，那么又如何确保自然性的所谓"健康"发展呢？

**（四）唯物主义教育思想**

将唯物主义引入教育理论，强调环境、教育对人个性发展的决定作用，这是唯物主义教育思想的核心所在。18 世纪法国的两位思想家克洛德·阿德里安·爱尔维修（1715~1771 年）与德尼·狄德罗（1713~1784 年）为这一思想倾注了自己的智慧。唯物主义教育思想对教育最大的贡献在于其提出：教育是可控的。

唯物主义教育思想认为，不合适的教育不仅无助于人的成长和社会的进步，更会扼杀思想、泯灭美德，如教会控制下的愚民教育。立足于 18 世纪的法国，这个思想无疑是富有时代精神和斗争意识的。唯物主义教育思想高度评价了教育对人的重要性，这对于推动全社会关注并重视教育的改革运动起到了十分积极的作用。唯物主义教育思想在教育民主化方面也有体现，其认为要建立国民教育制度，所有公民在初等教育阶段都应一视同仁地接受国家提供的免费教育，即义务教育思想，这种思想的提出实质上是将教育由个人行为提升至国家行为，从国家战略层面通盘考虑教育问题，这为现代教育国家化的发展指明了方向。

作为同一教育思想的推手，爱尔维修与狄德罗并不在所有问题上一致。相对而言，爱尔维修较为激进，他"教育万能论"的思想夸大了教育的作用。另外，他的"人的智力是天然平等"的想法也不符合实际。狄德罗更为理性和务实，他在教育改革上的很多主张均被后世所采纳，如教材编写问题、义务教育制度等方面的真知灼见均在后来一一实现。

**（五）理性主义教育思想**

理性主义教育思想是 18 世纪德国的产物。大名鼎鼎的哲学家、教育理论家伊曼努尔·康德（1724~1804 年）是这一思想的主要代表人物。

康德的教育思想深受卢梭的影响，他曾有 9 年家庭教师的经历，后长期在大学任教。作为一名哲学家，深度的哲学思考为其教育思想的成熟提供了特殊的支撑。康德确实是无比理性的，康德的儿童观独树一帜。以往的儿童观无非善恶两元区分，非此即彼，争论不休，康德却认为，人生而仅有向善或向恶的意志倾向。康德从卢梭那里了解到，除了善良意志外，这世界之中和世界之外没有任何绝对善的事物。对此，康德补充说，当意志是由对于道德法则的尊重或义务意识决定的时候，它就是善的。[1] 对儿童进行道德教育的关键在于令其接受并遵守理性法则，为此，对儿童本能的冲动必须加以监控，要用确定的道德规范去施教。[2] 康德强调"道德自律"和"道德义务"的重要作用，认为自由是道德教育的最高目的，必要的"管束"和"训导"是实现自由的必要保证。康德进而指出，"爱弥尔"式的教育培养不出能够承担道德责任的人性。[3]

---

① 弗兰克·梯利.西方哲学史［M］.贾辰阳，解本远，译.北京：光明日报出版社，2014.
②③ 单中惠.西方教育思想史［M］.北京：中国人民大学出版社，2017.

康德在其知识论中提出了大名鼎鼎的"二律背反"规则，指两个互相排斥但同样是可论证的命题之间的矛盾冲突。他看重人的理性、推崇人的尊严、肯定人的价值，却认为教育的根本就是要对人的本性进行适当的控制，"人是唯一需要教育的动物"。教育需要均衡地、有目的地发展人的一切能力。

康德开创了德国的古典唯心论，引发了德国的资产阶级哲学革命。受康德的启发，后来的黑格尔提出了辩证法。康德的思想在很大程度上左右了19世纪欧洲教育理论的发展，为教育哲学开拓了新的思想园地，无愧为近代教育史上的伟大成果之一。

### （六）心理要素教育思想

心理要素教育思想在18世纪的产生在近代教育思想史上是一件意义深远的事件，它不仅使教育不再只属于经验和空想的领域，而且让教育首次具有了开展定向理性研究的可能。他的创始人约翰·亨利希·裴斯泰洛齐（1746~1827年）穷其一生进行教育研究和实践探索，最终确定了"教育心理化"这一方向。

裴斯泰洛齐是瑞士人，年轻时深受卢梭自然教育思想的影响，其本人对底层人群的困窘境遇颇为同情，认为导致人们困窘的关键原因是缺乏教育。因此，他对当时的教育制度甚为不满，认为既不合理也不平等。裴斯泰洛齐主张建立一种民主平等的教育制度，使社会各阶级的儿童，包括贫民的儿童都能接受合理的、实用的教育。裴斯泰洛齐办过孤儿院，后创办学校，蜚声全欧洲。经过潜心的摸索和研究，裴斯泰洛齐总结出两个研究心得：一是"教育的心理化"，二是"极简要素教育"。裴斯泰洛齐认为，教育要研究儿童、把握儿童的基本心理规律，教育只有与儿童心理发展的规律协调一致，才能有效推进体育、智育、德育三方面的发展，"培养智力和技能需要有适合人类本性的、符合心理学规律的一套循序渐进的方法"。[1]1800年，裴斯泰洛齐发表了《方法综述》一文，该文表露出他的雄心："我试图将人类的教学过程心理化。"在人类教育史上，这是第一次明确提出教育心理化。裴斯泰洛齐以一己之力开启了19世纪欧洲教育心理学化运动。[2]

裴斯泰洛齐还认为，一切知识中都存在一些最简单的"要素"，抓住"要素"就抓住了解决问题的关键。对教育来说，教育过程应该围绕那些极尽简约、能为儿童所理解和接受的要素展开，由易至难，由简至繁，层层推进儿童的心智发展。裴斯泰洛齐也同意将教育分为德育、体育和智育。关于德育，"爱"就是要素，由亲子之"爱"出发，当"爱"由家庭的亲子之"爱"扩展

---

[1][2] 单中惠.西方教育思想史［M］.北京：中国人民大学出版社，2017.

至对他人之"爱"时，道德的核心目的就已自动达成。而体育的要素是"关节"，因为人的体育运动无不是以"关节"为中心开展的，通过系统组织坐、立、卧、行、跑、跳、掷、摇等各种"关节"运动，体育目的即可实现。对于智育，儿童需要通过感觉、观察事物来推动认知发展，而事物的主要特征通常表现为数目、形状和名称，对应事物主要特征的儿童认知能力分别是计算、测量和表达，那么计算、测量和表达这三种能力就是儿童智育的要素。按照要素对应的原则，算术、几何和语文这三门学科就是解决智育问题的关键。裴斯泰洛齐特别强调，要素教育对于基础教育尤其具有意义，还就此进行具体解释：数的最简要素是"1"，形的最简要素是"线"，语言的最简要素是"音"。即便在今天来看，裴斯泰洛齐的这些思想也极具现实启发价值。

裴斯泰洛齐既是理论家，也是实践者，他的真知灼见让他站在了他所在时代的金字塔尖上，深远地影响了近代和现代教育世界。

### （七）国民主义教育思想

西方近代国民教育制度的确立是众多西方思想家、教育家倾心研究、努力争取、不懈奋斗的结果，这其中，国民主义教育思想家们的努力至关重要。国民主义教育思想产生于18世纪的法国，后经不断完善，最终在西方世界广为传播。从某种程度上讲，国民主义教育思想实质上是近代西方教育思想的综合版。国民主义教育思想主要历史功绩有二：一是终结了基督教对教育的控制，彻底实现了教育的世俗化；二是推动了教育平权制度的落地，使国民教育普及化和制度化成型。

国民主义教育思想的主要代表有三，分别是法国法学家路易勒内·卡雷迪克·拉夏洛泰（1701~1785年）、法国哲学家及数学家孔多塞（1743~1794年）、德国哲学家及教育家约翰·戈特利布·费希特（1762~1814年）。拉夏洛泰的主要贡献在于国民教育制度的批判与建设方面。拉夏洛泰严厉批评当时法国教会制度的不合理性，强烈主张要由国家管理教育事务，他还提出了学校教育改革方案，后以《论国民教育》为名出版。他认为，要建立有国家法律保障的国民教育制度，教授让国民成为良好公民的"实际知识"。政府要委派能干的官员领导和管理教育部门，并要培养专业的教师队伍。孔多塞的主要教育思想体现在他的《国民教育组织计划纲要》中，他认为，国家要消除教育上的不平等现象，使人人都享有受教育的权利，他甚至主张要将教育延续到公民的成年期，理由是教育对人的道德养成、职业成功及天赋发展都是极为有用的。

### （八）新人文主义教育思想

17世纪以来，教育思想发展空前活跃，学派林立、百家争鸣。总的来说，趋向理性、趋向实证是大方向，科学主义、理性主义、心理要素皆是如此。但教育直指人心，关乎精神，而不只是冷冰冰的数据，教育必须要有人性的温度。新人文主义教育思想就是一种有温度的教育思想。它关注人的精神培育，反对教育的功利主义倾向，思想创立人是19世纪德国著名政治家、教育家威廉·冯·洪堡（1767~1835年）。

洪堡出生于德国一个贵族家庭，从小接受良好的教育，大学时期主修古典文学和康德哲学。大学毕业后从政，结交广泛，眼界开阔。曾任德国内政部文化及教育司司长一职，负责高等教育改革工作，在任内主持创办了著名的柏林大学，因此，其教育思想在高等教育方面聚焦较多，研究深、影响大。洪堡的教育思想成就主要有二：一是提倡"普通人的教育"，即一种用于培养"完全的人"，为所有人提供"全面教育"的教育。洪堡认为，普通教育主要指能够促进个人理智、素养、心性、智慧和情操等方面发展的相关教育，其中包括哲学、语言、文学、美学、自然科学、社会科学、历史等学习者需要长期坚持才能逐渐完善和领悟的知识体系。[①] 这些知识、技能及人文修养是所有教育的基础，也是所有人的基础，学校"必须只把普通人的教育作为目标"。因此，在进行教育体系规划时，洪堡提出了基本教育（小学）、学校教育（中学）和高等教育（大学）的三级体系，而职业教育则需单列。"务必要将普通教育与社会所需的各个专业领域要求的专业教育相分割，并且在教育安排上要将专业教育置于普通教育阶段之后，二者不能混为一谈，否则既无法培养出完人，也无法锻造出专业人员，使教育不再纯粹化。"二是高等教育的办学原则。洪堡坚信，高等教育必须体现学术性、科学性和教育性的统一，为此，他提出了著名的大学教学三原则：独立性、自由与合作相统一原则，教学和研究相统一原则，科学统一原则。独立性、自由与合作相统一原则指学术研究应当不受政治、宗教等一切外部力量的干扰，也不应受到金钱、荣誉等外部利益的诱惑，学术研究就是纯粹的学术研究，在学术研究领域不存在权威，但存在借鉴与协作。教学和研究相统一原则强调教育性和研究性的不可分割，高等教育既是文化的传承者，又是文化的创造者，当创造与传承相结合时，高等教育的价值才会最大化，才能确保高等教育对社会发展的引领性，大学才能称为大学。科学统一原则，指在科学领域和科学教育领域内不存在边界，在科学的已知领域与未知领域也不应该存在边界，在科学研究领域和人文研究领域同样不应该存在边界，唯有科学与人文统一、研究与教育统一、手段与目的统一，教育在科学发展的道路上才能确保健康的方向。

---

① 国兆亮，陈志伟.洪堡思想在终身教育管理和教学层面的价值功能与现实意义［J］.成人教育，2020（1）：7-12.

洪堡的新人文主义教育思想对现代教育，尤其是现代高等教育产生了重大影响，被称为"德国现代大学之父""现代大学理念之父"，他所提倡的理想主义、精神主义的教育思想对过度科学主义倾向形成了有力牵制，提醒后世，教育无论走向何方，关注人心永不过时。

### （九）主知主义教育思想

主知主义教育思想是主张将教育与心理学、哲学一并融合发展的教育思想。心理学代表着实证方向，哲学指向于逻辑思辨，将这二者导入教育思想意味着教育被赋予了区别于传统教育思想的明确意蕴——教育作为一门综合性的学科存在理应响应时代发展的需要。

约翰·弗里德里希·赫尔巴特（1776~1841年）是这一学派的创始人。作为德国著名的教育学家，赫尔巴特精通哲学，青年时代曾任家庭教师，并曾求教于裴斯泰洛齐，深受其教育思想的影响。1806年正式推出教育巨作《普通教育学》，系统阐述其教育思想。1835年出版另一代表作《教育学讲授纲要》，进一步完善了主知主义教育思想。赫尔巴特的一生致力于教育学、哲学的研究，他还兴办过教育研究所和学校，让其教育理论接受实践的检验。赫尔巴特对于教育的最大功绩就是将教育发展为教育科学，在西方教育史上，赫尔巴特被誉为"科学教育学的奠基人"，同时"把'赫尔巴特教育理论'和'科学教育理论'作为同义词"，[1] 其巨作《普通教育学》被公认为教育史上第一部具备科学体系特征的教育论著。另外，赫尔巴特主张"知"为教育之基，把通过统觉作用形成的观点看成是人的心理生活的本源。[2] 他创造性地发展了"教育性教学"的概念，认为在教学中，不存在"无教学的教育"，知识的掌握先于学生道德意识和行为的形成，也不存在"无教育的教学"，教学如果没有融入道德教育，教学就无法推动目标；反之，道德教育如果缺乏教学支撑，目标的实现就失去依托。赫尔巴特提出"形成阶段"的教学理论，把课堂教学的过程分为"明了""联合""系统""方法"四个阶段，后来被他的学生发展为著名的"五段教学法"，奠定了近代教学法的基础。

### （十）学前教育思想

德国是学前教育思想的创始国，学前教育这一特殊教育形态由德国席卷全世界，成为近代以来教育发展与变革科学化、现代化的标志性成果之一。

学前教育思想的创始人是德国教育家弗里德里希·威廉·奥古斯丁·福禄培尔（1782~1852年）。福禄培尔出生于德国一个普通家庭，幼年丧母，缺乏母爱对其性格的形成产生了较大影响。他早年的求学经历与生活经历都较为曲

---

① ② 单中惠. 西方教育思想史［M］. 北京：中国人民大学出版社，2017.

折。1805 年首次参与教育工作并接触到了裴斯泰洛齐的教育思想，后专程赴瑞士拜访裴斯泰洛齐，对其教育思想进行了深入的研究。多年后，福禄培尔历任"德国普通教养院"（学龄儿童）院长、"布格多夫孤儿院"（瑞士）院长。1837 年，福禄培尔在德国勃兰登堡开办了世界上首家幼儿园，其主要教育著作有《人的教育》《慈母曲及唱歌游戏集》《幼儿园教育学》等，终其一生，福禄培尔为推广学前教育思想笔耕不辍，身体力行，为幼儿园教育在全世界的普及作出了卓绝的贡献。

福禄培尔高度强调学前教育的重要性。他认为，幼儿园时期的儿童处于人生发展中一个特别关键的阶段，儿童在这一阶段的成长经历关系到一生的幸福与成就，而"其根源全在于这一生命阶段"。如果儿童在这个年龄阶段未能得到健康的养育和教育，"他必须付出最大的艰辛和最大的努力才能成长为强健的人"。正因如此，福禄培尔指出，必须对儿童的家庭教育问题给予应有的关注，尤其重视母亲在早期教育中的作用。不过，为了确保儿童的健康成长，只依赖家庭教育是不可靠的，作为重要的补充或矫正，专业的儿童教育机构可以在弥补家庭教育的不足或过失方面发挥关键作用。因此，福禄培尔强调，家庭与幼儿园的关系是清晰的，家庭教育是学前教育的主体，幼儿园教育是学前教育的辅助或补充，幼儿园教育既不能也不应代替家庭教育。福禄培尔在初创幼儿园的时候，将学制定为半日制，正是这一思想的体现。

福禄培尔推崇自然教育法，认为对儿童展开的教育原则上要顺应儿童的天性。在具体的教育、教学、活动或训练中，一定要考虑儿童的兴趣和主观愿望，同时不能脱离儿童已有认知发展水平这一基础，要坚决摒弃强加的外部因素。他甚至认为，"一切专断的、指示性的、绝对的和干预性的训练、教育和教学必然地起着毁灭的、阻碍的、破坏的作用"。可见，顺应、自然、兴趣、和谐是福禄培尔教育思想的核心要素，也是他学前教育理论的存在基础。

福禄培尔对幼儿园的工作任务作了系统阐述。他认为，游戏和活动应当是幼儿园最主要的教育开展模式，在游戏和活动中充分调动他们的感性认知能力，锻炼感官，增强体质，同时激发心灵的觉醒和精神的发育，为幼小衔接做好准备。此外，幼儿园还需承担培训专业的幼儿教师，协助推广幼儿教育理念、推动社会改变传统的幼儿教育观念的任务。

福禄培尔在人生的后半段花了大量的时间和精力从事幼儿园课程开发工作，他一手建立起了包括游戏、歌谣、表演、讲故事、恩物游戏、手工活动、运动游戏、自然研究等系统完整的幼儿园课程体系。福禄培尔准确地捕捉到了游戏之于学前教育的重大价值，认为游戏是儿童时期"最纯洁、最神圣的活动"。游戏天然契合幼儿的兴趣，为儿童带来快乐、自由及满足，还能锻炼儿童的意志品质。在培养儿童的积极性、主动性及创造性方面，游戏同样能够发挥重大的作用。福禄培尔研究认为，儿童探索世界最基本的模式就是通过感官获取直接经验与外部世界相沟通，出于本能，不受既有经验的束缚，常常富有创造性。因此，他建议在家庭外可建立公共游戏场所，令其成为儿童健康成长的天然课堂。

福禄培尔特别提出了"恩物"的概念，这实际上是他针对幼儿游戏教学专门设计开发的玩具及配套教学方法。他设计的"恩物"基本形态有球体、圆柱体和立方体三种规则体，分别包含形状、色彩、构造、数目等元素，儿童通过观察、接触、分解、组合、分类、计算等方式进行自由游戏，不仅能锻炼肢体的协调性、感官的灵敏性、大脑的创造性，还能在协作中自动强化社会性发育。在"恩物"教学理念的基础上，福禄培尔在教育史上最早提出将手工作业列为学校课程。1866 年，芬兰率先将手工教育纳入学校课程，福禄培尔的设想成为现实。

福禄培尔开创了学前教育这一理念，在理论研究与实践探索方面作出了重大贡献。他的学前教育思想直接推动了儿童观的认知革命，儿童教育因此进入全世界国民教育的视野，而幼儿园就是福禄培尔送给全人类的"恩物"。

### （十一）空想社会主义教育思想

资本主义在其诞生之初，在向世界展示其进步思想的同时，也向全人类暴露了它嗜利的獠牙，显然，它还远不是一些社会大贤们追求的理想文明，空想社会主义就是承载一部分空想思想家的梦想的文明形态。空想社会主义最早可追溯至柏拉图的《理想国》，柏拉图在"理想国"中实施了一项根本制度，这也是"理想国"的根本特征，即在统治阶级（包括前两个等级）中取消私有财产、取消家庭，实行所谓共产、共住、共餐制度和公妻制度。[①]16 世纪，英国人托马斯·莫尔在文艺复兴思潮的影响下成为空想社会主义的近代代言人，在其作品《关于最完美的国家制度和乌托邦新岛的既有利益又有趣的全书》（以下简称《乌托邦》）一书中，莫尔就"实行公有制""人人劳动、按需分配"等社会主义思想作了基本阐述，引起了强烈的社会反响。17 世纪以后，风起云涌的资本主义革命持续地刺激了文化领域的思想争鸣，社会主义思想作为一个重要流派自然也沉浮在这股思想大潮中。至 19 世纪，资产阶级在西方世界已取得压倒性的优势，从而走上历史的前台，空想社会主义思想也趋于成型。空想社会主义者认为，教育是实现空想社会主义理想至关重要的媒介，只有通过一代代彻底的教育洗礼，社会成员的思想才能大一统，社会就具备了进化到

---

① 魏茂恒. 柏拉图与早期空想社会主义［J］. 江苏教育学院学报（社会科学版），1998（4）：99–102.

社会主义社会的必要条件。作为基本的支撑，"环境决定论"和"教育万能论"是空想社会主义教育思想的两个基本信仰。

罗伯特·欧文（1771~1858年）是19世纪英国空想社会主义思想的代表。欧文出身于普通平民家庭，成年后创办过幼儿学校和小学，并曾致力于将各种学校整合到"性格形成学院"体系中，一时声名鹊起。欧文认为，"环境"对人的本性具有决定作用，而"教育人，就是培养他的性格"。只要给人的成长提供良好的环境条件，人的性格自然向好向善发展。因此，改造社会环境至关重要，教育就是改造社会环境的最重要因素。欧文高度重视儿童教育，认为"许多好的或坏的脾气和性情都是2岁以前养成的"。[①]可以从2岁起进行综合性教育，教育内容包括音乐、舞蹈、动植物观察、军事训练及知识学习。欧文还意识到家庭环境对儿童教育的决定作用，认为像工人这样的普通人家通常不利于儿童的成长，需要通过知识讲座传授给他们教育子女的方法。在性格形成学说的基础上，欧文提出人的全面发展的思想，他的这一思想得到了马克思的高度赞赏。夏尔·傅立叶（1772~1837年）是19世纪法国空想社会主义思想的代表。和欧文类似，傅立叶较早投身于商业，对资本主义世界较为失望。傅立叶一生著述颇丰，涉及哲学、政治、经济、教育等各个方面。1827年，傅立叶在其《新世界》一书中，以大量的笔墨论述了"和谐制度"下的教育问题。首先，傅立叶认为资本主义制度下的教育方式单一，有违儿童本性，儿童整天被关在教室，无异于"监禁"，因而有害于健康，且不利于人才的培养。其次，傅立叶反对将理论置于实践之前的教育思想，主张儿童在实践活动中学习，他设想了一种"和谐制度"。这个"和谐制度"是由合作社为基层组织构成的，命名"法朗吉"，在"法朗吉"中，人人平等，一起劳动，公平分享劳动成果，全社会实行免费教育制度。傅立叶提出，婴儿在摇篮期就应脱离家庭，送到公共教育机构中，由受过专业训练的女性进行统一保育和教育。教育机构同时具备劳动机构的功能，以机构为单位开展教育和劳动。如2岁期以观摩为主，3岁期就可以接受力所能及的劳动教育，之后在不同的年龄阶段视情况在劳动任务训练中植入相应的德育、体育和智育。将儿童与家庭割裂，将儿童教育与劳动生产紧密关联，不谈人性，不关心心理规律，个体的价值取决于社会生产的需要，教育完全工具化，欧文无疑将其思想的功利化推向了他那个时代的极致。克劳德·昂利·圣西门（1760~1825年）是19世纪法国的另一位知名的空想社会主义思想的代表。首先，圣西门对法国当时的教育制度给予了严厉的批评，认为旧的教育崇尚古代，严重脱离实际，纯粹是用来培养"自

---

① 欧文.欧文选集（第一卷）[M].柯象峰，等译.北京：商务印书馆，1979.

私自利的人"。而正确的教育，不仅应该重视传授完善的知识，同时应该高度重视道德品质及各种能力的培养。其次，圣西门认为好的社会政治制度应该是以社会的全体成员得到美满的精神幸福和物质幸福为检验标准的，为实现这一目标，从教育角度来说，教育就"应当让具有最强的实证性有益知识的学者去教育青年和人民""必须尽量发展实证知识，让理性获得足够力量，以使人们为了改善自己的命运，开始越来越依靠科学知识和实业活动，而不求诸自己的信仰、祈祷和宗教知识"。① 最后，圣西门认为教育还应该确保让社会所有成员的智力能得到应有的发展，因此，教育理应普及。为实现这一目标，国家需拨付专门的教育经费。圣西门将教育经费看作国家必需的三大重要开支之一。圣西门的教育思想多是宏观性的论述，虽然在具体见解方面着墨不多，但他的设想仍然对近现代教育革命具有相当的启发作用。

**（十二）19 世纪科学教育思想**

18 世纪中叶，英国人瓦特改良了蒸汽机，标志着工业革命的开始。至 19 世纪 30 年代，英国率先完成了工业革命，成为全球最先进的工业国家。然而，与此形成极大反差的一个奇怪现象是，当时的英国学校却盛行着极为保守的古典教育，以至于学生所学的大部分内容同生产活动无关。② 教育与生产生活的严重脱节，导致社会迫切需要教育的相应变革。在时代召唤下，新的科学教育思想在英国的产生就是顺理成章的事了。19 世纪科学教育思想强调科学知识的重要性，主张科学知识要成为教育的重要内容，在学校课程体系和具体教学方法上均提出了富有建设性的见解，直接推动了 19 世纪西方社会的科学教育运动。著名的思想代表人物分别是英国哲学家、教育家赫伯特·斯宾塞（1820~1903 年），英国博物学家、教育家托马斯·亨利·赫胥黎（1825~ 1895 年）。

斯宾塞出生于英国一个教育世家，从小就展现了数学、机械等理工学科方面的天赋，对英国传统的古典教育极为反感。成年后，斯宾塞积极参加了针对英国古典教育制度的"反叛"运动，尖锐批判英国古典主义教育思想，认为诸如"绅士教育"这样的传统教育"装饰先于实用"，既不考虑对人的心智发展是否有用，更不关心对社会进步是否有益。斯宾塞强烈建议用科学教育取代古典教育。斯宾塞有一句名言："教育是为完美的生活做准备。"即教育必须适应生产、生活的需要，如果说生产指向的是社会需求，那么生活指向的则是个体需要。将教育上升为个体需要，这是斯宾塞的一个重大贡献，因为这是人类教

① 圣西门.圣西门选集（第二卷）[M].董果良，译.北京：商务印书馆，1985.
② 张敏.科学教育：人性迷失与理性遍寻[D].长春：东北师范大学，2004.

育史上首次对教育工具化的疏离——教育是帮助人类个体实现某种幸福的，而不只是社会的附庸组件。斯宾塞还提出了一个直指本质的问题："什么知识是最有价值的？"斯宾塞的答案是："科学知识最有价值。"斯宾塞分别从科学知识与人类活动、科学知识与艺术审美、科学知识与人类教育三方面论述了人类的生产生活与科学知识的关系，为问题的争议作了最有力的结案陈词。此外，斯宾塞另外一句名言也极大地影响了后世的教育思想，即"孩子在快乐的状态下学习最有效"，这应该是现代教育提倡"快乐教育"的早期思想源头。将关注"教"引导向关注"学"，是教育由"教师中心"转变为"学生中心"的里程碑式的成就，这是斯宾塞之于教育的又一重大贡献。在课程体系设计方面，斯宾塞也不乏远见卓识，除了传统的人文及自然科学学科，他还主张开设生理学、历史学、心理学、教育学及文化、艺术等课程，以实现全面发展的目标。当然，以自然科学知识为核心是其教育思想的基础，这是十分明确的。

赫胥黎同样出身于英国的一个教师家庭，他精通医学，并深受英国著名的生物进化学家达尔文的影响，是世界上首次提出人类起源问题的自然学者。赫胥黎曾在英国多所大学担任教职，在教育方面亦建树颇多。赫胥黎是坚定的传统古典主义教育的批评者，他认为，传统的古典主义教育华而不实，极少考虑一个人的实际生活需要，也不能使一个人为进行实际生活做好准备。[①] 显然，在这一点上赫胥黎与斯宾塞的观点基本一致。但在反对传统教育的程度上，赫胥黎明显不如斯宾塞激进，他有保留地提出对传统教育进行改造，如赞同有限学习宗教知识和理念、保留一定的拉丁文和希腊文课程等。赫胥黎完全同意科学的重要性。他认为，科学是推动社会进步的首要因素，科学在日常生活、生产实践中均发挥着不可替代的作用，现代文明的发展完全离不开自然科学。此外，科学还是国富民强的关键，不重视自然科学，社会就很难快速进步，在时代大潮中就很容易落后。另外，自然科学还与人的智育关系密切，通过自然科学的学习和探索，有利于人的智能开发，因此，有必要在所有的学校推行科学教育。在赫胥黎看来，科学教育对人的心智发展的作用是其他任何学科所不能替代的。但赫胥黎又强调，不能片面依赖科学教育，他认为文学教育亦不可偏废，科学与文学教育必须协同安置，因为科学与文学是一个事物的两面，只有将两者平衡好，才能达成个体心智的和谐发展。无论是单纯强调科学教育，还是单纯推进文学教育，都可能造成受教育者的心智扭曲。相比于斯宾塞，赫胥黎的教育思想更加理性完备，他中正平和的教育思想对于今天来说仍然是宝贵的精神财富。

---

① 单中惠.西方教育思想史［M］.北京：中国人民大学出版社，2017.

19世纪科学教育思想对欧美学校教育改革影响巨大，尤其在课程设置方面作了很好的探索和实验。

### （十三）自由教育思想

自由教育思想最早源起于古希腊时代，亚里士多德首倡自由教育。近代以来，夸美纽斯、卢梭、赫胥黎等教育思想家相继在自由教育理想之路上求索，启人智慧。进入20世纪，蒙台梭利、罗素、尼尔等追随先哲的脚步继续探索，就儿童心理和教育实验进行孜孜不倦的求证。他们既是思想上的巨人，更是行动上的先锋，他们的成就照亮了20世纪教育世界的天空。

玛丽亚·蒙台梭利（1870~1952年）是意大利人，20世纪最为著名的儿童教育专家，蒙台梭利教育法的创始人。她是医学博士，曾任罗马大学附属医院精神病临床助理医生，负责治疗有缺陷儿童，遂对低能儿童产生兴趣，开始进行相关研究。1907年在罗马创办"儿童之家"，以帮助贫困家庭的儿童，大获成功。根据自己的研究及实验心得，1909年，推出专著《蒙台梭利方法》。为更好地推广其儿童教育理念，蒙台梭利四处奔走开班授课，在国内外影响日增。1929年，在德国柏林成立国际蒙特梭利协会，蒙特梭利亲任协会主席。同年，首届国际蒙特梭利会议在丹麦举行，会议主题为"新教育"。蒙特梭利指出，幼儿期是人一生中最重要的成长期，幼儿的生理及心理发育自有其内在规律，如果在此过程中施加了不适当的环境压力，可能使孩童产生影响一生的心理畸变。"儿童不会自己判断自己，他是以别人对他的态度来判断自己的。"蒙特梭利反对传统教育对幼儿自由活动的干涉，将"自由"视为儿童健康成长最基本的条件。她有一句名言："只要准备一个自由的环境来配合儿童生命的发展阶段，孩子们的精神与秘密便会自发地显现出来了。"当然，这种自由不是绝对的，儿童在"儿童之家"行使自己的自由是要受"纪律"约束的，如不得损害集体的利益。如果有儿童违反了纪律，蒙特梭利的做法是将该儿童分隔出来独自活动。在教育内容方面，蒙特梭利将"肌肉训练""感官训练""生活训练""知识训练"列为3~6岁儿童教育的指南。为了帮助儿童做好肌肉训练，蒙特梭利精心设计并制作了整套的设施及器具，以引导儿童进行各类不同的适应性训练。感官训练被作为刺激智力发育的重要手段。生活训练旨在锻炼儿童的独立生活能力。知识训练包含一些基本的读、写、算。在教师与儿童的关系方面，蒙特梭利强调了这样一个理念：儿童才是教育活动中的主体，教师只是观察者和指导者。蒙特梭利不仅是这样想的，在"儿童之家"也确实是这样做的，这显然颠覆了传统的师生关系。蒙特梭利对师生关系的创新性发展对近现代学前教育，乃至当代教育都具有重大的影响。

伯特兰·罗素（1872~1970年）是自由教育思想的重要代表。罗素出身于英国贵族，自幼喜爱阅读，一生涉猎广泛，他不仅是教育家，同时也是著名的数学家、逻辑学家、历史学家和文学家，他还是分析哲学的主要创始人。他曾获诺贝尔文学奖，主要学术成就有《西方哲学史》《哲学问题》等著作，教育方面的论述则有《教育与美好生活》及《论教育》。罗素甚至创办了一所学校，以践行其教育理想。罗素认为，教育应该致力于培养理想的公民，为了达成这一目标，品格教育与智力开发不可偏废。儿童6岁前应接受系统的品格教育，以培养健康的体魄和良好的习惯。6岁后以智力开发为重心，罗素认为，成功的智力教育离不开专注、好奇心、开放心态等优良品质。为此，罗素总结出智力教育的三项基本原则：民主平等原则、心理顺应原则、贴近实用性知识原则。总的来说，罗素的教育价值倾向于个人主义和自由主义，因此，罗素十分推崇自由教育，反对在教育中采取压制的做法。他断定压制的恶果之一就是可能导致儿童的心理失常。但十分讽刺的是，在对儿子约翰的教育过程中，他恪守着他的教育信条，不压制，给予适当的自由、公平公正的教育环境，充分理性，但是忽略了亲子间的基本情感诉求，结果，他的儿子约翰"罹患严重精神病"。当然，罗素也意识到不存在绝对的自由，自由教育必须有纪律作为后盾。对于教师的基本素养，罗素认为，"爱"是前提条件，教师应该像父母一样爱护儿童，教师应该具备足够的专业性，熟知教育的目的及任务，对儿童的心理需求了如指掌。"一位教育者教育出来的孩子可能与他们设定的目标完全不同，从这个意义上看，可能是因为教育者的愚蠢。"

英国教育家亚历山大·萨瑟兰·尼尔（1883~1973年）是自由主义教育思想的忠实信徒，也是践行的旗手。他创办的夏山学校蜚声世界，至今仍启迪着全世界的教育思考者。尼尔出身于一个加尔文主义家庭，父亲是一位生性严谨的乡村校长兼教师，终其一生既不懂也不爱他的孩子。自幼在这样的环境中成长的尼尔可谓不幸，但也使他对儿童心理需求产生额外的关注和深思。不同于许多教育家执着于优秀人才的培养，尼尔更关心普通人的幸福生活之路。在经历过秘书、学徒、教师等各种职业历练后，尼尔最终将目光聚焦于儿童教育。1921年，他在英格兰东萨佛郡创立大名鼎鼎的"夏山学校"，他的自由主义教育之旅就此展开。尼尔将"给孩子自由"视为儿童教育的灵魂所在，既然教育的目的指向生活、生活的目的指向幸福，那么就必须把自由还给儿童。在夏山学校里，儿童自由到连学校都由他们和老师共治。"每周，学校举行两次会议，讨论学校在日常生活、规则制定等方面的问题。"尼尔对自由的痴迷之深至今仍让许多人指责其思想"过于激进"。如尼尔认为，应该"让学校适应学生，而不是让学生适应学校""书本是学校最不需要的东西，学习须读的只是基本读物，其余需要的是工具、泥巴、运动、戏剧、图书和自由"。尼尔坚信，老师只能对儿童施加影响而不是约束，为此，教师要善于运用情感教育，以爱为黏合剂，了解儿童、尊重、信任并关爱儿童，儿童在这样的环境中自然得以健康而积极地成长。尼尔也意识到，自由的环境存在放纵的风险，为了保障每个儿童享有充分的自由，尼尔的解决方案不是纪律，而是强调儿童自律。夏山学校的课堂教学也特立独行，一切教学以儿童的兴趣为标准，在兴趣面前，"分数""教学方法"都不重要。尼尔将自由主义思想发挥到了极致。

自由教育思想是迄今为止人类教育思想殿堂中的一朵奇葩。对于儿童，她是福音，对于教育，她发人深省。人类教育发展不管走向何方，自由教育思想的光芒都将永远绽放。

**（十四）实用主义教育思想**

和自由主义的理想倾向相比，实用主义教育思想着眼于生活实际和社会需要。实用主义系统、理性、聚焦当下。

约翰·杜威（1859~1952 年）是美国著名的教育家，实用主义教育思想的创始人。杜威出生于普通商人家庭，从小喜爱阅读和户外活动。大学主修哲学，获博士学位后在大学任教。杜威在哲学、教育学、心理学等领域均有建树，其教育思想主要见于《我的教育信条》《学校和社会》《儿童与课程》《民主主义与教育》《明日之学校》《经验与教育》等著作。杜威最主要的教育成就是批判并否定了传统教育的"旧三中心论"——"课堂中心""教材中心""教师中心"，提出"儿童中心（学生中心）""活动中心"及"经验中心"的"新三中心论"。一破一立之间，杜威之于教育的态度即跃然于纸上。杜威将民主、平等视为教育的先决条件，认为只有在民主社会里，教育目的才能排除社会意识形态的干扰，回归内在本我的需要，即"教育即生长"。杜威反对传统教育不重视儿童的做法，认为这是本末倒置。教育应该是围绕儿童展开的，而不是教师的舞台，学校教育的一切活动的组织必须以儿童的发展需求为根本出发点，否则教育就失去了存在的意义。杜威强调学校教学要有助于促进儿童的思维发展，培养学生的思维能力和优良的思维习惯是学校教育的使命所在。杜威提出了著名的"思维五步法"：情境、疑问、假设、推理、验证。与之对应，教学过程也可分解为"教学五步法"：创设情境、助推疑问、助推假设、整理归纳、检验假设。关于课程与教材，杜威极力倡导"经验"与"实践"，认为必须从儿童视角出发，考虑教学内容和教学方法，他反对分科式教学，认为最好的教育就是"从生活中学习、从经验中学习"。"教育即生活""学校即社会""从做中学"这些耳熟能详的教育名言就是出自杜威之口。

实用主义教育思想兴起于美国。美国作为新兴的工业化国家，强大的国力使其文化影响日益具备全球浸染力，在 20 世纪上半叶，实用主义教育思潮席卷全球，连远在太平洋彼岸尚处于战乱之中的中国都一度受其影响，可见影响之大。

### （十五）集体主义教育思想

意识形态对教育思想会产生重大的影响，苏联的集体主义教育思想与美欧流行的教育思想就存在明显的区别。

安东·谢苗诺维奇·马卡连柯（1888~1939年）是苏联著名教育家。他出生于乌克兰的一个普通工人家庭，早年从教，对社会主义教育理想有浓厚的情结。曾受命组建"高尔基工学团"，负责违法少年的矫治和改造工作，成绩斐然。后受命组建"捷尔任斯基儿童劳动公社"，主事流浪儿童的收容和教育工作，又取得显著的成就。主要教育思想见《教育诗》《塔上旗》《父母必读》等著作。集体主义教育是马卡连柯教育思想的核心理念。马卡连柯认为，集体是一群有共同目标、共同信念的个体，通过共同劳动和共同斗争，共同分享劳动成果，捍卫共同利益的有机体。在社会主义社会，只有在集体中，个人的自由才能得到最根本的保障，因此，社会主义社会的教育任务是培养"集体主义者"。"在集体中、通过集体、为了集体"是社会主义教育的根本指导原则。通过总结多年的教育经验，马卡连柯提出了两条基本教育原则："平行教育原则"和"前景教育原则"。所谓"平行教育"，指面向集体，以集体为同一的教育对象施行教育，在对集体进行教育的同时，完成对集体中个体的教育。"前景教育"指提出一个或数个目标，以目标为导向激励或督促教育对象努力奋斗的教育。目标要符合教育对象的年龄特征和身心发展水平。马卡连柯提出，前景目标可以细分为近景、中景和远景目标。近景主要针对心智尚不成熟的儿童，随着儿童年龄的增长，根据儿童的能力发展和兴趣指向，再渐次设置中景和远景目标。在具体的教学方法上，马卡连柯认为，教育必须"在劳动中进行"，劳动教育对于儿童的体育、智育、德育都具有重要的作用，而且有助于培养集体主义精神。另外，在集体教育的过程中，要善用奖励与惩罚并用的手段，但这两个手段都需慎用。马卡连柯还特别强调"教师集体"的作用，认为其作用是"决定性"的，没有"教师集体"就不可能培养出"学生集体"。马卡连柯在家庭教育方面也有独到的见解，他认为，只有"完整和团结一致"的家庭集体，才可能实施良好的家庭教育。离异家庭、独生子女家庭均属于"不健全"的家庭，无益于儿童教育。

马卡连柯的集体主义教育思想在社会主义阵营影响广泛，但由于他的主要教育和研究对象以问题儿童为主，对其教育思想的全面性与科学性造成了一定的干扰。如过于强调集体而忽略了个体的个性化需求，这与19世纪之后社会发展走向并不合拍，但其思想在所处特定历史时期作出的贡献值得铭记。

## 二、西方近代教育惩戒思想演变

教育惩戒服务于教育目的，受限于教育认知。对教育的本质研究得越深入越彻底，对教育惩戒的认识也就越客观。近代教育承接传统教育的经验，汲取社会文明进步的营养，尤其是人文主义，社会与教育界对教育惩戒的认知开始分化。总的来说，近代对教育惩戒的认知发生了两个基本转变：反对滥用体罚、教育惩戒思想多元化。

### （一）反对滥用体罚

体罚在上古及中世纪的家庭教育和学校教育中的使用频率都极高，社会对学生或儿童在教育过程中受体罚的容忍度也极高，人们的教育观念与教育惩戒观念高度统一。但随着近代心理学等学科的发展，关注儿童、研究儿童成为社会的共识。教育不再是粗放型的经验事务，而是被视为可精细化、专业化的复杂文化门类。所有的教育元素均成为被严格审视的对象。同时，社会生产力的提高不仅使教育的普及率迅速提高，而且受教育程度也不断提高，教育，包括教育惩戒越来越多地暴露在公众视线中，接受社会的监督。人文主义思想的倡导加剧了人们对儿童弱势地位的同情，社会对体罚的容忍度迅速降低，对于体罚滥用现象开始反感，这些转变迫使学校教育不得不发生相应的转变，开始对教育惩戒进行监管和约束。

### （二）教育惩戒思想多元化

思想繁荣的一个重大标志是思想的多元化，近代教育惩戒思想发展同样呈现这一特点。总体来说，对于教育惩戒的认知态度可分为以下三类：

1. 坚定的教育惩戒及体罚支持者

中世纪至近代，几乎所有的教会学校及手工业教育机构、近代的大部分学校，无疑都是这一思想的坚定拥趸。传统宗教的教义无一例外来自上古，上古时期生存环境普遍恶劣，在残酷的生存竞赛环境中，人必向苦难而生，方能获一线生机。所罗门《箴言》说："不肯用棍杖的人，实是恨自己的儿子，真爱儿子的人，必时加以惩罚。"其告诫人们："不可不管教孩童，你用杖打他，他必不至于死。你要用杖打他，就可以救他的灵魂免下阴间。"[1] 没有比这更清楚直白的告诫了，这个时期，每个人生来都受到这种思想的灌输，儿童在棍杖的阴影下成长，等儿童长大成人，他们又会自然成为棍杖的持有者，体罚教育就这样自然而然地在代际间传承。不排除受到宗教教义的影响，欧洲世俗学校同样痴迷于体罚。20世纪初，用桦树条抽打孩子几乎跟英国的每一所学

---

① 乔治·莱利·斯科特.体罚的历史［M］.吴晓群，秦传安，译.北京：中央编译出版社，2010.

校都密不可分。① 不仅普通人难逃此劫，即使贵为王子，也逃脱不了惩罚。腓特烈大帝曾屡次三番遭到父亲的鞭打。乔治三世的儿子也都在他的明确授意下遭受过鞭打，"像任何一个英国绅士的儿子一样"。② 伏尔泰小时候没少挨打，皮塞雷古也一样。英国许多公立学校如伊顿、温切斯特等都喜欢使用鞭笞惩戒学生。如温切斯特公学大名鼎鼎的"温顿棍"连伊丽莎白女王都知道。英国最负盛名的伊顿公学偏爱鞭笞学生的事迹甚至被刊登到了 1936 年 4 月 8 日的《每日邮报》上。在数量众多的手工业教育机构，体罚学徒的情况就更司空见惯了。一是师傅本身文化素养相对较低，性格粗鄙暴躁，长期在体力劳动岗位上，一言不合诉诸暴力的现象极为普遍。二是学徒通常出身社会底层，维权意识差而生存意识强，在生存博弈中缺乏可以依赖的筹码，为谋一技之长，除了隐忍别无他法，即便遭受严重不公也只能忍气吞声。加之此类机构数量多、规模小、社会地位低下、主流社会不关注，即便有恶性事件发生也难以引起舆论浪潮，因此体罚泛滥是可想而知的。卢梭 16 岁前曾在一位雕刻匠处当学徒，该雕刻匠暴虐专横，卢梭饱受虐待。据记载，有一次卢梭为几位朋友制作骑士勋章，被师傅误以为在制作假币，便招来一顿毒打。这段学徒经历不仅使卢梭心灵受创，也迫使他不得不放弃了原本真心喜爱的雕刻手艺，逃离了手艺作坊。卢梭后来崇尚自然的教育思想与这段经历有着直接的联系。

体罚滥用令人不适，难以接受，但严厉的教育惩戒，包括体罚是否就一无是处呢？部分教育家经过深思熟虑之后建议继续为合理的教育惩戒和体罚"签发放行证"。赫尔巴特是这一思想的坚定奉行者。赫尔巴特认为，因为儿童具有不成熟性，在教育过程中对其进行管理是必要的。赫尔巴特建议，儿童管理可以采取分级管控的策略。首先，威胁对于许多儿童来说不失为一个好主意，一些不良行为有可能在面对威胁时就能得到及时的制止。但威胁也要慎用，因为对于一些生性顽劣的孩子来说，威胁不轻不重，效果不佳。但对于另一些过于软弱的儿童来说，威胁有可能会造成意想不到的伤害，所以，这一手段一定要谨慎使用。其次，在威胁无效或不可信赖时，就要加强对目标儿童的监督，如果儿童的不良行为仍未得到有效的扭转，就要考虑采取惩罚措施。赫尔巴特开出的教育惩戒清单包括但不限于体罚、禁止用餐、关禁闭、站墙角等。可见，在赫尔巴特眼中，只要有利于儿童的不良行为矫治，手段选用是开放性的，绝不因为外界的压力轻易作出非专业的让步。虽然在近现代教育思想家之中，赫尔巴特略微有些特立独行，但不可否认的是，他的思想有其合理性，尤

---

①② 乔治·莱利·斯科特.体罚的历史［M］.吴晓群，秦传安，译.北京：中央编译出版社，2010.

其考虑到他针对的是"品行或行为不良者"这一特殊少数群体，他的教育体罚思想绝不应该被轻易地打上黑暗的标签。

2. 温和的教育惩戒支持者

理性的思考引发思想的觉醒。温和的教育惩戒支持者在暴虐或激愤的氛围下，能够不为情绪所左右，仍能保持足够的理性，冷静分析暴虐或激愤的源头，并提出相对中性的结论。仅从分寸拿捏角度来看，就不啻为一股清流。相当一部分教育思想家赞赏教育惩戒的积极作用，但对于社会中流行的体罚又认为过于激进，在权衡之下更多的人愿意选择折中方案：赞同温和的教育惩戒，或有条件地支持某种体罚。夸美纽斯强调纪律对于班级授课的重要性，显然，纪律的权威性必然离不开教育惩戒的威慑，夸美纽斯肯定了教育惩戒的价值和功能，他认为，惩罚的目的是使儿童有所畏惧、有所反省，并加以检点，目的与手段应该相互匹配。同时他又提到，必要的纪律绝不可以上升到在校园里充斥着"呼号与鞭挞的声音"。可以看出夸美纽斯对"鞭挞"这种程度的体罚是不赞成的。那么他对于相对温和的体罚是何态度呢？夸美纽斯没有明确论述，但综合其教育思想来看，他实质上反对的是过度体罚。如果将教育惩戒限定在合理的范围内，夸美纽斯是举双手赞成的。许多研究者认为洛克是体罚的反对者、惩戒的支持者。研究表明，洛克对当时社会体罚的盛行确实十分反感，为此他作了深入的批驳，他认为，"过分依赖体罚人使人冒走两边极端的风险"。这里要注意"过分依赖体罚"的用语，结合其所在时代的情形，简单地将洛克列为"反对体罚者"并不准确，深入剖析洛克的有关言论不难发现，洛克强烈反对的是当时过度的体罚。洛克曾就德育问题专门论述了"奖励与惩罚""严厉与宽容"的相关话题，洛克认为，儿童要及早管理，越小越需严厉对待。那么，严厉的上限在哪里？在《教育漫话》一书中，洛克提醒大家："使用体罚需谨慎。"他其实想表达的是：体罚是最后的手段，能不用就不要用，但到迫不得已时，体罚仍是备选方案之一。由此来看，洛克实际上也是温和的教育惩戒支持者，且并不完全排斥体罚。卢梭是自然惩罚法的首席代言人。他提出，当孩子犯错误时，刻意地制止或惩戒并不必要，最好的方法是让他们自己承受因犯错所带来的不良后果。他举了一个著名的例子来论证这一理论：当儿童打碎了窗户的玻璃，不必进行责备和处罚，只需要保持原状即可，因为窗户失去了玻璃，孩子将因此陷入寒冷的处境中，从而自食其果，孩子就自动地会从中接受教训。卢梭的这一思想究竟是更人道还是更残忍呢？结论并不那么显而易见。事实上，某些自然惩戒的后果可能远比人为惩戒更为严重，如放任感染而得病至死。卢梭试图证实自然惩戒法的天然道德正义并不一定合理。从卢梭将自己的五个亲生子女送入育婴堂的冷酷行为来看，他的教育思想带有相当的空想性，而空想距离现实通常是遥远的。在这一点上，康德与卢梭有颇多相似点。康德也对人为性惩戒，尤其是当时流行的体罚行为颇不认同。康德认为，不谨慎地使用体罚，很容易使儿童"产生奴性"。为此，他提倡"道德性惩罚"优于"自然性惩罚"，"自然性惩罚"优于"人为性惩罚"。在《论教育学》一书中，康德作了专门的解释。康德极为重视道德教育，将德育视为教育的核心。他认为，所谓道德就是"绝对命令"，是"应当如此"。而确保德育不至于走偏的矫正措施首推"道德性惩罚"，如"冷淡漠然地面对儿童，以此来羞辱他"。儿童的道德感自然会让他洗心革面。"道德性惩罚"如果不起作用，"自然性惩罚"自动补位，如"吃得太多就会生病——这是最好的惩罚"。康德的教育思想漏洞同卢梭类似，即认为"自然性惩罚"并不必然具备道德正义性。需要注意的是，康德在极力倡导上述教育惩戒思想的同时，并没有堵死"人为性惩罚"，包括体罚的通道。因此，康德并未超出温和的教育惩戒支持者的边界。无独有偶，斯宾塞也深受卢梭"自然惩罚"想法的吸引，反对"人为惩罚"。他认为，那些身处恐吓和惩罚教育过程中的人，很可能会厌弃知识，失去继续进行学术研究的热情；而在愉快方式中成长的孩子，学业成功的美好体验则可能促成他们的自我教育。他据此推测，"自然惩罚"教育可以促成人走向自治，而既已自治，何需管理？不得不说，斯宾塞将其逻辑推理能力发挥到了极致，但问题在于，现实教育不是简单线性对标存在的，没有万能的方法，也不存在一种成长模式的人，"多一种选择"的思维永不过时。

3. 坚定的教育惩戒反对者

多元化至极致化，如时钟的钟摆从一端摆向另一端需要时间等待，从对教育惩戒的坚决支持滑向坚决反对也只是一个时间问题。在声讨体罚的浪潮中，不乏一些思想巨人扯起清算的大旗。他们高举"关爱儿童，反对一切形式的惩戒"的旗帜，努力争取社会的关注、民众的支持，他们的理论与实践对现代教育发展影响巨大。欧文是这一阵营的代表者。他主张在幼儿学校务必"尽量使小朋友快乐"，并严禁教师责骂或惩罚儿童。考虑到欧文的研究对象是儿童，欧文的这一立场不算偏激。对于儿童之后的教育是否也该秉持同一的态度，没有充分的证据可以证明欧文在这一点上的态度。因此，准确的结论是，在儿童教育阶段，欧文显然是坚定的教育惩戒反对者。罗素是这个阵营的一名悍将，罗素对体罚的反对坚定如铁。他声称儿童完全可以通过自律完成自我教育。"体罚，我决不相信是正当的。轻微形式的体罚虽不致为害，但也没好处；

至于严厉形式的体罚，我确信是会产生残忍与暴虐的。"①罗素一生倡导自由和真理，但他的理想先于行动。罗素晚年曾试图努力践行他的幼儿教育理想，可惜实践效果并不理想，这在一定程度上动摇了他教育理念的坚定性。马卡连柯是这一阵营的"犹豫的支持者"。一方面，他高调地宣布禁止体罚；另一方面，他又强调纪律对于教育的重要意义。他还明确建议，可以通过诱导（如赠物、奖励）、督促（如暗示、微笑、说服式、幽默态度）、威胁（如提交大会评断）等手段约束学生。事实上，纪律的维持离不开惩戒的威慑，看起来马卡连柯是赞成必要的教育惩戒的，他解释说："凡是必须使用惩戒的地方，凡是在使用惩戒能够有益处的地方，教师就应当使用惩戒。在必须使用惩戒的情况下，惩戒不仅是一种权利，而是一种责任和义务。"②在具体如何实施惩戒方面，他提出了诸如"集体惩戒""区别对待"原则进行指引，至于微观层面上的操作，则全靠个人感悟。根据马卡连柯长期面对的是非正常儿童这一事实来看，他在实践中排除包括体罚在内的各种惩戒手段的可能性并不高，只是在理论层面出于某种考虑采取了避讳的方式，使其看起来更像是坚定的教育惩戒反对者。

① 罗素.罗素论教育［M］.柳其玮，译.上海：商务印书馆，1931.
② 吴式颖，等编.马卡连柯教育文集［M］.北京：人民教育出版社，2004.

# 第四章
# 中国近代教育惩戒思想的转变历程

16 世纪初，欧洲发现了通往亚洲的新航路，欧亚之间开始商务往来，并有传教士随船队来华进行传教活动。[①]从 1510 年葡萄牙占领果阿到 1563 年西班牙占领菲律宾，中国已完全暴露在欧洲列强面前。万历九年（1581 年），意大利传教士利玛窦（1552~1610 年）踏上了开往中国的舰船，次年在中国广东登陆。利玛窦选择肇庆为其在中国的首个落脚点，一待就是 6 年。在这 6 年间，利玛窦系统地学习了中国传统文化，研究了儒家思想，而且创办了天主教堂"仙花寺"。6 年后，利玛窦离开肇庆，途经韶关，先后在南昌与南京两地居留并传教，等待进京觐见皇帝的机会。万历二十九年（1601 年），利玛窦终于获准进京，并为万历皇帝所接见。此后，利玛窦便定居于北京，直至万历三十八年（1610 年）与世长辞。

## 第一节　明末清初

### 一、概况

利玛窦入华，带来了西方现代数学、几何学、西洋乐等自然、人文知识及机械、地图等一批欧洲文艺复兴的最新文明成果，开启了西学东渐的文化交汇之旅。晚明士大夫阶层因利玛窦的到来而大开眼界，这其中，徐光启就是杰出的代表。徐光启（1562~1633 年），字子先，上海人，万历进士，官至崇祯朝礼部尚书兼文渊阁大学士、内阁次辅。师从利玛窦学习西方的天文、历法、数学、测量及水利等科学技术，会同利玛窦翻译《几何原本》前 6 卷，极大地影响了中国数学学习和研究的进程，改变了中国数学发展的方向，是中国数学史上的一件大事。在徐光启之前，国人从未接触过拉丁文，徐光启要完

---

[①] 孙培青，杜成宪. 中国教育史［M］. 上海：华东师范大学出版社，2009.

成翻译《几何原本》这一宏伟工程，首先要克服语言障碍。在跨越语言关之后，还要面对专业性极强的数学思维理解及数学术语对译的难关。即便在利玛窦看来，这都是一个近乎不可能完成的任务。时年44岁的徐光启以"一物不知，儒者之耻"之言自勉，随即开始了这一工程攻关。在艰苦的翻译过程中，徐光启创造性地解决了数学术语命名问题。如"点""线""面""直角""锐角""钝角""平行线""对角线""三角形""四边形""多边形""外切"等专有名词均为徐光启的原创，至今仍在沿用。徐光启还是中国引用球面和平面三角的计算办法的第一人，他利用西学视差、蒙气差及时差的知识，主持编撰了《崇祯历书》。徐光启以其远见卓识及杰出的学术成就被称为"中国近代科学先驱"。

徐光启毅然投入西学的研究与利玛窦带来的《坤舆万国全图》有着千丝万缕的联系。该图不仅呈现了地球五大洲地文基本概况，展示了地球纬度、赤道、五带的区分，标注了欧洲关于航道地理的新发现，甚至地图本身所表现出的绘制技巧都令人心驰神往。地图综合透露出的信息从根本上颠覆了"天圆地方"这一传统观念。徐光启震惊之余自然对西学产生了浓厚的兴趣，自此与利玛窦相交，倾心拜师研究西学。除徐光启之外，一批富有远见卓识的士人亦成为西学的求道者，这批人为近代中国破旧立新、拥抱世界种下了文明的种子。知名者如万历二十六年（1598年）进士李之藻（凉庵居士）、天启二年（1622年）壬戌科进士王征等。前者在西方算术及科学编译方面多有建功，如《天学初函》；后者在西方机械设计应用方面别有成就，如《新制诸器图说》。

1618年，约翰·亚当·沙尔·冯·白尔受葡萄牙政府派遣东渡中国，次年抵达中国澳门，开始精心研习中国语言文化。1622年，更名为汤若望，为正式进入中国内地做准备。明天启三年（1623年），汤若望抵达北京，效法前辈利玛窦，将其自欧洲带来的各科学类书目及仪器设备当作晋身之物，广泛结交朝廷官员。当年，汤若望就准确地预测了月食现象。在京几年，汤若望与大明钦天监官员李祖白合作著《远镜说》，详细介绍伽利略望远镜的功能、制作原理及工艺。崇祯三年（1630年），受礼部尚书徐光启举荐，在钦天监任职，译著历书，制作仪器。崇祯七年（1634年），协同徐光启编成《崇祯历书》。其后，还受朝廷之命以西法督造火炮，口述指导大炮铸造、火药配制、炮弹制造等技术，分别整理成《火攻挈要》及《火攻秘要》两书，成为当时介绍西洋火枪技术的权威著作。1644年，清军攻入北京，明亡清立，改年号为顺治。汤若望因西学之能受到了清廷的特别保护，当年受命掌钦天监事。其后历任太仆寺卿、太常寺卿、通政使等职。顺治七年（1650年），清政府还为其在宣武门内原天主堂侧特别赐地以重建教堂，荣宠一时无二。1661年，顺治病逝，8

岁的康熙登基，辅政大臣鳌拜等反对西学，其党杨光先以《天学传概》中"西方中心"思想为罪状，罗织汤若望等的罪名，言其"潜谋造反，邪说惑众"，呈《请诛邪教状》。天主教自康熙三年（1664 年）起为清廷所禁止，汤若望被判"凌迟处死"，因孝庄太皇太后特旨免死。汤若望虽然得以免死，但自明末崇祯年以来历经万难成长起来的一批精通西方数学及天文学的其他知识精英被汤氏牵累，几无人幸免，"俱斩立决"。康熙五年（1666 年），汤若望病逝于寓所。虽然三年后康熙为汤若望平反，但明末以来中西文化交汇已遭受不可逆转的破坏，西学东渐的历史进程至此告一段落。

## 二、影响

明末清初的西学传播总体来说是一次小范围的文明对话，古老的东方文明获得了一个短暂的向西吸收营养从而博取文化新生的机会。但受制于顽固封建专制制度的桎梏，微弱的新思想之光无力撕开愚妄自闭的黑幕，最终只能化为静默的文献记载蛰伏在故纸库中等待时代的召唤。

从教育层面来看，明末清初的教育体系及运行机制继续沿着传统的轨道狂奔，总体上未受西学东渐的影响，只是在微观层面上发生了一些变化。主要表现在以下两方面：一是对学风去玄虚化的共识加速凝聚，二是部分务实教育者开始重视实用之技的教授。古代中国推行玄虚学风有悠久的历史，魏晋时期，玄学出现。宋朝，程朱理学兴起，大谈"天理之道"，天下士人争相以"圣""王"之谈为好。明朝王阳明的"心学"将唯心主义推向极致，教育与向实功能渐行渐远。西学重实践、实证、实用的理念客观上迎合了中国近代社会文化与教育转向生产生活的需要。学术研究立足考据，面向应用，成为明清文教领域风气转变的一个显著特色，应该说这与西学传入有一定的联系。但在教育惩戒理念及做法方面，尚未有证据表明有任何变化。但值得注意的是，王阳明对儿童教育中盛行的"鞭挞绳缚，若待拘囚"的体罚做法提出了批评，认为完全可以采取"诱""导""讽"的教育方法，"凡此皆所以顺导其志意，调理其性情，潜消其鄙吝，默化其粗顽"。鉴于王阳明在其所处时代的影响力，有可能在一定程度上会对儿童教育理念及儿童惩戒教育观念形成冲击，但个人力量毕竟有限。

# 第二节 清末

## 一、概况

### (一)教会渗透

19世纪,英国作为当时最为强盛的新势力帝国,成功地将印度变为其殖民地后,再度将目光投向中国。1807年,传教士罗伯特·马礼逊受英国教会派遣,秘密潜入广州,此后便在广州、澳门等地暗中进行传教活动。1818年,马礼逊在马六甲创办"英华书院",进行从小学到中学学段的教育,聘任中、西籍教习,招收欧籍及亚籍学生,以中英文双语进行教学,设置中文、宗教、地理、历史、数学、经济等学科,以培养知华西人及知西华人。这所书院培养的华人梁发,成为中国历史上第一位中国籍传教士。后来梁发在广州传教布道时,其撰写的《劝世良言》为洪秀全所获,洪秀全受此启发创立"拜上帝会",《劝世良言》成为太平天国运动的重要理论基础。此外,梁发还为在华传播"自由、平等、博爱"理念的第一人,在文化思想领域对近代乃至现代中国影响极为深远。

1840年6月,英国海军少将懿律、驻华商务监督义律率英军舰船47艘、陆军4000余人兵临广东珠江口外,第一次鸦片战争爆发。1842年8月29日,清廷派钦差耆英与英方代表璞鼎查签订中国近代首个不平等条约——《南京条约》,割让香港,开放广州、福州、厦门、宁波、上海为通商口岸。中国沦为半殖民地半封建社会的近代屈辱史自此开始。

1843年,"英华书院"迁往香港,主要招收华人学生。1844年更名为"英华神学院",1856年停办。作为香港开埠后的第一所学校,马礼逊的学校在开设"易经""诗经""书经"等中文科目的同时,开设天文、地理、历史、代数、几何、算术、生理、化学、机械、音乐等英文课程,培养了不少对中国近代教育有影响力的人士,如洋务运动的重要推手容闳。

中英签订《南京条约》之后,其他西方列强陆续强迫清政府签订了一系列不平等条约,如1844年中法签订的《黄埔条约》。凭借不平等条约的保护,西方传教士纷纷来华传教、办医院、办学校。西方教会学校在华办学之初并不顺利,为迅速打开局面,采取了诸如面向贫苦人家招生、免学费并提供膳食费等各种生活补助费用等一系列手段,形势很快得到改善。教会还面向女性开办女学,虽然效果远远不如男校,但对于历来信奉"女子无才便是德"的中国传

89

统教育观念形成了巨大的冲击。1860 年，天主教耶稣会仅在江南一带设立的天主教小学已达 90 所，①设于"五口"的基督教新教小学达 50 所，学生 1000 余人。②而到了 1876 年，教会学校总数已高达 800 所左右，学生人数达到两万人左右。③

　　1877 年 5 月，为减少各国之间的恶性争夺，更好地协调各方利益，西方在华教会势力在上海召开了第一次在华基督教传教士大会。会议就提升教会学校地位、加强办学独立性协调了各方立场。大会还决定成立"益智书会"（学校与教科书委员会），以协调处置学制规范、教科书的编写及专业术语标准译名等事宜。委员会成立后，很快就编写初级、高级两套中文教材达成共识，组织编撰，印制成册。编印的教材涵盖科目非常完备，据统计，数学类有算术、几何、代数、测量；自然科学类有物理、天文、地质、矿物、化学、植物、动物、解剖、生理；人文类有宗教、儒学（四书、五经、史记）、语言、文法、逻辑、心理、伦理、政治经济；艺术类有声乐、器乐、绘画。另有历史、西方工业及教学艺术等科目在列。从科目安排来看，呈现三个典型特征：一是中西合璧，培养计划与课程设置充分考虑了中国本土传统教育的延续性，从实际出发设计培养体系。二是与西方接轨，将西方最新的自然科学和人文领域的思想引入培养体系，体现了时代的进步性。三是宗教传道，以教会学校为价值观传播阵地、基督教教义为思想武器，将圣经内容以课程的形式密集灌输给学生，贯彻文化殖民与意识形态统领的战略意图。教会学校在华大肆扩张的行为一方面客观上推动了近代中国吸纳西方最新文明成果的进程，另一方面也标志着教育及文化主权陷入丧失的深渊。中国传统文化自信危机由此产生，国民思想分化也由此肇始。

**（二）洋务运动**

　　西人东来既成事实，清政府不得已设立"总理各国事务衙门"，总理洋务工作。从 1861 年设立衙门起，至 19 世纪 90 年代，以奕䜣、曾国藩、李鸿章、张之洞、左宗棠等务实派为代表的一批精英掀起了声势浩大的"引进西方军事装备、机器生产和科学技术以挽救清朝统治的自救运动"，史称洋务运动。洋务运动以"自强""求富"为旗号，创办了一批近代军事工业和民用工业。同时，开办了一批"新式学堂"，如专门培养外国语翻译人员的"京师同文馆"、专门培养近代军事专业人才的"北洋水师学堂"、专门培养近代技术专业人才的"上海机械学堂"等，共 30 余所。这些新式学堂仿造西方学制，以"西文"

① 顾长声.传教士与近代中国［M］.上海：上海人民出版社，1981.
②③ 孙培青，杜成宪.中国教育史［M］.上海：华东师范大学出版社，2009.

或"西艺"为主要教学内容，在培养目标、教学方法、组织形式方面明显区别于中国传统官、私学，呈现典型的西学特征。如在教学内容上，外语、数学、化学等是主要科目，虽然"四书五经"仍然未完全剔出课程清单，但毕竟已非教学主体内容，教育革命已事实上先行。而为保证教学质量的可靠性，在教师的选聘方面，新学堂大胆聘用大量的西人。如1898年底，京师同文馆聘请的近90人的教习队伍中，外国人就有50余名。在组织形式方面，洋务学堂制订了分年课程计划，采用班级授课制。在教学方法上，学堂一扫传统教学死记硬背的风气，重理解与实践，在理论教学之外安排实践环节，有学堂甚至建立了实习制度。新式学堂的这些举措相较于传统科举式教育显然是巨大的进步，这些变化系中国首次主动向教育近现代化变革靠拢，具有开创性意义。

除兴办新式学堂外，从1872年开始，清政府还分向美欧派遣留学生。1872年8月11日，30名幼童在上海登上了驶往美国旧金山的海轮，按计划将留美求学15年。1872~1875年，清政府累计向美国派遣了四期共120名幼童求学。1877~1897年，福州船政局也先后派出四批福建船政学堂的学生赴欧留学。后来清政府于1881年撤回留学令，使留学计划受到重挫，但当年漂洋过海的120名学童中，除决意不归、病故者十余人外，其他近百人在归国后在各领域多有成为时代俊杰者。如中国铁路工程技术领域第一人詹天佑、中华民国首任内阁总理唐绍仪、清华学校校长唐国安等，为近代中国的思想变革、科技发展、实业兴办、教育改革、管理创新等各个方面的进步输入了启蒙力量。在留欧学生群体中，涌现了一批杰出的专业人才。他们不仅成为中国近代海军将领的重要后备力量，而且直接引领中国近代军舰制造技术实现了跨越式发展。

但洋务运动由于自身的不成熟性、不彻底性及顶层设计的不完整性导致其命运注定多舛。留美计划的中途夭折对洋务运动是一个重大打击，洋务派的话语权与执行率都受到极大的限制。1895年，甲午中日战争的惨败宣告洋务运动失败。

**（三）维新运动**

求外不畅，则求诸于内，维新运动是晚清朝野在内外交困的现状下，受西方文化启发，在批判性吸纳洋务运动经验的基础上，一批倾向资本主义的政治及知识精英发起的试图通过全面进行政治、经济、教育、文化改革从而根本上实现国家治理变革的爱国救亡运动，它既是一场社会改革运动，也是一场思想革命运动。对近现代中华民族的社会变革走向产生了重要影响。

维新运动的主要活动表现为三个层面的主张：思想观念层面的论争、文化政见层面的建设、国家体制层面的改革。在思想观念层面，以刘光第、康有为、严复、梁启超等为代表的士人精英深感民智不开、吏智不醒之流弊，启蒙民智、唤醒吏智、以教育文化为途径的思想观念救亡是国家存续、民族存亡的基础和前提。因此，他们在思想舆论领域旗帜鲜明地提出并传播相关主张以凝聚共识，吹响了维新运动的号角。维新派与保守派围绕"要不要变法"为核心议题展开了全面且尖锐的论争。维新的实质是利益的再分配，所有的利益相关方所坚守的立场归根结底取决于力量的博弈和意志的平衡，挟时势及民愤之利，维新集团成功撬动了更多的同情力量，在思想论争场上攻城略地。严复翻译引入赫胥黎的《天演论》，让西方自然哲学思想在古老东方落地开花。康有为等在北京、上海等地兴办报业，以之为宣传维新思想的阵地。在朝堂上，维新派以"祖宗成法"不足尽守，与李鸿章、荣禄等针锋相对。在朝堂外，梁启超疾声"呼吁变臣民为国民"，为"兴民权"思想舌战四方。思想争鸣，观念碰撞，思想禁锢的铁幕就此被撕裂。

在文化政见层面，研究西方、引入西学，在朝在野均成风气。康有为进呈了《日本变政考》《俄彼得变政记》等，日本因西向而国强的经验打动了光绪皇帝。朝堂之外，一帮书生在"公车上书"事件之后日益大胆起来，办学堂、办学会、办报纸、谈国事、议朝政，著书立说，广传言论，激起舆情浪潮。相比洋务派，维新派的思想明显开放得多，也明显激进得多。开放使思想因之多元，激进使社群为之撕裂。但多元需要时间积淀，激进却常在狭促间便完成了事态的激发，结果常不可想象。强学会的成立与旋即破灭，是维新运动文化政见纷乱局面的一个典型例证，可能也是维新运动命运的一个不祥预兆。

维新运动的重心终究还是要落向国之大体。1898 年，光绪帝"明定国是"谕旨明诏天下，一锤定音宣布开始变法，史称"戊戌变法"，因历时 103 天，又称"百日维新"。"戊戌变法"承载了年轻皇帝的太多野望，政治、经济、文教、军事无所不包。光绪以毕其功于一役的铁血意志颁布一道道政令。政治方面，从裁撤重整衙门机构入手，撤销詹事司、通政司等衙门，裁撤湖北、广东、云南三省"督抚同城"的巡抚，精简机构、缩小规模、裁撤冗员、澄清吏治。开放言路，准许报纸"指陈利弊"，普通百姓有事亦可直陈都察院。取消旗人供养特权制度，鼓励自谋生计。经济方面，推动财政改革，朝廷推行预决算制。制定工商立国的基本国策，鼓励保护民营实业。朝廷增设农工商总局与铁路矿务总局，各省亦相应设立商务局。提倡技术开发与创造，重视新式农业发展模式，提倡以西法为师。广办邮政，修筑铁路，大力拓展交通事业。广设商会，举办报业。在上海、汉口等大城市开办商学、商报，设立商会等各类组织。军事方面，全面引入西式军事训练模式，减绿营，练洋操，武科停止冷兵器训练考核，习用枪炮等热兵器制式。文化教育方面，废八股，绝科举，秀才考策论，不凭楷法取士。由中央及省，分设京师大学堂、高等学堂，各地方再设中、小学堂，教学内容兼融中西。设译书局，广泛翻译西方书籍文献。选派优秀学子赴日、美、欧留学。"戊戌变法"声势浩大、牵扯广泛、震动剧烈，改革几乎触动了国体之全部。但也正因如此，1898 年 9 月 21 日，"戊戌变法"仅仅维系 103 天，便被慈禧以"训政"的名义强行叫停。慈禧太后重新"垂帘听政"，光绪皇帝被软禁于中南海瀛台。清廷同时大肆搜捕维新党人。康有为、梁启超被迫逃亡海外。1898 年 9 月 28 日，谭嗣同、刘光第、林旭、杨锐、杨深秀、康广仁 6 人被斩首于菜市口，史称"戊戌六君子"。

## 二、影响

东西方文明的碰撞强化了西方文化的渗透力与影响力，西方列强将西方文化以教育的形式强势输入中国，从根本上动摇了中国传统文化与国民思想的生态基础。教育作为直接的承压域，从教育理念、教育制度到教育内容、教育形式均面临自上而下及自下而上的双重压力，教育观念的更新、教育体系的变革已势在必行。

清末西方列强与清政府的冲突、交往的实质是西方文明对东方文明的入侵与殖民。在征服与反征服的过程中，起决定作用的是力量的对比。在近代科技技术的加持下，西方文明具备了压倒性的优势。在半被迫、半主动的矛盾心态下，近代中国在包括教育在内的所有社会领域开始了艰难的自强求存之旅。这种外部压力驱动型的变革因其被动性与矛盾性，结果通常不甚理想。

以教育变革为例，清末的西方教育文化的扩散虽然多点开花、声势不小，但清政权仍牢牢把控着大部分国土的控制权，国本尚未遭受根本性的动摇，传统教育生态仍处于超稳状态中。

（1）基本态势未变。在所有的文明系统中，教育均具有基础性、先导性和阶级性功能，即教育是服务于文明体系的。鸦片战争虽然打破了晚清闭关锁国的铁幕，但晚清的政治经济文化制度并未被颠覆，教育不可能摆脱传统范式而独立变革，教育观念、教育制度、教育政策的体系仍然牢不可破。西方教育文化的星星之火仅能在有限的地域点状闪现，对大局尚无力产生实质性的影响。即便在"百日维新"时期，举国上下开始产生革弊兴利的思想，但臃肿的国家机器需要消耗庞大的人力、物力与时间去支撑国家行动。在彼时的历史状态下，维系已是极为不易，变革更是难度倍增。在相当一段历史时期内，原有的基本态势保持巨大的惯性得以延续，实质性的变化是否实现取决于国家意志强度和资源投入力度。

（2）教改思路不成熟。即便体系有吸纳新事物的意愿，但也需要在足够的时空范围内进行有效的消化和吸取，最终实现转化和融合。西学是以冲撞性的姿态强行闯入，东西方两套体系从上到下、自内而外呈现巨大的差异性甚至对抗性，两套体系的平衡点在哪里？取舍面如何厘定？主从关系如何确立？从形式到内容，从程序到结论，问题与障碍无处不在，每个问题的共识都难以达成，更遑论成熟的改革思路。仅以教会学校的课程整合方案来看，儒学加西方课程体系的学习内容安排看起来似乎兼顾了东西方，但这种简单累加的方案仅从逻辑角度来看就极不合理，一无区分，二无整合，除了制造更多的思想混乱与价值对抗之外，更加重了学生的学业负担，教育效果、教育目标堪忧。维新派的教育改革蓝图，更像是一批热血书生写在纸面上的企划书，没有论证，缺乏实验，支撑基础虚浮。

（3）历史条件不具备。西方近代教育大发展的一个重大成就是教育的普及，即识字率与国民文化素养的大幅度提升。脱离了教育普及的基础，现代社会的转型就难以实现。长期以来，教育都是维护皇权专制的重要工具。根据晚清政府 1909 年开展的教育统计数据，当年全国在校就读学生总数约 100 万人，即便加上粗估的全国各地私塾受教的人数以及在原科举教育制度下接受过旧学教育的累计人数，粗通文墨者仅约 300 万人，以彼时全国约 4 亿人口来计算，比例尚不足 1%。如此低的受教育率意味着，即便在现有体制下完全推广西学，国家实现近现代社会转型仍然遥不可及。加之晚清人口数量庞大，这种特定的历史条件从一开始就预示了中国进行社会变革与国家振兴的特殊性与困难性。当一个社会 99% 的人尚未参与到国家进步的历史进程中时，显然，这个社会尚未做好迎接新的历史时期的基本准备。

（4）西方思想自身的时代缺陷。西方文化在近代的崛起是在极短历史时期内的一次闪爆事件，思想的突破与内涵建设呈现剧烈的变化性和多元性，因此，不稳定、不成熟、不完善是其时代主特征。这些时代缺陷导致其思想不可避免地出现自相矛盾的现象，从而大大削弱了权威性与可信度。比如，宗教教育强调对神的崇拜与服从，但科学教育则隐含非神或无神的思想，这种近乎不可调和的矛盾让受教育者难以适从，价值教育陷入混乱的窘境。再如，社会伦理多元争鸣，学派林立，社会撕裂，教育置身其中，很容易陷入争议的旋涡，使改革举步维艰。东西方的文化冲突会进一步放大这些时代缺陷，让东西方的思想融合成本显著增加。洋务运动与维新运动的失败虽然具有一定的偶然性，且同自身认知与顶层设计缺陷有关，但不可否认的是，西方思想自身尚存在不足亦是重要因素之一。

## 三、清末教育思潮

### （一）"师夷"教育思潮

鸦片战争给近代中国造成的影响巨大，但从教育来讲，至少唤醒了部分知识精英，领略到了船坚炮利的威力，真正意识到"夷人""奇技淫巧"的价值。林则徐、龚自珍、魏源等"经世致用"派代表发出教育向西看的呼声。"师夷之长以制夷"在当时是思想观念上一个不小的突破，长期以来，国人以"中"自居，妄自尊大，放不下泱泱上国的架子，不愿虚心向"蛮夷"学习。而"师夷"派以血淋淋的现实警告清朝当权者和国人，必须以"夷"为师，不然国将不国。甘愿以"夷"为师，这需要多大的勇气和毅力？魏源等以"先天下之耻为耻"的风范半扶半推帮助国人实现心态的突破，功劳不可谓不大。"师夷"教育思潮较大地影响并启发了洋务运动和维新运动，在国民教育方面为引入西方教育思想和开设科学技术类课程营造了氛围。当然，"师夷"派人物的局限性也非常明显，即没有更深入地看到中国落后的更深层根源所在，自我批判与反思不彻底，解决路径亦不完整——仅"师夷之长"，而不思"补己之短"，因而这种思潮即便得到良好落实也很难完成其既定的社会目标。

### （二）"体用"教育思潮

"中体西用"教育思潮较之"师夷之长"更进一步，着眼于中国社会实际，辅以西学的先进文化，以新思想弥补旧传统，实现中国社会的进步转型。冯桂芬首倡"体用"说，张之洞、梁启超进行了不同的解读和实践。"中体西用"思想的进步性主要表现为两点：首先，坚持了本土文化的基础性和传承性。面对西方的优势碾压，仍然坚定地保持思想定力，既是愚昧，也显智慧。因为历来向强易，守弱难，思维能力越强者越难，毕竟，顾得当下，多数人往往就顾不得长远。近代以后，乃至到现代前期，提出"全盘西化"极端思想的人层出不穷，事后冷静下来，不难发现，人固然要往前看，但时常驻足，乃至回头看也不乏宜人风景。如果从根本上不加甄别地否定自身，实则是最大的短视。其次，承认西学的实用价值。这种承认超越了"制夷"的简单目的性，升级为真正的经世之用，既考虑了国家的需要，也包含了民生的诉求。从洋务运动与维新运动的结果来看，其虽然确实是失败了，但事件必有过程，事件的发生本身就具有重大的意义。"洋务学堂"与"新式学堂"的出现是不能仅以成败来评论的。

### （三）"改良"教育思潮

"改良"教育思潮是在吸取维新运动经验和教训的基础上形成的一种折中改革思潮。这种思潮不仅提倡废除科举，推行中西学并重的新式学堂，最值得关注的是，明确倡导教育的平民化。教育平民化的实质是教育的普及化。这个思想的提出是中国有文明记载以来，首次将广大普通民众纳入教育的视野，教育从此在法理上不再是贵族集团和士绅集团的专利。而普通民众接受普通教育实质上又引申出另外两个基本的社会变革导向：①教育成为公共产品；②民众成为社会公民。社会的民主化与平权化将无可回避。张百熙对此作出了重大贡献，其主持和力推《钦定学堂章程》、筹建京师大学堂等行为是这一思想的可敬实践。从这一点来讲，"改良"教育思潮的产生与实践使中国社会近现代化的进程不再可逆，中国教育改革与发展大致的方向已然清晰。

## 四、教育惩戒思想演变

西方教育思想的流入对近代中国传统教育思想在观念层面必然造成一定的影响，传统的中国式教育，包括教育惩戒思想在新教育思想的冲击下不再只是不假思索地重复旧的路径，而是开始出现局部调整的迹象。但受限于辐射面及教育体制原生态的统领，影响较为有限，对总体教育惩戒思想未造成实质性的改变，教育惩戒作为教习们手中不可或缺的手段的独特地位依然牢不可破。

### （一）认知层面开始破冰

首先，在权力及思想顶层层面，部分精英已清醒地意识到新式教育需要推行新式的师生关系及新式的教育方法变革，教育惩戒作为教育行为中重要的构成环节，将之与西方先进思想对接，进而纳入监管和规范的范畴十分必要。因此，光绪二十八年（1902年），管学大臣张百熙主持制定《钦定学堂章程》，明确对"教育体罚"作了限制性约束，言"凡教授儿童，须尽其循循善诱之法，不宜操切而害其身体；尤须晓以知耻之义，夏楚之事断不宜施""凡教授之法，以讲解为最要，诵读次之，至背诵则择紧要处试验。若遍责背诵，必伤脑力，所当切戒"。这一表态可视为中国教育史上官方首次明确反对体罚的规制。光绪二十九年（1903年），《奏定学堂章程》重申："凡教授儿童，须尽其循循善诱之法，不宜操切以伤其身体，尤须晓以知耻之义，夏楚只可示威，不可轻施，尤以不用为最善""夏楚万不可用，有过只可罚以直立、禁假、禁出游、罚去体面诸事，亦足儆"。可见，儿童观的解构与重建在清末认知层面已有了实质性的进展，对于教育惩戒的态度开始出现分化。

### （二）广泛的共识远未达成

高层部分精英的认知与广大教育管理及从事者的认知相去甚远。清末的中国，影响力较大的教育机构主要是以下这六种形制：官学、私塾、书院、教会学校、洋务学堂及新式学堂。这些教育机构的从教人员既有朝廷官员，也有民间秀才，还有少量有西学文化背景的华人知识分子及极少量有教会背景的西方人员，这四类人员构成了实施教育的主要教学群体，而这个群体的大部分人又天然亲和教育惩戒思想。

朝廷官员是传统的中国教育体制下培养出来的传统文人，他们通常都是传统教育的坚定拥护者，对于教育惩戒，尤其是体罚，基本持拥护的态度，因此，各类官学中依赖教育惩戒、重视体罚的情形与以往朝代并无不同。如国子监监规中的"痛决"条款，即是一种直指皮肉之苦的严厉手段。只不过总体而言，官学的惩戒手段越到后世越趋向于多样化，有时用经济或政治手段威慑力更强，并非高度倚重体罚。

相较而言，私塾体罚现象之多之乱可能远甚于其他教育机构。因为长期以来，在以往的私塾教育时代，体罚作为教师捍卫权威、规训儿童品行的基本工具而普遍存在，可以说是私塾先生管理学生的必备方法。[①] 离开了教育惩戒，尤其是体罚，相当一部分先生似乎就不掌握其他的师生沟通技巧了，经历过那个时代私塾教育的无数社会名流均对此印象深刻。张恨水回忆，他幼年时的一位私塾先生偏好徒手暴击学童的头部，俗称吃"暴栗"，张恨水本人自然亦难幸免。叶圣陶幼年的塾师也以持戒尺袭击学童的头部为好。邹韬奋幼年也受其父体罚，某次，"右手掌打得发肿有半寸高，偷向灯光中一照，通亮，好像满肚子装着已成熟的丝的蚕身一样"。私塾的体罚如此之盛亦反衬了这样一个事实——对儿童施加教育体罚确实具有广泛而强大的民意基础。简而言之，家长普遍认为，孩子不打不成器。一位先生连打学童都不会，那多半不会令家长放心，这样的思想土壤当然会催生浓厚的"打罚"文化。

书院中"体罚"文化较私塾要淡薄许多，毕竟能以书院命名者必有大儒之学识风度，思考并处置教育问题更趋全面和理性，但对教育惩戒的态度仍然是不容置疑的——教育惩戒作为师道尊严的坚强后盾不可或缺。始建于唐贞元年间的大名鼎鼎的杭州万松书院至清朝时对维护师道尊严之礼制依然不废。据记载，万松书院上下学不以铃声为号，而是坚持实行一套烦琐隆重的礼仪：上课前，要先请老师，然后拜孔子，向先生行作揖礼、敬茶礼，击鼓数声，先生方开始讲授；课毕，学生须再行敬茶、谢师、作揖礼，待老师先行退场，学生方能下课。师生身份尊卑如此分明，没有一套严明的纪律约束是难以维持的。但书院的惩戒更多倾向于使用资源类杠杆，如"膏火银"（类似于生活补贴）、"花红"的增减或剥夺。如湖北书院有规制云："如查有山长课期生员超等旷课一次扣钱六百文，特等旷课一次扣钱四百文，文童上卷旷课一次扣钱四百文，

① 高振宇. 近代中国学校教育中的儿童问题研究：儿童史学的视角 [D]. 上海：华东师范大学，2012.

中卷旷课一次扣钱三百文，再旷遂加录成文或雷同全数扣除。"[1]

教会学校的情形较为复杂，初期由于招生困难，如两次鸦片战争期间在上海、厦门等五个通商口岸初创教会学校时，招生人数连 10 人都难以达到，学校无不以想方设法吸引学生为要，开出较为优渥的条件，管理亦相对宽松，惩戒并不轻施。据统计，同治五年（1866 年）基督教在华学校共 63 所，学生944 人；天主教在华学校共 12 所，学生为 231~330 人。到 1876 年，基督教会学校学生为 4909 人，1889 年增加到 16836 人。[2]20 年时间，招生数仅增加不到 20 倍，可见其在华发展之艰难。出于笼络人心的需要，在具体操作上不得不严加克制。直到中后期办学较为稳定，社会认可不再是太大问题，制度章程趋向规范，无论是出于管理的需要，还是办学质量的内在要求，教育惩戒制度都相应趋向健全。尤其考虑到教会学校重视教育惩戒的传统以及在体罚方面狼藉的声名，将学生置于严厉校规之下是必有之举。成立于 1892 年的著名上海中西女塾在章程中称"特恐有等女孩，素性执拗，万准开导，既不受教，在塾何益？戒责后若不悔悟，即令出塾"。[3]章程中明确点出"戒责"与"出塾"之举措，显示惩戒确实已纳入办学管理范畴。其中，"戒责"的具体手段模糊而宽泛，适用区间极广，且未明示对"体罚"行为的禁止条款，考虑到在当时教育体罚之风极盛的大环境下，教会学校虽较为克制，但偶有为之并不奇怪。

洋务学堂及新式学堂因有官方背景，教育惩戒的基本情形大体与其他官学相类。尽管在这两类学堂中较为明显地引入了西方近现代教育理念与课程，但由于施教的主体仍然是传统中国文人，在大环境未发生明显变化的情况下，中央的戒令在实践中操作性极弱，教育体罚被滥用的情形并不罕见。以郭沫若先生的回忆录为例，清末四川新式中学堂的教习大致可分为"旧派人物"与"新派人物"两类。"旧派人物"如徐炯、林思进、刘咸荣、刘紫骙、陆绎之、都永和等身上体现的旧时代色彩比较明显。[4]其中，都永和被描述为一个"古板的旧学阀"。而在"新派人物"中，如蒲殿俊、罗纶、杨庶堪、向楚、张培爵、刘行道等，在新式中学堂教学和管理中，也显得不那么"新"。[5]反衬出了传统观念的更新与改变何其艰难。

---

① 蔡志荣．清代湖北书院学生管理［J］．江西教育学院学报，2011（10）：156-160.

②③ 李楚材．帝国主义侵华教育史资料——教会教育［M］．北京：北京教育科学出版社，1987.

④⑤ 陈默．新学堂里的旧师生——以清末四川新式中学堂为例［J］．历史教学（下半月），2011（11）：12-20.

# 第三节　民国

## 一、概况

光绪二十七年（1901年），清政府与英、美、法等11国在北京签订《辛丑条约》。清政府承诺以海关税、常关税和盐税作担保，分39年赔款各国白银4.5亿两，年息4厘，本息共计约9.82亿两。划定使馆区，允许西方列强驻扎军队，对德、日"谢罪"，永久禁止中国人成立或加入任何"与诸国仇敌"之组织。这些条款出卖国家民族利益，丧权辱国之严重为中华民族近代之最。清政府的腐朽无能引发举国上下的厌弃，形势风起云涌。1911年10月10日，武昌起义的枪声鸣响了专制帝制的丧钟。1912年1月，孙中山在南京宣布成立中华民国临时政府，孙中山任大总统。1912年2月12日，隆裕太后被迫代清朝末代皇帝溥仪颁布了"退位诏书"，宣告了在中国延续两千余年的封建帝制时代的终结，短暂而纷乱的"民国"时代开启。

1912年4月1日，孙中山辞去大总统一职，袁世凯如愿成为临时大总统，首都迁至北京。由此直至1928年史称"北洋时期"，这一时期当政的中华民国政府也被称为"北洋政府"。

临时政府迁都后，以袁世凯为首的北洋军阀政权与以孙中山为代表的革命派始终貌合神离，矛盾益深。北洋军阀的势力主要盘踞在北方，南方仍主要控制在革命派手中，南北呈分治局面。1913年，国民党重要代表人物宋教仁被刺杀，引发南北军事冲突，史称"二次革命"，以北洋军阀胜利告终，南北对峙暂时结束。

1915年12月12日，袁世凯宣布称帝，废除民国纪元，引发反袁浪潮。1915年12月15日，蔡锷率先在云南通电全国，发动起义，很快得到全国响应。在风起云涌的反袁浪潮中，北洋派内部也出现分裂，袁世凯四面楚歌，不得不于1916年3月22日宣布取消帝制，恢复中华民国。1916年6月6日，袁世凯在内外交困中病亡。

袁世凯死后，中国陷入军阀割据空前混乱的局面。1917年6月，徐州军阀张勋以调停"府院之争"为名，率5000"辫子兵"进京拥戴末代皇帝溥仪复辟，史称"张勋复辟"。1917年7月12日，北洋皖系军阀代表段祺瑞组讨逆军讨伐张勋，张勋兵败逃入东交民巷荷兰使馆。复辟仅12天的溥仪不得不宣布退位，闹剧结束。段祺瑞再次执掌北洋政权。此后，北洋政权由于派系斗争日趋激烈，段祺瑞与冯国璋矛盾日深。与此同时，非北洋系的西南、直系、奉系等军阀乘势崛起。北洋皖系军阀在国内、国际表现失当，大失人心，五四运动爆发，皖系政府面临严重的执政危机。

1920年7月，直皖战争爆发。1920~1928年，直系与奉系军阀先后控制了北京政权。1926年7月9日，"广东国民政府"领导的"国民革命军"率军北伐，战旗指向北洋政府。仅半年时间，就取得了一统南方半壁江山的重大战果。1928年6月8日，奉系军阀退缩至东北，国民党军队进驻北京，北洋政府在中国的统治宣告结束。1928年12月29日，张学良宣布"东北易帜"，表示效忠国民党南京政府，中国名义上结束军阀割据局面，实现了形式上的统一。中华民国转入国民党主政的南京政权时期。

1931年9月18日，"九一八事变"爆发，日本悍然发动了侵华战争，妄图全面占领中国。1937年7月7日，抗日战争全面爆发，之后国民政府迁都重庆。日本占领东北全境后，扶持傀儡政权"伪满洲国"，非法行使管辖权。此后，国民党内部分裂，在日本的策划与扶持下，汪精卫于1940年在南京组织汪伪国民政府，窃据华北、华东、华南部分地区。1941年12月7日，日本偷袭珍珠港，美国正式宣战，由于美国的参战，日军在东亚战场的局势急转直下。1945年8月初，美国在日本广岛与长崎先后投下两颗原子弹，日本天皇于8月15日宣布无条件投降。1945年9月2日，日本政府代表签订降伏文书，接受《开罗宣言》及《波茨坦宣言》的条件，同意归还在外国占领的领土。"伪满洲国"与"汪伪政府"宣告覆灭。

1946年5月，国民政府还都南京，国民党政府与中国共产党为首的其他政治团体就国家统一事项进行谈判。国共两党因在意识形态、治国理念上存在重大分歧导致谈判破裂。国民党军队率先挑起战事，向共产党领导下的解放区发动进攻，解放区在中国共产党的领导下奋起反击，第三次国内革命战争开始。1947年7月，中国共产党领导下的中国人民解放军由战略防御转为战略进攻，通过辽沈、淮海、平津三大战役，成功消灭国民党军队主力。之后解放军横渡长江，解放南京，宣告中国国民党统治的覆灭。1949年10月1日，中华人民共和国在北京正式宣告成立。解放军乘胜追击，至1950年6月，基本全歼东北、华东、中南、西南、西北战场上国民党残留军队，并和平解放西藏。少量国民党军队逃往中国台湾，据守孤岛。

## 二、新文化运动教育革新

### （一）教育革新

1912年1月3日，中华民国临时政府任命蔡元培为教育总长，9日，南京临时政府教育部挂牌成立。同年 1 月 19 日，颁布《普通教育暂行办法》（以下简称《办法》）、《普通教育暂行课程标准》（以下简称《标准》）两部重要文件，指导全国开展普通教育。《办法》共 14 条，宣布废止清学部颁行的教科用书，废止传统经典学习，废止奖励科举出身，提倡男女平等，反对封建内容，强调实用技能的教育。改学堂为学校，学校负责人称校长，基本上实现了向近现代教育形制的转轨。《标准》共 11 条，分别对初等小学、高等小学、中学、初级师范的课程设置作了明确的规范，国文、算术、历史、地理、理化、图画、体操、外国语等课程构成国民教育的基本内容，是《办法》的具体操作性体现。由于高等教育情况复杂，临时政府未能及时作相应规范，只能照清末"旧章办理"。

1912 年 7 月至 8 月，全国临时教育会议隆重召开，就新时代国家教育顶层设计及制度、内涵建设进行全面深入研究，经反复磋商，大会就"注重道德教育，以实利教育、军国民教育辅之，更以美感教育完成其道德"①的民国教育方针达成基本共识。民国教育方针明确了"德、智、体、美"的四育原则，体现了时代的进步性。尤其是其中"军国民教育"的表述，反映了精英层面深感国家积弱的急迫呐喊。大会还讨论通过了民国新学制草案，当年 9 月，教育部正式公布了民国学制体系的结构蓝图，史称"壬子学制"。

1913 年 8 月起，民国政府教育部陆续公布了《小学校令》《中学校令》《师范教育令》《大学令》《专门学校令》《实业学校令》《小学校教则及课程表》《中学校令实施规则》《师范学校规程》《高等师范学校规程》《大学规程》等一大批政策法规文件，不仅补全了高等教育的缺漏，而且将专业人才教育、职业教育也补充到国民教育体系中，全面系统地安排了近现代教育的体系设计与建设，很好地奠定了中国 20 世纪教育改革与发展的基础框架，史称"壬子癸丑学制"，又称"1912~1913 年学制"。虽然袁世凯政府上台后一度恢复祭孔旧制，1915 年更颁布《特定教育纲要》，要求中小学要加上儒学教育的科目，但壬子学制开创的教育大局已总体不容撼动。

壬子癸丑学制在推行过程中不断吸纳社会各界的意见和建议，对学制、方针、课程等核心内容进行持续的调整和完善，如义务教育学段的划定、学期的设置、课程标准的规范、学科内容确立等方面均基本框定。

1922 年 11 月 1 日，中华民国教育部公布新学制（壬戌学制），规定小学六年（其中，初小四年为义务教育）、初中三年、高中三年（实行普通、师范、职业分科制）、大专四年、大学四至六年、大学院年限不定。大学只设一

---

① 陈学恂. 中国近代教育史教学参考资料（中册）[M]. 北京：人民教育出版社，1987.

科者称某科大学，设数科者称大学。此次学制改革采用了美国单轨制系统，缩短了小学年限，有利于小学的普及和中等教育水平的提高，选科、分科并行，重视职业训练，贯彻男女平等原则，师范教育公私兼办，适应了当时的教育需要。这一学制基本沿用到 1949 年。

### （二）文化运动

在民间，随着中国资本主义经济发展壮大，资产阶级迫切需要民主政治在中国的切实落地，而专制军阀成为民主政治的最大障碍。在反军阀独裁专制、要求现代思想启蒙的呼声中，新文化运动应运而生。1915 年 9 月 15 日，陈独秀在上海创办《青年杂志》，吹响了新文化运动的号角。陈独秀创办杂志的初衷是希望以帮助中国青年思想觉醒为突破口，实现根本改造中国社会的最终目的。"民主"和"科学"是新文化运动的两面旗帜。中国社会因《青年杂志》的出现掀起了一股思想解放的潮流。

面临日本和西方列强的压迫及掠夺，北洋政府对外软弱，对内强硬，在内政外交上乏善可陈，引发国内，尤其是知识界严重的忧虑和不满。1919 年，第一次世界大战结束，巴黎和会召开，西方列强与日本合谋妄图继续非法侵吞山东青岛，林长民闻讯在《晨报》上发表《外交警报敬告国人》一文，国内舆论哗然。1917 年 5 月 4 日上午，北京 13 所大中专院校共约 3000 名爱国学生，以"外争国权，内惩国贼""取消二十一条""还我青岛"等口号，发动游行示威，在民情激愤下，点燃了北洋系亲日派代表曹汝霖所居住的"赵家楼"。爱国学生的浩大声势迫使北洋政府不得不中止了卖国行为，爱国运动以阶段性胜利而告终。这次运动的成功极大鼓舞了文教和知识界的爱国热情及昂扬斗志。此后，"科学化运动""新社会科学运动""人权运动"相继掀起思想风暴，在国民的思想启蒙和推动国民性改造中持续发挥重要作用。

### （三）抗战时期的教育西迁

据统计，1937 年抗日战争全面爆发前，中国专科以上学校共有 108 所，其中，国立 24 所、公立 2 所、省立 29 所、私立 53 所。这些学校分布在京、津、沪、宁、江、浙、皖、赣等沿海及东部地区的有 91 所，占总数的 84.25%。[①] 抗日战争全面爆发，随着日寇南向深入，为保全宝贵的教育资源和科学文化种子，面临沦陷的平津和东南沿海一带的大学及部分中学不得不西迁内地。据统计，至 1939 年春，由东部内迁的高校达 53 所。如国立北京大学、国立清华大学、私立南开大学三校先迁至湖南长沙，组成长沙临时大学，后因战局不利，分两路再度转移。一路经广州，转香港，绕道越南海防最终到达云

---

① 宋恩荣. 抗战时期的教育西迁［J］. 河北师范大学学报（教育科学版），1999（3）：77—86.

南昆明；另一路经贵州至昆明，长沙临时大学更名为西南联合大学。北平师范大学、北平大学、北洋工学院转移至陕西省西安市，组成西安临时大学，后迁至陕南城固、南郑等地，更名西北联合大学。中央大学、交通大学、复旦大学迁往重庆。武汉大学落地四川。浙江大学由杭州至贵州，转广西再迁贵州，五度迁移，跨越五省，经历尤为曲折。中山大学先迁至云南澄江，后辗转回粤北坪石、乐昌等地分学院复课。中等学校亦有相当一部分西迁内地，如仅 1937年当年，由山东迁至河南许昌的中等学校就有 50 余所。当然，还有一些大学从城市迁到本省比较偏远的县镇。这些迁往内地的大中学校在转移过程中遭受了重大的磨难和损失，如图书、资产的损失，人员的伤亡，师生的流失等。但从长远来看，战乱时期发生的这些非常之举是非常值得的，因为这样不仅为国家保存了宝贵的科学文教资源，挽回了稀缺的人才流失，而且也为这些内地省份注入了现代文明的火种，长远地影响了这些欠发达区域的文教事业的发展。

日本侵华战争给近代中国造成了重大的财产、生命损失，并大大延缓了中国社会近现代化进程。仅教育事业方面的损失就难以估量。据 1939 年 2 月 7日《申报》报道，战前中国专科以上的 108 所高校中，因战争影响而迁移的有 77 所，被迫停办的有 17 所。据统计，战前全国大学与专科学校有学生 4 万余人、教职工 7000 余人。到 1938 年，学生数降至一半，教师数减少 30%。[1] 战前中国中等学校的数量为 3264 所，在校就读学生人数为 627246 人。到 1937年底，全国已有 1386 所中等学校被迫关闭，学生减少至 38 万人。[2] 战前中国初等学校的数量约为 32 万所，在校学生数约为 1836 万人，到 1937 年底，已有十余万所初等学校毁于战火或被迫关闭。到 1938 年 10 月，初等学校已有25.7 万名教师、650 万名学生被迫离开学校。[3] 且不论直接和间接经济损失，仅看师生的流失所造成的社会综合价值损失就不可估量。

## 三、民国教育思潮

### （一）"西化"教育思潮

国弱民愚，民族危亡，症结在哪里？出路是什么？这几乎是那个时代所有的有识之士和爱国同胞最关心、最想破解的问题。国与民的直接指向都是人，因此，教育救国就被视为最可行且最必行的路径之一。全面向西方学习，模仿西方，"全盘西化"教育思潮成为许多社会精英的共识。这种思想在社会上引起巨大的共鸣，以致在民国时期，崇洋媚外成为一种风气，一些人、一些学校以能够用西方语言交流为荣。在面对本土文化问题方面，部分文化名人似乎失

---

①②③ 宋恩荣 . 抗战时期的教育西迁［ J ］. 河北师范大学学报（教育科学版），1999（3）：77-86.

去了思考能力，言行举止与他们惯常的睿智表现完全背离。"全盘西化"教育思潮是时代的产物，这种思维在以后的一段历史时期都持续影响着中国人的思想和行为。

### （二）"科学"教育思潮

科学救国、教育救国是近代中国受到深重屈辱后的最痛感悟。进入民国，近代科技进入爆发式发展期，中国与西方的差距在进一步拉大，深切且持久地刺痛着近代中国的有识之士，"科学"教育思潮作为那个时代的思想最强音激起了广大中国人的共鸣。这其中，近代中国资产阶级启蒙思想家的代表人物严复的思想就极具代表性。严复认为，"科学"教育救国，首在"开民智"，其要在于以西学（科学）代替科举，以教育为路径是唯一选择。严复对强行义务教育的思想和做法大加赞赏，认为不如此不足以开启民智。严复的这种引入科学的思想是彻底的、纯粹的，他严厉批评洋务派"中学为体，西学为用"的观点，拒绝简单的中间路线，认为体用之说是有害的，要救中国必须学西学和西洋"格致"。当然，他与"西化"教育思潮保持理性的距离，认为中学阶段应以"西学为重点"，"洋文功课居十分之七，中文功课居十分之三"，并且规定"一切皆用洋文授课"。在高等学堂阶段，主要学"西学"，至于"中文"，则是"有考校，无功课；有书籍，无讲席，听学者以余力自治力"。可见，严复面对科学的魅力，实则也抵抗无力，但对本土文化，并未一棍子打死。在如何进行科学训练、如何达成开启民智的技术路线方面，严复认为归纳和演绎是建立科学的两种重要手段。这个提法表明，严复确实较为深入地把握了"科学"的精髓，是作了深入的思考和筹划的。严复还非常重视妇女教育，认为妇女自强"为国政至深之根本"。严复的这个识见，在当时是超越了许多同辈的。"科学"教育思潮在推动近代中国教育发展走向近现代化过程中发挥了重要的作用。

### （三）"独立"教育思潮

"独立"教育思潮产生于20世纪20年代，蔡元培是这个思潮的主要代表人物。1922年，蔡元培在《新教育》杂志上发表《教育独立议》一文，明确提出，教育的目的在于人，不可将之视为培养工具。因此，教育当由教育家来办，教育保持相对独立，而不能受其他诸如政党、宗教等力量支配。"独立"教育是在反科举、反政治化、反宗教化的背景下提出的一种进步思潮，它表达了中国教育界试图摆脱当时军阀政府的控制、西方帝国主义的文化侵略，独立自主办教育的美好愿望。"独立"教育思潮在举国上下倾倒在西方文化脚下之时能保持对西方文化的警惕，不啻于当时教育思想界的一股清流。同时，其提醒与政治保持明确距离的思想其实内隐了去行政化、去官僚化的诉求，这个思想即便放在今天都有进步意义。但在国家命运尚未能自处的民国时期，"独立"教育思潮由于过于理想化、激进化，导致其思想基本上脱离实际，既难以得到社会的真正支持，也难以让教育得到真正的自由与发展。因此，在当时的教育改革践行中，"独立"教育思潮最终不得不收缩为"教育自治""教育经费独立"等有限的几项教育主张。尽管如此，仍然因"立意过高"、缺乏操作性最终流于失败。

## 四、教育惩戒思想演变

相对于清末，民国时期的教育惩戒状况有了新的变化，就是顶层有所作为、基层依然故我。之所以出现这种态势，主要有以下几个原因：

### （一）战乱的干扰

民国时期，是动荡的，也是挣扎求存的。教育作为立国之基，教育改革作为强国之本，虽然已成为全民族的共同认知与愿望，但教育需要巨额的投入，需要大量的师资。只有这两个基本条件得到满足，教育质量才能得到提升，如教育惩戒的规范。而在民国前期军阀混战之际，当权集团把主要精力放在权力斗争方面，对于教育关注有限。到了民国中后期，全民族忙于抗击日本侵略者，国难当头、民族危亡之际，生存更是第一要务。即便在抗战胜利之后，百废待兴，全社会忙于社会重建，精致的管理难以实现。因此，综观民国近40年的短暂历史，几乎无一年不处于战乱中，单从教育惩戒思想发展角度来看，以不变应万变、沿袭传统教育的做法是大概率事件。

### （二）国际的潮流

20世纪是儿童意识觉醒的世纪，重视儿童、关注儿童权益保护、研究儿童教育规律成为西方先进工业国家的主流运动之一。1924年，日内瓦国际劳工会议就保护儿童基本权益达成一致，强调儿童身心基本发展规律的重要性。1930年，美国首倡"儿童节"，同年，其他各国也纷纷设立自己国家的儿童节。1931年5月16日，中国上海在法租界举办国际儿童联欢会，邀请21个国家的儿童参会。以此为契机，国民政府启动中国的儿童意识觉醒和行动干预运动，在教育领域，国民政府开始治理儿童体罚问题。[①] 在顶层设计层面，中国与国际潮流趋向一致。

### （三）制度的设计

事实上，精英层面早就具备了国际的视野和观念。中华民国成立之初，教育改革与发展执掌于蔡元培这样的教育大家之手，眼界、格局与魄力自然不

---

① 师林涛.南京国民政府儿童年体罚问题研究（1935–1936）［D］.上海：上海师范大学，2021.

缺，因此，在发展方向、框架搭建、理念应用等方面与当时西方最新教育理念相比并不落伍。如民国时期教育界顶层就禁止体罚一事意见颇为统一，1912年《小学校令》明文规定："小学校校长、教员，认为教育上不得已时，得加微戒于儿童，但不得用体罚。"1933年《小学规程》第三十七条明确规定："小学生不得施以体罚。"1935年，儿童年实施委员会再提"小学废止体罚并解除儿童之一切束缚"的建议，说明小学体罚客观上未得到任何实质扭转。针对中国国力不足、公办教育远远不足以覆盖全国儿童、民间尚存大量私塾的实际，1937年6月国民政府专门颁布《改良私塾办法》，强调"教学时须以引起儿童学习之兴趣为主""绝对禁用体罚"。1946年，国民政府颁布《国民学校及中心国民学校规则》，再次明确指出，训育应按照部颁小学训育标准实施，"对于儿童不得施行体罚"。可见20世纪上半叶，中国教育界的顶层精英对体罚总体上是反对的，且在规章制度方面给予了明确的约束。

### （四）基层的脱节

政策方针最终落实在管理、执行和监督层面还存在巨大的障碍和遥远的距离。顶层的观念不会自动取得底层的认可，没有足够的时间和足量的资源投入，思想层面的改造极难推进。在中国广袤的基础教育领域，依赖传统的教育惩戒模式、体罚文化盛行依然是主流。尤其由于旧中国时期，农村地区及农村人口是中国的主体，因此，农村教育的样貌就代表了中国的基本样貌。而在农村地区，由于经济落后及信息闭塞，传统观念尤其根深蒂固。新思想、新观念的传播极为困难，产生实质效应就更加困难。1934年，宋震寰以山西省的22个县50个乡村内65个学校为调查对象，对山西农村教育概况进行了调查。调查结果显示，山西农村中大多数学校办学条件简陋、教育思想守旧，现代学校教育实体与制度极不完善。[①] 这个调查极有代表性，表明在社会经济落后的人口大国，社会哪怕要取得一点点进步，都要面临巨大的挑战。具体到教育惩戒这样的微观教育问题上，改革障碍更为显著。

首先，基层的普遍教育观念并未得到明显的扭转，"不打不成器"仍是民间的共识，从家长到老师，从社会到学校，所有人对教育体罚的容忍度极高。查阅一些地方文献资料就可以发现一些端倪，如《平罗县教育志》记载，民国时期的平罗县学校，教师对学生的日常管理基本离不开戒尺，持戒教学是当时老师的标准形象。《怀宁县教育志》也记载，在民国前期，怀宁县各中小学，建立了各种学生公约，来约束儿童的言行，对违规的儿童可以执行"警戒"，

---

① 胡金木.近代中国自由主义教育理念的发展及其命运［J］.陕西师范大学学报（哲学社会科学版），
  2015（4）：118-124.

常规手段有辱骂、责打与其他体罚。《宜宾教育志》同样记载，民国初年，宜宾市各小学按照教育部的《学校管理规程》管理儿童学习、生活等各项行为，对违反校规者轻则体罚记过，重则斥退（开除学籍）。①这些地方教育志真实记录了民国年间的教育原貌，可以看出教育惩戒文化的实况。此外，诸多经历过那段岁月的自传或回忆录也可佐证彼时的教育情形。如1995年出版的《校史回忆录》一书中，有校友"深情"回忆："学生若在课堂上打瞌睡，就会遭遇到三种处罚：一是吃'爆栗子'，二是被拧着耳朵提得站起来……"2006年出版的《彭州一中百年校史》记载，学校体罚规则中有一条是："背不得书，打十个手心；同学彼此打架，各打十个手心；乱拿、损坏东西，打十个手心。""河南省开封市第五中学和四川三台中学对与那些迟到上课或自习的学子，都有罚站或打手心的传统。"②著名华人学者柏杨在其回忆录中描述，其小学五年级时，遇到一位名叫侯万尊的老师，刚从初级师范学校毕业，年纪约20岁，精明强干，但就是性情暴躁了些。他对于乖巧聪明的学生尚好，但对愚笨且懒惰的学生，一言不合便是动手。如做错一道题，便罚打五手板。柏杨回忆，每每上算术课时，通常要挨十手板或二十手板，每一板下去，手都痛得像火烧一般。当然，侯万尊不只是打柏杨，所有算术不好的学生均难逃手掌皮肉之苦。一位名叫秦萧的同学，也经常被打得哭哭啼啼。这里值得注意的是，那位"侯万尊"老师并非旧教育制度下出来的教习先生，而是新式师范学校培养出来的新式教师，但在管理理念和教育惩戒手段使用上与老式私塾先生别无二致，可见传统教育观念在国人中熏染之深。由于体罚现象过多，不免就有不服管教的学生跳出来反抗，如1942年，湖北荆州中学高三学生杨某在《新湖北日报》上撰文，揭露本校训育主任平时对学子的虐待，以致杨某后来一度被学校扭送至警察局。③

其次，执行力不足。蓝图描绘不是太难的事情，只要有思想，寥寥几个人足以胜任，但要按蓝图来建设落实，没有完善的监管体系和执行体系是寸步难行的。民国初年教育行政制度在形式上和纸面上可以轻而易举地显示管理近代化的色彩，但军阀统治的政治模式却使教育行政难以真正实现管理民主化和决策科学化，难以按照教育管理自身的规律运作，致使相当多的合理规定执行不力或化为空文。④民国初期之后，国内形势越发严峻，先是抗日战争爆发，再是国共内战，教育发展举步维艰，即便有新的教育目标，也缺乏推行的基础。国民政府在制定识字运动的目标和政策时，往往不合实际，在意义方面强调得

①②③ 高振宇.近代中国学校教育中的儿童问题研究：儿童史学的视角［D］.上海：华东师范大学，2012.
④ 王琳.民初社会与教育近代化［D］.桂林：广西师范大学，2004.

多，在具体措施和办法方面考虑得少，而且缺乏针对性和时效性。对实际困难的估计更是严重不足，而且缺乏应对困难的切实有效的办法。<sup>①</sup> 如 1935 年国民政府拟推行义务教育制度，最终放弃，原因之一就是师资严重不足。在一个连小学教育都无法享足的时代奢谈规范与质量，无疑难切实际。

---

① 王琳.民初社会与教育近代化［D］.桂林：广西师范大学，2004.

# 第五章
# 西方现代教育惩戒概况

从 20 世纪中叶开始，科技文明呈现井喷式发展的状态，尤其是信息革命的爆发，使得人类的生产生活模式发生了深刻的变化。科技革命传导至思想领域，思想革命催生出各种新的思潮。在教育领域，西方牢牢把握住了时代脉搏和先发优势，在现代教育思想的发展创新中继续发挥引领作用。

## 第一节　西方现代教育思想

### 一、新行为主义教育思想

新行为主义教育思想是依据心理学认知发展的一种教育思想。它发轫于 20 世纪 30 年代，流行于 20 世纪 60 年代，是基于美国心理学家华生的行为主义理论而产生的新思想。这种新思想最大的特点是以心理技术为支撑解构教育行为。研究者通过对一定的行为实验进行观察和分析，在传统的"刺激—反应"模型框架上，引入了"中介变量"这一新概念阐释教育和教学。新行为主义教育思想主要观点有四：一是教育和教学是对人的塑造或改造，是以生理应答为基本模式的强化训练行为。它遵循"刺激—反应—强化（弱化）"的基本规律，理论上讲，在理想条件下，教育应当可以实现其拟定的任何教育目标，教学与教学效果是确定可控的。二是教学的程序化，即将完整的教学行为分解为若干个教学环节，每个环节设定相应的训练目标，按照小步刺激、积极反应、及时强化的原则，最终组成并达成总体的教学目标。三是教学的技术化，将现代科技引入课堂教学，通过技术开发，让教学机器参与到日常教学中。教学机器的参与不仅可以提高教学效率，而且可以发挥其测量与分析的功能，对教与学进行深度的评估和研究，从而有助于教学行为的改进。四是强调教学的显化研究。教学既然可以技术化，那么技术就存在不断进步的潜力，因此，将教与学的行为一体化纳入研究范畴就是应有之义。具体来讲，就是以教法与学法为主要研究对象，结合心理规律揭示、教学机器开发实现教学的可控与稳定显化。

伯尔赫斯·弗雷德里克·斯金纳（1904~1990年）与罗伯特·米尔斯·加涅（1916~2002年）是这一教育思想的主要代表人物。斯金纳是美国著名的心理学家、教育家，较早对心理学产生兴趣，在哈佛大学获心理学博士学位，终生从事心理研究与教学工作。主要著作有《有机体的行为》（1938年）、《科学与人类行为》（1953年）、《学习的科学和教学的艺术》（1954年）、《言语行为》（1957年）、《教学技术》（1968年）等。斯金纳受著名苏联生理学家巴甫洛夫条件反射理论的启发，创造性发展了操作性条件反射理论。斯金纳认为，动物的学习行为是随环境条件刺激强化而产生的，人的学习行为和动物并没有本质的区别，利用操作性条件反射原理，可以操控人类的学习行为。斯金纳通过小鼠的迷箱实验来揭示操作性条件反射现象。斯金纳在箱中设置一个拉杆，当拉杆被触动时食物会随机掉出，实验发现，随着小鼠通过拉杆得到食物的经验的增加，小鼠碰触拉杆的频率相应提高，显示小鼠的行为被自动强化，即操作性条件反射。在此研究基础上，斯金纳提出强化理论，并具体提出了正负强化、正负惩罚的理论。正强化：愉悦刺激增强鼓励行为概率。负强化：嫌恶刺激增强摆脱行为概率；正惩罚：嫌恶刺激降低非鼓励行为概率；负惩罚：撤销愉悦刺激降低非鼓励行为概率。斯金纳的研究确实揭示了学习的部分内在机理，以一己之力推动了"程序教学"运动。

加涅与斯金纳的经历颇为相似，较早对心理学产生兴趣，后在耶鲁大学主修心理学，获心理学博士学位，是美国知名的教育心理学家，并终生从事心理学研究与教学工作。加涅在行为主义心理学领域造诣颇深，同时吸收了认知主义的相关理念，因而在信息加工心理学方面也多有建树。主要著作有《学习的条件》（1962年）、《教学设计原理》（1969年）等。加涅认为，学习过程其实就是一个信息加工过程，即学习者将接收自环境的各类信息进行内在的认知加工的过程。学习不是刺激与反应之间的简单作用，而是学习者神经系统的复杂处理过程。不同的学习者、不同的学习材料，应该由低到高进行分层区分和管理，差别化开展教学设计，相应迈入不同的学习层次，取得不一样的学习成果。学习者要处理好旧知识与新知识的逻辑关系，因而复习与新授是教学设计中非常重要的环节。加涅是将研究理论与实践应用紧密结合的典范，他在学习理论研究领域的成就通过令人印象深刻的教学设计深深影响了现代教育生态。他提出了教学设计的原理，并从信息加工的视角将学习分解为动机、了解、获得、保持、回忆、概括、操作、反馈八个阶段，将学习水平分成信号学习、刺激—反应学习、连锁学习、言语联想学习、辨别学习、概念学习、规则的学习、解决问题八个层次（后又改为六个层次），将学习结果分成言语信息、智慧技能、认知策略、态度、动作技能五类，为现代教育理论研究与实践改革提供了极有价值的新思路。如其对学习结果的分类对 20 世纪末 21 世纪初的中国基础教育影响至深，中国基础教育将学生全面发展的三维教学目标定为"知识与技能""过程与方法""情感态度与价值观"，与加涅的五分法重合度甚高，显示其理论体系的强大生命力。

新行为主义教育思想大大推动了学习理论的创新发展，为现代技术引入教育中、人机时代的到来作出了基础性贡献。但是，新行为主义将教育简化为刺激与反应的过程，忽略了个体动机、情感等复杂人性因素，使教育有陷入机械主义和绝对主义泥淖的风险。

## 二、结构主义教育思想（现代）

结构主义教育思想（现代）起源于 20 世纪 20 年代，瑞士心理学家皮亚杰从儿童认知结构构成、认知能力发生、发展特征及规律的角度解构教育学，提出"新教育"的思想。第二次世界大战结束后，皮亚杰的"结构主义"思想传入美国，美国心理学家布鲁纳高度赞赏这种思想，对其作了进一步的研究和发展，并将相关理念应用于美国中小学的课程改革中，在世界范围内引起巨大的反响。结构主义思想者认为，知识是有结构的，诸如基本概念、原理、原则、内涵等。无论任何一门学科知识均不能脱离结构的范畴。因此，首先，对知识的学习要重视对知识结构的学习。如果知识结构框架不能被学习者有效地识得，那么，学习不仅是低效的，而且有可能难以真实全面地被学习者内化。反之，如果从概念、原理、基本框架开始接触知识，不仅会有效提高学习效率，而且便于认知的迁移，乃至创新。其次，儿童认知结构也有其自身的特征和规律，教育应该设法让知识结构与儿童认知结构合理对接，这就要求教育用的知识、知识之间的逻辑关系应该是具备系统的结构特征的，以满足与儿童认知结构相匹配的基本需求。再次，儿童的学习应该视为一个认知能力不断发展提升的过程，知识的使用及获取只是手段，促进儿童认知发展才是目的，从这一点来讲，教育的核心价值不在于知识的传授，而是以知识传授为途径推动儿童认知能力的有效发展。最后，结构主义非常重视"发现法"在教育教学中的应用，认为"教学即探索"，教师的作用就是想方设法通过"情境"创设，激发儿童的兴趣和动机，使儿童产生探索行为，而不是机械地传授知识或依赖某些教学装置刺激学生从而诱发某种应答。从这里来讲，结构主义是反对新行为主义的思想的。

让·保罗·皮亚杰（1896~1980年）是著名的瑞士儿童心理学家，青年时代主修生物学，先后获生物学、哲学及自然科学博士学位，后又投入病理心理学的学习中。婚后生育有三个孩子，通过对这三个孩子的观察和研究，皮亚杰创立了自己的儿童心理发展理论。其主要著作有《儿童的语言和思维》（1923年）、《儿童智慧的起源》（1936年）、《儿童心理学》（1966年）、《结构主义》（1968年）、《发生认知论》（1970年）等。在皮亚杰的理论框架中，他提出了"图式"这一核心概念，即儿童心理活动的框架或组织结构。皮亚杰认为，"图式"是认知结构的起点和核心，是人类认知发生、发展的基础。认知发展的三个基本过程分别是同化、顺化和平衡。同化是学习者通过学习将新的客体纳入到已有"图式"中，使"图式"发生量变。若量变不能发生，即内化未能成功发生，原有"图式"就发生调整变化，使同化能够发生，即为顺应。顺应是"图式"的一种质变形态。当同化与顺应处于均势时，即所谓平衡。同化与顺应每获得一次平衡，"图式"便随之更新，意味着学习者认知能力的发展或提升。学习者在平衡与不平衡的交替中不断更新"图式"，认知发展便得以持续地实现。皮亚杰将儿童认知发展由低到高分为感知运动、前运算、具体运算和形式运算四个阶段。这四个阶段对应学习者不同的年龄和认知发展水平。比如，感知运动对应2岁前的幼儿，属于较低的认知阶段；而形式运算则是成熟的高阶认知阶段，对应12~15岁的儿童。皮亚杰的这种分类对于教育理论当然是个有益的补充，但从科学角度来看，其理论恐怕还有待更多证据的验证。另外，皮亚杰的教育思想着眼点主要放在"智育"领域，而这并不是教育的全部，情感、道德、社会属性是不可缺失的另外一些重要部分，这是皮亚杰所忽略的。

杰罗姆·西摩·布鲁纳（1915~2016年）是现代美国著名的教育心理学家和认知心理学家。其主要学术思想集中在《教育过程》（1960年）、《教学论探讨》（1966年）、《教育的适合性》（1971年）三部著作中。布鲁纳早期曾做过动物知觉和行为研究，拥有哈佛大学心理学博士学位，受皮亚杰结构主义思想影响，布鲁纳也对儿童认知结构展开了相关研究。布鲁纳同意儿童的智力活动是一个连续构造过程这一观点，将儿童认知发展由低到高分为表演式再现表象期、肖像式再现表象期、象征式再现表象期三个阶段，教育的核心任务就是创造条件，帮助儿童沿着这个顺序促进智力的发展。而要达成这一教育目标，教学设计就应该高度重视发现学习法。对于发现学习法，布鲁纳认为，首先要意识到教学最重要的部分在过程，而不是结果。教师的主要作用在于为学生营造或创设便于探究的情境，而非只提供系统的知识。学生要成为一个积极的探究者，在思考过程中获得智能的提升。"认识是一个过程，而不是一种产品。"布鲁纳提出并论述了四条教学基本原则：动机原则、结构原则、序列原则、反馈原则。布鲁纳将动机原则列为首要原则，认为调动学习者的内在动机极其关键，而学生的好奇心是撬动内在动机的核心所在，是"学生内部动机的原型"，聚焦于儿童的兴趣，诱发儿童的探索欲望是达到良好教学效果的不二法门。结构原则则强调展示给学生的知识必须具备基础性和结构性的特征，以给学生留下足够的探索和扩展空间。序列原则是指儿童智慧发展要遵循认知发展顺序的规律。至于反馈原则，是指教师要及时准确地关注学生的学习状态，评估教学的效果。教是为了学生更好地学，独立思考、探究发现和自我矫正应当成为学生优良的学习品质。

结构主义教育思想深刻地推动了教学向学生、学习倾斜的进程，尤其对于发现学习法的推崇使这一方法在相当长的一段时间里成为课堂教学改革的进步标准之一。但其过度强调探索，而忽视接受现有知识的价值又使教学效率具有滑坡的风险。毕竟，在海量的知识体系里，对所有的知识都要探索一番并不实际，也不理智。

## 三、个性全面和谐发展教育思想（现代）

1917 年十月革命的胜利极大地改变了 20 世纪世界政治和军事生态。世界上第一个社会主义国家——苏维埃社会主义共和国联盟成立，一个庞大的帝国雄跨欧亚大陆，世界从此不同。不同的政治理念呼唤不同的教育体制和教育理念。20 世纪 50 年代，在不断的探索中，个性全面和谐发展教育思想（现代）在苏联诞生，苏霍姆林斯基是这一思想的主要推手。首先，这种教育思想强调"全面发展"，要求教育必须在"德育""智育""体育""美育""劳育"五方面全面推进。其中，"德育"是五育的核心，故置于首位。"智育"作为教育的核心目标之一，当然不容置疑。"体育"的安排与东西方"冷战"有密切的关系，在相互敌对的气氛中，从安全角度考虑，体能训练乃至准军事训练对政权的安全稳定至关重要，且"体育"与儿童意志品质有很强的关联性。其次，强调"和谐发展"，即在全面发展的基础上，将各个正发展或已发展的发展区进行有意义的联结，使各区形成密不可分的统一体。具体而言，就是在设计和组织"五育"教育课程和活动时，不能孤立地理解和安排，而要将"五育"相互渗透、相互补充，协调推进，使之共同促进、协同发展。最后，不能忽略"个性发展"。不能只顾全面而忽略甚至否定个性。如果说，全面和谐关注的是共性，那么根据个人的天资、兴趣、偏好因材施教，分层、分类或区别培养则是对个人价值应有的承认和尊重。实际上，由于现代社会分工的细化度不断加深，"个性发展"恰恰高度符合社会发展的需要。起点于"全面"，落点于"个性"，个性全面和谐发展教育思想无疑赋予了"全面"教育的美好注解。另外，苏霍姆林斯基还就"自我教育"进行了较多阐述。他认为，"自我教育是学校教育中极重要的一个因素"。[①] 这种提法实质上是对"学"行为的补偿性阐述。因为全面和谐发展教育思想存在明显的"教学中心""教师中心"的特征，儿童在教育关系中处于明显的弱势地位，而对"自我教育"的补充在一定程度上可以起到有限修正的作用。

瓦西里·亚历山大德罗维奇·苏霍姆林斯基（1918~1970 年）是苏联知名的教育家。苏霍姆林斯基出身于贫民家庭，少年时就读师范学校师资训练班，后又以函授教育的方式接受语言文学专业的高等师范教育。苏霍姆林斯基先后做过小学和中学教师，因成绩突出先后出任教育局长、中学校长。1950 年又以在职研究生的方式进行深造，获副博士学位。1957 年被选为俄罗斯教育科学院通讯院士。作为全面和谐发展教育思想之父，苏霍姆林斯基对教育有深刻和独到的见解。他不仅是著名的教育理论家，而且是勤勉的教育实践者，一生撰写教育论文数百篇，著作 40 余部。其中，《帕夫雷什中学》（1969 年）、《把整个心灵献给孩子》（1969 年）、《公民的诞生》（1969 年）等专著是其教育思想的代表体现。苏霍姆林斯基认为，培养"个性全面和谐发展的人"是社会主义教育的根本任务，更是社会主义价值导向的基本特色。这样的教育培养出来的人应该是道德高尚、体魄强健、审美趣味高贵、专业精通、熟知并热爱生产生活劳动的"共产主义建设者"及"合格的公民"。如何培养全面发展的公民呢？德育先行。德育不是简单地说教，教育要满足儿童丰富的精神需求，要尊重并关心儿童，发自内心地"爱孩子"，包括"让学校的墙壁也说话"。因此，创设浓厚的教育环境，通过环境文化建设影响儿童的品德生成是苏霍姆林斯基的重要理念。当然，"爱孩子"并不意味着无原则地放纵孩子，相反，要用严格的纪律和道德规范要求孩子，而集体教育是一条不可或缺的有效路径。学习知识与智力发展是不可割裂的，传授知识非常重要，有助于帮助儿童形成正确的观念。课堂教学要重视儿童的兴趣爱好，教师要努力培育儿童对学科的热爱，激发学生的求知欲。在课堂之外，要搭建广阔的"智力背景"，有针对性地开展丰富多彩的课外活动，包括课外阅读、思维训练。关于体育，"健康"是唯一标准。这里的健康不仅指生理，也包含心理。儿童必须是"乐观愉快、朝气蓬勃"的，户外运动是关键。如何保证体育达成理想的目标？创设良好卫生的生活环境及建立合理的作息制度是两个前提条件，如改善学校膳食条件、提供可靠的医务服务是重要的环境建设的组成部分；劳动与休息、活动与

---

① 苏霍姆林斯基 . 帕夫雷什中学［M］. 赵玮，王义高，蔡兴义，等 . 译 . 北京：教育科学出版社，1983.

睡眠合理配置，是作息制度的基本要求。在这些基础之上再开展诸如体操等各项体育活动就能实现良好的健康目标。苏霍姆林斯基个人比较青睐体操，认为体操不单使儿童身体康健，而且有助于体姿、气质的培育，在意志锻炼上也有不错的效果。儿童的体育应该是全纳性的，不能根据运动天赋区别对待。劳育极受苏霍姆林斯基的重视，认为其是最能体现社会主义教育理念的内容之一。他甚至断言："劳动以外的教育和没有劳动的教育是不存在也不可能存在的。"如果一个人接受了知识教育或缺失了劳动训练，那对于教育和孩子来说均是悲剧。苏霍姆林斯基提出了一系列关于开展劳育的基本原则，如劳动的道德性、公益性、量力性、多样化等，体现了其渗透、联系、统一的一贯主张。在美育的论述中，苏霍姆林斯基认为美育的基础和关键是感知美和领会美。[①] 教育并引导儿童学会观察、倾听和体验各种美好的事物重要且必要，在这些认知美的过程中创造美。但苏霍姆林斯基提醒要注意两点：一是美育难以孤立设置，它必须和其他四育紧密结合才能更好地达成目标，否则就可能失去"和谐发展"的真谛。二是美育应当贯穿于教育的全过程，美育应该随时随地置入教育和生活中。当然，他也明确承认，美育确实与文学艺术具有独特的关联，绘画、音乐、阅读在美育中发挥的作用是独特且不可替代的。

　　作为20世纪在社会主义阵营最具影响力的教育思想，个性全面和谐发展教育理念深远影响了20世纪的教育发展与变革，在社会主义国家中流传甚广。如新中国的教育便是在这个思想的指引下建立与发展起来的，直到今天，中国教育虽然历经数轮改革，但仍然保有个性全面和谐发展教育思想的框架和色彩。由于时代的局限性，这种教育思想的不完善之处也较为明显，如对教学关系、师生关系的处理缺乏更深入的阐释，关系平衡尚不足；在教育的研究与实践中，少有心理的研究作为支撑；教育理想全面而繁碎，操作性面临巨大挑战，且容易让学生面临沉重的学业负担。有些理念不乏反现代的倾向，如儿童劳动要带有成人生产劳动性质的观点极具争议，这与现代社会关注儿童权益保护的潮流显然是不合拍的。

## 四、教学最优化教育思想（现代）

　　20世纪50年代美苏争霸日趋激烈，大国冷战让教育成为重要的战场。教育如何更好更快地培养出大批优质人才、如何更好地推动现代科技发展成为美苏两国严肃对待的重大命题，因此，推动教育改革成为两国高层的共同选项。教学最优化教育思想（现代）就是这一背景下的产物，它是苏联教学论专

---

① 单中惠.西方教育思想史［M］.北京：中国人民大学出版社，2017.

家巴班斯基在对 20 世纪 60 年代苏联教育改革经验进行总结的基础上提出的教育思想。彼时的苏联教育正背负着"个性全面和谐发展"的沉重负担蹒跚前行——学生学业负担过重，而学校教育效率与教学质量却难言满意。如何减轻学业负担并有效提高教育效率和教学质量？教学最优化教育思想应运而生，其核心立意在于学生个性的全面发展，用科学的教育教学方法使教学效果达到最大化，这一思想为苏联 20 世纪七八十年代的教育改革所广泛采纳，影响了整整一代的苏联人。教学最优化教育思想的内涵主要有以下几点：①"最优"不意味着最好，最优化的本意是以最小代价取得最佳成效，即在既有实际教育教学条件下，不额外增加更多资源投入，而是努力挖掘自身的各种潜力，实现教育教学成效的最优化。这是在现实条件基础上对教育资源、条件、技术的重组策略，因而具有重大现实意义。②优化的关键是引入科学的方法论指导教育研究。[1] 什么是科学的方法论呢？"必须以辩证的系统观点来对待教学过程……就是必须把教学过程的所有成分、师生活动的内外条件都看成是相互联系的东西，必须仔细考虑各种可能的解决办法，并自觉地从中选择出在当前条件下，教学任务、内容、形式和方法的最好方案。"[2] 要求教师必须深入研究教学、教学对象、教学环境和条件，要牢固树立教学设计的观念，在众多执行方案中组合成最优的一个方案加以执行，行动重点落在研究二字上。③优化要明确具体的教学和发展目标，将教学目标和教学任务具体化，要避免教学目标与教学行动、教学效果的脱节现象，因此，对教学行动要进行有效的评估，评估既来自外部，也来自教师本身，评估既发生在实施过程中，也要体现在教学结束后，视情况作必要调整，以达到最优化的目的。④优化是建立在统筹全部教学资源的基础之上的，这意味着，必须对教育教学所有环节进行一体化思考，如教与学、课堂与课外、内容与形式、个体与环境、过程与结果、成本与效益等。⑤应用价值决定理论价值。教学理论是否适切？教学设计是否最优？实践效果是唯一检验标准。如差生提优问题，通过优化教学，差生的总体状况是否得到有效改善就是优化目标是否达成的最佳验证指标。

尤里·康斯坦丁诺夫·巴班斯基（1927~1987 年）是苏联教学论专家，在师范学院主修物理学专业，后取得教育科学副博士、博士学位。长期在师范院校任教，历任苏联科学院通讯院士、正式院士，并担任过苏联教学科学院副院长一职。主要教育论著有《教学过程最优化——一般教学论方面》（1977 年）、《教学过程最优化——方法基础》（1982 年）。巴班斯基毕生致力于教育现象的

① 单中惠.西方教育思想史［M］.北京：中国人民大学出版社，2017.
② 巴班斯基.论教学过程最优化［M］.张定璋，等译.北京：教育科学出版社，1982.

观察与研究，早在 20 世纪 60 年代就在工作期间以普通中学中学业不良的差生为研究对象进行教学优化实验，尝试改革教学方法。由于研究对象极有针对性和现实性，成效十分显著，他用自己总结出来的一整套优化教学方法在其实验的学校大获成功，显著消除了学生因学业不良而导致的留级现象。巴班斯基的研究引起社会的广泛关注，促使其本人继续进行教学实验及经验推广，并由此初步凝练出完整的理念体系。1972 年，其博士论文《教学过程最优化——预防学生成绩不良的观点》撰写完成，最优化教学作为一种教学论思想正式成型。此后，巴班斯基持续发展和完善这一教育思想，最终形成了完整的思想体系。最优化教学理论先后在莫斯科等地获得推广，经受住了实践的检验，声名鹊起的巴班斯基主编的《教育学》也被列为苏联师范院校公共必修课教材。首先，巴班斯基的理念能够获得巨大的成功源于其务实的风格，其研究的具体问题是务实的——亟待解决的学生留级现象，其理论定位也是务实的——"最优化并不等于最好，只要能够达到一定条件下可能取得的最高水平，即使是及格，也是最优化的"。这种动态标的的设定显示了其理念的务实性和灵活性，这种风格在苏联的体制文化中并不多见。其次，巴班斯基对如何衡量最优化提出了具有可操作性的具体标准：一是教学效果，这个显然是可测量的（成绩测试）；二是时间定额——最少的时间、最少的精力："教学、教育过程的参加者花费最少精力的标准"[1]，这个无疑也是可测量的（用了多少时间）。最后，对于教学过程最优化的方法体系，巴班斯基提出了教师的最优教授方式和学生的最优学习方式的概念。将二者并列意味着将师与生、教与学视为一个整体统筹考虑，从而实现在不加重师生负担的前提下找到提高教学质量的捷径这一目标。巴班斯基进而就落实最优化方法体系提出了 8 个具体的办法：①教师综合规划教学和发展任务，要从教学大纲、教科书等基本教学文件出发，根据学生的现有特点和水平，制定在单位时间内能够达到的最佳教学目标，并为此选择最优路径。②深入研究学生，具体落实任务。要全面准确地掌握每个学生的基本状况，包括学习态度、现有水平、身体状况、家庭环境、思维品质、意志情态，尽可能个性化、针对性地安排落实方案。③确定教学内容，尤其是重点内容。对于优先内容的标准与工作程序，也给出了详细指引，如标准中提到要符合与学校现实条件的匹配性，还要考虑教学内容的国际水平，在工作程序上也明确提出须区别对待差生和优生等。④选择合适的教学方法，巴班斯基把教学方法分成三大类：组织和自我组织教学活动的方法、激发和形成学习动机的方法、检查和自我检查的方法。这些教学方法要根据实际情况进行取舍和组合，

---

① 巴班斯基.论教学过程最优化［M］.张定璋，等译.北京：教育科学出版社，1982：23-24.

以最优化配置针对不同对象的方法套餐。⑤区别教学，将集体教学、小组教学和个别教学灵活组合，帮助学生补弱促强，让差生得到进步，优生也有更多的成长。⑥创设条件，优化教学是一个系统工程，需要整个教学体系的配合或支持，因此，必要的条件需要满足，如环境卫生条件、设备设施条件、课程资源条件、师资队伍条件等。这些条件中有些需要科任教师发挥主动性、创造性来实现，有些需要学校统筹调配教学资源来配合，有些政策性的条件可能需要行政主管部门的许可或支持……总体来说，条件越富足，前景越是可期。⑦教学活动的动态调控，真实的教学过程往往存在诸多的不确定性，当突发情况发生时，预演的教学势必要及时调整，以适应新的情境。优秀的教师一定是善于在动态过程中牢牢把控大局和方向，让教学活动处于可控的良性互动状态的平衡师。⑧提高效率，最少的时间、最少的精力，低成本、高产出，低投入、高效益，这才是教学最优化思想的真正精髓。当然，所谓的低成本、低投入仅是课堂上表现出的假象，事实上，在课堂之外，为了实现所谓的"最优化"，意味着老师的额外投入与牺牲，因为效益本身就意味着某种成本。

教学最优化教育思想（现代）的影响是世界级的，而不只是局限于苏联和社会主义阵营。它为全世界的现代教育发展都贡献了了不起的智慧。当然，这种思想也不是无懈可击的，巴班斯基的理论中也存在一些模糊不清或语焉不详的东西。比如，"最优"本身就是一个过于绝对的词汇，我们能够相对公正地对更优作出判断，但"最优"则可能真的超出我们的能力范围。再比如，从教师角度来看，优化的策略和途径相对容易理解，但教最终是为了学，对于学习过程能否优化及如何优化，巴班斯基并没能清楚作出令人信服的阐释。

## 五、分析哲学教育思想（现代）

分析哲学的教育思想是 20 世纪 50 年代在欧美兴起的把分析哲学的分析方法应用于教育问题研究的教育理论，是近代以来自然科学巨大的成功导致思维理性化的产物。这一学派的支持者均是坚定的思维控。他们执着而又矛盾，一方面他们坚持用中心概念锚定所有的教育现象或命题，以努力使这些概念从内涵到外延趋向于完美；另一方面又不遗余力地宣传分析至上的思想，用哲学分析这个方法武器审视和批判教育中存在的所有概念及命题，以便使这些概念、命题能经受得住审视和批判。分析哲学教育思想是"清思"的，除了纯粹的理性，它拒绝一切模糊不清的主观思辨，如价值、情感、道德在分析哲学者看来显然是不可靠的。分析哲学如此痴迷于客观理性，以至于让许多人相信分析哲学更像科学的而不是人文的思想。分析哲学教育是非体系的，分析哲学教育者认为，教育哲学不对庞大、完整、统一的教育体系的建设或建议负责，如它不能为教育者遵守什么样的教育准则或如何组织教学设计提供帮助或指引，它也不能为教育顶层设计、政策研制给出意见或建议，它唯一的任务是对所有关于教育的基本概念和命题进行澄清，以使之免于语言分析中的混乱。分析哲学教育是"元教育"，在分析哲学教育者看来，教育看似繁复庞杂，实则只是归结于诸如"教育""教学""学习""课程""知识"等有限的几个"元教育概念"，去繁归简，只要在语言学源头上厘清这些概念的本质，教育的真理就自然浮现。而真理的普适性自然会让教育变得简约且具备可靠的参考标准。现实教育之所以复杂混乱，根源就是教育概念未得归"元"。

伊斯雷尔·谢弗勒（1923~2014 年），美国人，哲学博士，长期任教于美国哈佛大学，分析哲学教育思想的主旗手，分析哲学教育思想美国学派的主要代表。主要著作有《哲学和教育》（1958 年）、《教育的语言》（1960 年）、《理性和教学》（1973 年）、《人类的潜能》（1985 年）等。谢弗勒是分析哲学教育思想的主要功臣。1954 年，谢弗勒撰写的《走向分析教育哲学》正式发表，引起教育哲学界的普遍关注。谢弗勒有感于教育理论研究停滞不前、教育思想流派林立的"乱象"，认为唯有哲学才能将教育真正地导向正轨。他提出必须用哲学的分析方法研究教育学的基本问题，如"清思"即为首要任务。谢弗勒建议分析哲学教育应当在两个方面发力，"一是将分析哲学已经有的研究成果应用到教育研究中来，二是将分析哲学的方法直接应用到教育研究中来"。[①]谢弗勒的建议事实上确实引领了分析哲学教育思想的发展方向，并使之成为20 世纪 60~80 年代的主流学说。在其《教育的语言》一书中，谢弗勒代表这个学派搭建起了分析教育思想的基本框架，围绕教育、教学这些基本概念进行了手术刀式的分析。比如，其将教育定义区分为规定性定义、描述性定义及纲领性定义，还指出了检验这三种教育定义的标准，用逻辑的观念评价它们在教育语言中的地位。[②]谢弗勒对分析教育哲学最重要的贡献是他设计了一套精确的、用于分析的工具，即所谓"形式化的""纯的"分析，也就是把句子的形式作为分析意义的出发点，而不是根据意义去分析意义。[③]谢弗勒影响了一大批当时的分析哲学教育家，这群人一度沉溺于这种越来越学究气的文字游戏中，也直接导致后来这一思想走向式微。

理查德·斯坦利·彼得斯（1919~2011 年）是分析哲学教育思想的英国学派代表，伦敦学派的创始人。彼得斯是英国人，哲学博士，曾任英国哲学协会主席，主要著作有《伦理学与教育》（1966 年）、《教育的概念》（1967 年）、

① Israel Scheffler.Reason and Teaching［M］.London：Routledge & Keganpaul，1973.
② 韩吉珍.谢弗勒教育哲学思想的成长［J］.外国教育研究，2008（7）：51-54.
③ 单中惠.西方教育思想史［M］.北京：中国人民大学出版社，2017.

《教育哲学》（1973年）等。彼得斯本人也是主张将分析方法引入教育哲学研究中的学者之一，区别于他的美国同行谢弗勒，彼得斯反对形式主义的研究路线，他认为对教育概念的研究不能停留于虚浮的表面，而要直指内在的价值所在。那么究竟如何来定义"教育"才能直指其本真内涵呢？彼得斯主张可以通过研究教育的结果——"受过教育的人"来反推教育的目的、过程、内容等。他进一步指出，"受过教育的人"应当具备合价值性、合认知性、合自愿性这三种特性。所谓合价值性指教育应该使人的行为举止符合某种价值判断标准，他举例说明，如果用精神收获来定义"受过教育的人"，那他的收获必然是有价值的。合认知性意味着知识、技能及知识技能背后的基本原理，即知其然，还要知其所以然。一个人掌握了某种技能，即便是了不起的技能，但如果他不晓得背后的原理，那也不符合认知性的特点。合自愿性指教育给予他的知识必须被他真正内化，以致其认知及思维都因之受到影响。彼得斯说："如果一个人的知识纯粹是外部的、呆滞的，那我并不认为他是受过教育的人。"彼得斯带领伦敦学派在一定程度上纠正了分析哲学教育的形式主义倾向，但哲学本位与教育的脱节终究不能让其成为教育理论的主流。

乔纳斯·F.索尔蒂斯是美国分析教育哲学家，后分析教育哲学的开创者，曾师从谢弗勒，对现代分析哲学教育思想贡献甚大，主要作品有《教育概念分析引论》（1968年）、《道德教育》（1974年）、《教育哲学》（1981年）、《师范教育改革》（1987年）。索尔蒂斯的主要贡献在于将分析教育哲学与传统教育哲学有机结合，构建了教育哲学的"三维度学说"，在他的"三维度"立体模型中，不仅借鉴了老师谢弗勒的价值论，而且将伦理学也引入哲学框架内，这一创造性的做法使分析哲学教育思想终于不再只是沿着纯理性的方向一路狂奔，开始面向教育实际尝试迈出调整的步伐。索尔蒂斯的"三维度"立体模型分别由"综合——概要性研究""规定——纲领性研究"及"分析——解释性研究"这三个维度构成。"综合——概要性研究"注重的是一般哲学问题在教育领域的反映，以及对解决教育问题的启示，是传统的教育哲学的研究视野。[1] 索尔蒂斯充分肯定了传统教育的关切和努力，承认它们在教育哲学体系中的伦理地位。"规定——纲领性研究"是指教育哲学的价值维度，是对教育理论和实践价值判断的判断。例如，教育应该是什么？应该做什么？应该怎样教和怎样学？怎样对待儿童？[2] 这些追问涉及重大的价值观问题，索尔蒂斯认为教育哲学不能因为价值判断的主观性而对其视而不见，接受比拒绝更有利于教育哲学的自我完善。"分析——解释性研究"强调教育哲学的科学性，主

[1][2] 单中惠.西方教育思想史［M］.北京：中国人民大学出版社，2017.

张教育哲学的主要任务是分析对教育者产生了重大影响的口号、隐喻以及关键性的概念，澄清似是而非的术语，暴露其深层的矛盾。[①]归根结底，分析哲学终究还是索尔蒂斯思想体系的源头，是后分析教育哲学的本体和基石，在这一点上，索尔蒂斯与其他的分析教育哲学者并无不同。

分析哲学教育思想为现代教育的理性思考和未来发展方向提供了新的思路，它主张的分析技术对于厘清教育中一些基本概念有很好的作用，运用得当对于教育的科学发展大有好处。但过于工具、理性的属性令其与教育主流需求偏差巨大。因此，它作为一种思潮在现代教育发展史上会留下浓墨重彩的一笔，但成为主流发展方向可能并不实际。

## 六、终身教育思想（现代）

终身教育思想（现代）发源于 20 世纪 50 年代的法国，它的核心主张十分明确，即教育应当是终身的，而不是阶段性的。自这种思想提出以来，越来越受到世界各国的重视和认可，从 20 世纪 70 年代开始，西方发达国家就开始正式将"终身教育"列为国家战略予以研究和落实。如法国率先于 1971 年立法确定了"继续教育"的国民纲领，日本、美国也相继跟进。随后，"终身教育"思想几乎席卷整个世界（非洲除外）。终身教育思想（现代）的出现是社会发展到一定程度的必然，生产率提高、知识爆炸、全球化均是这一事件的直接或间接推手。每个国家或民族、每个公民或个体无不被裹挟在这个大势中，跟不上步伐就可能被时代所抛弃。终身教育思想主要表现为以下基本特点：第一，终身教育的目的在于帮助个体的价值实现，即在社会快速进步的过程中，让人保持同步成长，从而保持必要的竞争力。终身教育是手段，而不是目的。人与社会在某种程度上成为共同体，一方面，个人的发展提供推动社会发展的动力；另一方面，社会发展为个人提供发展的机遇和条件。而终身教育，则是构成个人与社会共同体的纽带。第二，终身教育不是学校教育的自然延伸，它也不同于其他形式的学历或职业教育，而是一种泛在的专业化社会化教育。这种教育贯穿人的一生，动态分布于人成年后的不同生命阶段，动态时段和频度视社会需要而定。第三，终身教育的内容是生成性的，它既不局限于专业教育，也不只包含专业和社会知识，而是纳入了意识形态、审美、社交、生产、生活等各种有助于特定组织机构或社会需要的内容。另外，其生成性还有待确定的含义，如观念的更新、科技的进步，这些可能纳入未来继续教育的内容只能在未来确定，只有如此，个人与社会共同进步的愿景方有实现的可能。第四，终

---

[①] 单中惠.西方教育思想史［M］.北京：中国人民大学出版社，2017.

身教育在教学形式上可能有别于传统的课堂教学方式，它既可能由指定的老师或导师组织教学，也可能由学员共同构成教学主体，还有可能以自学的方式完成教学任务。在信息化时代或未来的虚拟社区时代，教育资源壁垒不复存在，个体面对的唯一挑战可能是适切目标信息的选择和提取。第五，教育对象是开放性的，理论上，终身教育面向所有成年社会人。现代社会需要相应素养的公民，在公民素养的培养方面，终身教育大有可为。从这一点来讲，终身教育既是权利，也是义务。

保罗·朗格朗（1910~2003年），法国教育理论家，先后在中小学、大学任教，具备丰富的教育经验。后在联合国教科文组织任职。1965年，促进成人教育国际会议在巴黎召开，时任联合国教科文组织成人教育局局长保罗·朗格朗在会上提交了关于终身教育的提案，经大会讨论审议通过。1968年，联合国教科文组织发正式布了《终身教育宣言》，宣布终身教育时代的来临。1970年，保罗·朗格朗的《终身教育引论》出版，系统论述了其终身教育思想。朗格朗认为，接受终身教育是现代社会发展和现代社会治理的内生要求。从现代社会发展来看，科学技术不断进步，新知识呈指数级增长，作为劳动力主力的成年人如果跟不上新时代的变化，既是社会的巨大损失，也容易使个人被社会淘汰。社会进步的另一个效应是全球化迅速推进，国际产业分工开始成型，国际合作与国际竞争并存，国际竞争日趋激烈，竞争力不强的国家、地区或民族将在全球化结构中承受政治、科技、军事、文化、经济的全面压迫，进而阻碍其在全球利益分配中的话语权。而竞争力的强弱取决于国民素养的高低，国民素养的根源在于教育。因此，意识到终身教育这一重大意义的国家必将具备先发优势，后知后觉者则将咽下迟到的苦果，付出巨大代价，且难有翻盘的机会，因为全球化后的世界阶级固化和一个国家内的阶层固化别无二致。

从社会治理层面来说，终身教育的压力更显急迫。①现代科技使世界变化加速，成年前接受教育，成年后消化并享受教育成果的模式已经不再适用。②社会分工加剧令社会价值观分化，不同价值观间的冲突与摩擦风险上升，通过继续教育加强沟通、缓解对冲越发必要。③社会财富的积累令人们有闲暇和剩余精力，社会成员的精神需求显著上升，公共管理压力巨大，通过终身教育缓解、疏导精神需求和精神压力不失为一条有效路径。④人口暴增，自然资源与社会资源的合理分配需要教育的参与。⑤政治、经济、文化结构的改变需要全体社会成员的相应跟进与适应，除了继续教育别无他法。此外，朗格朗还分别就终身教育的概念、内容、方法、策略系统提出了自己的理念和建议，为各国制定自己的终身教育战略和政策提供专业指引。朗格朗以一己之力推动了终身教育时代的到来。

终身教育思想是适时且符合实际的，它为人类面对后现代社会的剧变及时发出预警，给出专业的指引，这种思想目前在全世界已经深入人心。但终身教育思想始终只是一个框架性、方向性的理念，它并不负责给出具体的行动计划和教育内容。朗格朗自己也承认"要提出一种模式的终身教育是不可能的"。不同社会制度、不同文化背景、不同民族信仰、不同发展水平、不同地理环境和人口结构的国家及民族需要制订不同的终身教育计划和方案。以变化对变化，是唯一可行的选择。

## 七、掌握学习教育思想（现代）

20 世纪 60 年代是美国思想极其活跃的年代，各种哲学、教育思潮层出不穷，掌握学习教育思想就是这个时代涌现出的一种教育思潮。激活这个时代的原因就是美苏争霸，为了取得压倒性的科技与人才优势，美苏双方均在教育、科技等领域展开激烈的竞争。1958 年，美国出台《国防教育法》，在教育领域，美国抛弃杜威的实用主义教育思想，推出激进的"新三艺"课程改革，希望走出一条培养优秀的数理科技人才的捷径。然而事与愿违，美国师生普遍表现出对新课改的不适应，教师掌控力不足，学生学业跟不上，课程改革面临失败的危险。在这种背景下，掌握学习教育思想适时出现，为教育改革的调整指出可行的方向。

掌握学习教育思想与苏联的教学最优化教育思想有颇多相似之处，都有救时之用。它们不是颠覆式的改革路线，而是立足于现实基础之上的局部优化和改良。所谓"掌握学习"，是指以班级教学为基础，辅之以经常的、及时的反馈——矫正环节，为学生提供充足的学习时间和个别帮助，使学生掌握一个单元后，再进行下一单元较高级的学习，从而使学生达到课程目标所规定的标准。[1] 可见，这种思想的实质是教学论，以教学技术路线的改良为突破口达到提升教学效果的目的。思想研究者认为，大多数学生学业不理想的真正原因不在于认知能力不足，而是教师缺乏驱动学生的意愿，学生缺乏相应的支持和引导。有大量的研究数据表明，5% 的学生确实存在认知能力不足的问题，90%的学生只要给予必要的关注和支持，是完全有可能取得预期甚至超预期的学业成绩的。那么，什么样的支持对学生是至关重要的呢？答案是学习时间。研究表明，"一个学生的能力倾向是指其掌握一项学习任务所需要的时间量"[2]，其理论模型为：学业达成度 = f（实际学习时间 / 需要学习时间）。根据这个公式，

---

① 张婷婷 . 布卢姆"掌握学习"教学理论解读［J］. 现代教育科学（普教研究），2009（2）：60–62.
② 施良方 . 学习论［M］. 北京：人民教育出版社，2001.

我们就可以看到：学业达成度与该学生需要的学习时间成反比，与实际给予他的学习时间成正比。一个学生需要的学习时间越少，而实际给他的时间越多，那么，他的成绩就越好。[①] 在正常课时范围内无法完成学业任务的，当然成绩就不尽如人意。而只要在这方面给予额外的支持，事实上学生的学业成绩就能够得到提升。但课堂教学的课时是相对固定的，如果不能相应调整课堂课时，那就只能采取额外的个别化教学了，以补足其所需的学习时间。另外，研究还发现，前期知识储备、情感态度、教学质量这三个因素也是学业成绩的重要影响因子，如果帮助学生进行了旧知识的巩固、充分调动了学生的学习动机、精心设计教学目标和教学组织过程，学生的成绩也能得到明显的改善。

本杰明·布卢姆（1913~1999年），美国知名的心理学家、教育家，先后获文学学士、理学硕士、心理学博士学位，长期在大学任教，曾担任过美国教育研究协会主席，主要著作有《教育目标分类学》（1956年，1964年）、《学生学习的形成性评价和总结性评价手册》（1971年）、《人类特性和学校学习》（1976年）。布卢姆是这一思想的创始人，他认为，学生的学业成绩参差不齐，主要因素不在智力，而在于教学时间和教学策略，理论上，只要师生在教学中能够根据个体需要分配充足的教学时间，再加上合适的教学策略，大部分学生都能达到优秀的标准。他将"掌握学习"的实施划分为三步：第一步是给掌握下定义，这一点非常重要，因为下定义的主要作用是让学校管理层、教师、学生、家长清楚定义的目标和要求，形成认知上的共识才便于师生合力完成学业目标。在具体操作层面，则以测试为主要手段。依据课程目标，布卢姆设计了两套测试试卷：形成性测试试卷、总结性测试试卷。前者分单元了解学生单元教学的掌握程度，依据结果改进教学，后者用于课程完成后的总体评测。第二步是制订教学计划。布卢姆强调教学计划应该面向全体学生，以使所有的学习活动让大部分学生都能适应和参与，这是一个宏大且宽泛的目标，若能做到，自然极好。第三步是落实"为掌握而教"，重心放在教师身上。为做好这一环节，布卢姆又设计了两个步骤：一是事前公布目标任务清单，将目标设定、课程安排、任务方法、评测计划等可明示的内容统统向学生交底，让他们明确将要面临的挑战。二是落实教学计划，根据形成性测试结果，给达标、未达标学生区别安排下一阶段教学计划，如未达标学生要进行补习，具体补习时间、补习方式由师生共同敲定。由于学业评价在布卢姆的教学体系中占据重要地位，因此，他将评价作了专门研究和区分，他对教育评价分为三种：诊断性评价、形成性评价、总结性评价。诊断性评价是在教学开始前对学生作的一次学情普

---

① 张婷婷. 布卢姆"掌握学习"教学理论解读［J］. 现代教育科学（普教研究），2009（2）: 60-62.

查，以便于教学的针对性开展。诊断性评价务必客观准确，它的质量直接影响后续教学方案的设计和实施，因此诊断性评价方案的研制要专业而有效。形成性评价是对教学过程中阶段性教学成效的评估，依据学生成长状况，了解学生对教学的适应和接受情况，为教学设计和教学组织的改进、调整提供依据。形成性评价应当真实反映学生的成长曲线，而成长曲线的真实度和数据收集工作量的精细度、量度呈正相关关系。总结性评价是在阶段性教学活动结束后进行的全面等级评价，是对阶段性成果的定性评价，这部分评价必须有效度和信度这两个基本支点。布卢姆在教学评价方面的工作是对教育评价科学化、精细化发展的重大贡献，引起了现当代教育评价理念的革命。布卢姆在教育评价领域方面的创造性工作使他无愧于杰出教育家称号。

掌握学习教育思想既是 20 世纪中后期美国教育界对困难重重的美国教育改革的一次自救实验，也是安抚美国社会对教育发展现状不满的一次公关努力。除了教育评价方面的成就，对于已经渐臻成熟，也渐趋困窘的现当代教育并没有提出多少具有冲击力的创新思想。布卢姆的教育思想除了与苏联巴班斯基的教学最优化教育思想有颇多相似之处外，他的补强学生学业弱项的方案也多有待商榷之处。如通过延长学习时间进行补习的思想，事实上将可能大大增加老师和学生的负担。对于老师来说，这绝对是正常工作量之外的负担，老师何来的动机和意愿？对于学生来说也难以接受。至于教师要面向全体设定大家都能适应并接受的教学方案更是理想化的想法，既然层次不一样，一套方案如果适切某一部分人，那就一定不适切另一部分人，集体施教天然与因材施教不相兼容。布卢姆关于大班教学、小组教学、个别化教学一并或叠加实施的想法同样脱离实际。即便在其最具开拓性的教育评价领域，也存在操作困难的问题，如形成性评价要达成理想状态，需要付出的工作量之巨将足以累垮所有的专业教师。再好的理念如果不能简便实施，那就只能是遥望的理想。

## 八、人本主义教育思想（现代）

人本主义萌芽于古希腊，复苏于文艺复兴，兴起于近代欧洲，到 20 世纪六七十年代，以马斯洛、罗杰斯为代表的部分美国教育思想家在承接了西方人本思想的基础上发展完善了现代人本主义教育思想。这种思想以人本主义心理理论为基石，广泛吸收了人文教育、民主教育思想的精髓，成为集科学教育、人文教育思想之大成者。现代人本主义教育思想一经推出，立即在西方世界掀起巨大波澜，并迅速扩展至全世界，旋即发展为现当代西方教育乃至世界教育思想中的一个主流流派。

人本主义教育思想主旨概括有三：①强调自我实现的目的论。在人本主义者看来，教育的真正价值不在于知识技能的传授和习得，也不在于培养社会需要的充分发展的人，而在于对人性的关注和培养。教育应该主要对培养儿童独立人格负责：教育者要清楚地认识到，教育的目标指向促进儿童自我的实现，在教育体系中，儿童应该成为积极愉快、适应时代变化、具有创新意识和创新能力、心理健康的人，而不是社会需要的某件工具。为了帮助儿童实现这些目标，教育者不仅要重视儿童认知能力的培养和发展，更要对儿童的情感、兴趣、动机给予充分的关注和研究，了解这些内在心理和品质的发展规律，顺应儿童的兴趣需要，区分儿童的经验水平，尊重儿童的个性差异，以爱为本，以尊重为准则，达成儿童基于健全人格的自我实现。②提倡以学生为中心、以学习为中心的教学论。人本主义教育认为，在所有的教学环节实施过程中，应该紧紧围绕学生这个中心展开，不如此则不足以支撑儿童的自我实现这一教育目的。因此，教学内容必须符合有意义的教学这一基本要义。所谓有意义的教学，是指除了增长知识、习得技能之外的学习，它必须是可与儿童生活、成长经验融合的学习，是一种与个体的行为、态度、兴趣、个性相关，与儿童主动的或本能的选择相符的教学。比如，脱离语言情境对儿童施加的语言音标的教学就非常符合无意义教学的特征，用时极久，效果极差。反之，将一个儿童置于使用另一种语言的儿童群体中，可能几个月内该儿童就自动熟练掌握了一门新语言，这就是有意义教学的效果体现。③倡导建构以发展为中心，而不是以学科为中心的课程论。人本主义认为，传统的课程过于强调学科的系统性和逻辑性，在与儿童兴趣、态度、经验、需要等天性匹配过程中，适用性极差。而人本主义课程理论则强调活动本身的价值意义，要求提供有意义的素材或活动以帮助学生更好地了解自己、他人及世界，同时顺应儿童的个性、拓展他们的潜能。外部刺激与内部动机调度协调，认知发展与情意发展有机统一，无情意，不课程。此外，人本主义者反复强调自由之于儿童的意义，将"自由气氛"视为"名副其实的教育"的基础条件，因为人天生的求知欲、好奇心和创造性生存发展的条件之一就是"自由"，允许自由，就是成全自我。

亚伯拉罕·哈罗德·马斯洛（1908~1970年），美国著名的心理学家、人格理论家、教育家。马斯洛童年时代较为不幸，兄弟姐妹共有7人，其为老大。父亲酗酒成性，母亲性格冷漠。马斯洛本人因容貌不佳而自卑心重，在孤僻独处中养成爱读书的习惯。大学时代主修心理学，先后获心理学学士、硕士和博士学位。其在求学生涯中，广泛接触并深入研究了行为主义心理学、格式塔心理学及弗洛伊德心理学等主流学派的思想，最终在抚育观察自己的孩子过程中受到启发，遂博采众长创立了人本主义心理学派，并于1962年与罗杰斯等共同创建了美国人本主义心理学会。主要著作有《人类动机理论》（1943

年）、《动机与人格》（1954 年）、《存在心理学探索》（1962 年）、《科学心理学》（1967 年）、《人性能达到的境界》（1969 年）。人本主义心理学思想的核心是人作为一个有机整体，具有多种层次的动机和需要，人必须通过满足这些不同需要，达到"高峰体验"，最终"实现自我"，完成完美人格的成长。这些需要由低到高分为生理需要、安全需要、社交需要、被尊重需要、认知需要、审美需要及自我实现的需要。这些需要由外部至内部、由物质至精神，存在某种递进关系，仅当人的低层次需要被满足之后，更高层级的需要才会被激活。且这些需要在不同的时期表现出不一样的迫切程度，当条件刺激与人的最迫切的需要相共鸣时，就能有效产生强烈的激励效应——动机。在马斯洛的需要理论体系中，他还提出了"类本能"这一概念。所谓类本能，是指人类的基本需要既有与本能相似的一面，又有与本能不同的一面。如基本需要源于本能，这由先天的遗传基础决定的，但是，它们的满足与表现又受到后天环境的重大影响，会产生一定的偏移，故称类本能。一般来说，需要的层次越高，越贴近精神领域，那么与先天遗传的联系越弱，受后天环境的影响越大。马斯洛晚年在自我实现的需要之外曾追加提出了"超越性需要"的概念，但因精力不济，未能再进行深入系统的阐述。从需要的角度看教育，马斯洛看到的是不一样的风景。马斯洛认为，帮助儿童"自我实现"的教育才是好的教育，而需要是本能的或类本能的，它应该是能够令儿童在学习中获得愉悦体验的行为，故教育者在教学行为中要有爱、赞许、关怀……马斯洛还认为，心理学虽然是科学的，但教育是充满人文色彩的，情感、态度、幸福，它们属于精神范畴，却是真实存在的需要，教育如果缺少了这些特质，将很难收获理想的结果。马斯洛高度推崇美育的重大价值，认为对儿童的自我实现非常重要，好的审美教育能够让儿童获得美感的高峰体验，这对于儿童达成健康的心理状态至关重要。马斯洛心理研究成就为人本主义教育思想奠定了坚实的基础，为不朽思想的高光贡献了不竭的源泉。

卡尔·兰塞姆·罗杰斯（1902~1987 年），美国心理学家，和马斯洛并称为美国人本主义心理学的创始人。从小接受严格的基督教教育，后专注于"心理紊乱"的相关研究，曾在纽约防止虐待儿童协会工作，后在芝加哥大学任教，并创立芝加哥大学咨询中心，独创"以患者为中心"（后改为"以人为中心"）、"非指导性教学法"。主要著作有《问题儿童的临床治疗》（1939 年）、《咨询和心理治疗》（1942 年）、《学习的自由》（1969 年，20 世纪 80 年代再版，改为《80 年代学习的自由》）等。罗杰斯的思想可以概括为三个要素：关系、非指导、共情。长期的临床经验让罗杰斯深刻地感受到，医患之间、师生之间如果不能建立亲密无间的人际关系，良性的互动就很难实现。罗杰斯曾说：

"如果我信任病人，那么我为什么不能信任学生呢？"[1] 他主张教师应以非威胁、真诚可信的方式与学生打交道，无条件接受、理解并尊重学生，将自己的经验无保留地向学生敞开，以化解学生的防御心理，成功地建立帮助关系。非指导可以理解为"非指导性教学"，也可理解读为"自我指导的学习"。它来源于这么一个简单逻辑：既然儿童最好的教学模式是"自我实现"，那么在教学过程中教师就应该尽可能避免"直接性、命令性、指示性"的要求或教诲，而要使用带有"较多的不明示性、间接性、非命令性"特征的指引，以促进儿童更加主动、有效、持久的学习欲望。在这样的教学关系模式中，师生地位消长非常明确，教师的"权威性"不复存在，教师要做的是紧守学生学习"帮促者"的岗位线，不能逾越。学生的"中心""主体"地位得以真正确立。共情是罗杰斯对心理学的另一个重要贡献。简单来讲，是指体验别人内心世界的能力，即行为主体能够进入客体的精神世界，理解并分担对方的精神载荷，达到缓解或治愈的效果。迁移至教育行为中，意味着教师要设身处地地站在学生的立场，感受学生的感觉，体验学生的体验，从而让师生关系、让教学行为变得自然而顺利。从理论上来说，好的共情会让教师的工作事半功倍，教师如果能够掌握共情的技巧将能显著降低工作难度，并提高教育效果。将共情能力作为教师的专业技能训练内容由此被许多教育工作者所推崇。

人本主义教育思想兼收并取，分别吸纳了科学思维和人文关怀的思想精髓，对现当代教育发展极具启发意义，是各种教育思想流派中很值得特别关注的思想体系。事实上，从20世纪的后期开始，这种思想在越来越多国家中获得重要和部分应用。但这种思想也存在一些难以克服的弊端。如关于"非指导性教学"的论述，虽然从论证层面可以提炼出许多美好愿景，但在现实操作中存在启动困难、效率低下、相当部分学生难以持久适应的问题。再如共情确实可以发挥不错的效力，但如果不能掌握呢？知易行难，事实上共情存在极高的专业门槛，并不是随便一个人就可以轻易掌握的技能，即便在心理学家群体中，也不是谁都能如罗杰斯那样举重若轻地掌握并运用这一技能，这些理念与实践衔接不良的现象是许多思想体系的通病。

## 第二节　西方现代教育惩戒思想演变

进入现代社会，人类在科学与人文两个领域的研究与认知取得了巨大的进

---

[1] 马斯洛，等．人的潜能和价值［M］．林方，等译．北京：华夏出版社，1987：122．

展，多元化与深刻化成为两个基本特征。教育虽然兼具科学与人文的双重特征，但人文气息相对更为浓厚，因此在教育领域，思想流派争相辉映的情形与近代相比有过之而无不及。教育惩戒作为教育中重要而敏感的话题自然受到足够的关注，虽然在结果趋势方面与近代以来的趋势并没有根本性的不同，但在理论探讨与文化流变等方面呈现出不同的时代特征。

## 一、教育民主化思潮泛滥

教育作为最主要的民生问题之一，其民主化进程是政治民主化运动全面推进的必然结果。教育的民主化不仅关系教育正义的普及，教育正义内容、形式及制度的真正实现，它还与教育质量的高低有重要的联系。在影响教育质量的诸多因素中，师生关系是极其重要的因素。在传统的教育关系中，师生关系长期处于"师强生弱"的不平衡关系状态下。因此，在整个教育革命的进程中，调整这一对不平衡的关系始终是教育思想者的重要目标。民主化思潮大势所致，师生关系的重心终于倒向学生一方，并在强大惯性作用下使师生这组跷跷板在取得短暂平衡的情况下迅速再度失衡，只不过这次是倒向学生方。作为新思维的直接结果，所有在传统教育中不利于学生的行为或制度在"学生中心论"的背景下得到彻底的审视和批判，教育惩戒首当其冲。

事物的两面性决定了要罗列教育惩戒的负面影响是一件轻而易举的事情，尤其在民主化思潮背景下更容易引导并放大民众对其的抵制情绪——仅体罚这一事项就足以让大部分人对其本能地产生抵触情绪，尽管这很可能远远不是真相的全部。所以20世纪后期以后，杜绝教育体罚一度成为世界主流国家的公议，各国纷纷立法禁止体罚。又由于体罚与惩戒边界模糊不清，或者因为惩戒过程中很容易越界造成体罚，使教育惩戒一并处于巨大的争议之中。为了平息争议，否定教育惩戒的声音和行动也开始出现。

苏霍姆林斯基基本同意惩罚性教育的正当性，但对于体罚，就坚决地持否定态度，无论是家长还是教师，在苏霍姆林斯基看来，在任何情况下对儿童实施体罚都是不可取的。对于犯了错误的学生，苏霍姆林斯基认为正确的方法是及时地谴责和批评，他认为教师应当对这种行为负主要责任，教师有义务有意识地培养学生面对批评的正确态度。理由是不慎重的惩罚会造成很大的负面影响。苏霍姆林斯基曾在《教育的艺术》一书中提及："希望读者不要误以为我们一味主张对学生的错误行为采取原谅的态度而根本反对进行惩罚。惩罚也是一种有效的教育方法。但是不慎重的惩罚往往会削弱集体，造成学生抱团共同对付老师的现象。"苏霍姆林斯基的认知非常具有代表性，但其理由在逻辑上却很不圆满。"不慎重的惩罚会造成很大的负面影响"，谁来判定一种教育方式是慎重还是不慎重？是否结果良好就是慎重，结果不理想就是不慎重？谁能在行动之前就预判结果？至于"造成很大的负面影响"——大小同样是一个主观判断，更重要的是，任何一种教育手段都在一定程度上具有负面影响，包括赞赏。因此可以看到，在民主化思潮的影响下，赞成或反对的理由更多的是出于感性认知而非理性判断。

在学界的反复宣传和渲染下，公众对待教育惩戒的态度相应发生了根本性的变化，渐渐由支持惩戒甚至支持体罚转变为反对体罚，进而反对惩戒。这种转变既有大众从众心理的影响，也有因生活条件改善进而追求最高品质教育的伦理观念的影响。以老牌西方国家英国为例，长期以来，英国教育以奉行体罚教育而闻名欧洲。直至 20 世纪后期，学界乃至公众对教育惩戒以及体罚依然拥有极高的容忍度。根据 1981 年的一份调查，英国的小学和中学实施了250000 次体罚，这是全球最高的。而且民意调查显示，70% 的人对老师在学校里实施体罚持支持态度。[①] 但事实上，早在 20 世纪 20 年代，英国社会中就出现了管治乃至禁止教育体罚的呼声。《1944 年教育法》首次正式鼓励结束体罚现象。1982 年，欧洲人权法院要求学校在获得父母的同意后，不得对学生进行体罚。[②] 英国在 1986 年 7 月 22 日颁布了一项法令，禁止公立学校及接受政府资助的私人学校体罚学生。[③] 英格兰、威尔士、苏格兰于 1998 年，以及北爱尔兰于 2003 年相继禁止私人学校对学生实施体罚。老师的教育惩戒权力在法律意义上受到了全面的限制，英国的"体罚"也就此结束。[④]

20 世纪 50 年代之前，美国几乎没有任何有关教育惩戒的条例。[⑤]受英国的传统文化熏染，美国校园的体罚风气之盛并不逊于他国，"掌掴、扯头发、拧鼻子、用书和尺子敲打儿童头部，长时间罚站、关禁闭等"[⑥] 体罚行为司空见惯。直至 20 世纪 20 年代，桑代克、杜威等相继掀起教育改革运动，"以儿童为中心"的观念渐入人心，学界与社会开始关注学校体罚问题。但直到 20 世纪中叶，学校对于体罚的依赖仍然相当严重。1951 年，美国国家教育协会对 11 万名初等教育阶段的教师进行了抽样调查，发现有 86% 的教师认为有权对学生实施体罚，[⑦]可见体罚式的教育惩戒是何等的深入人心。但由于美国校

---

① 叶运生.西方素质教育精华［M］.重庆：重庆出版社，2000.

②④ 符晓曦.英国中小学教师教育惩戒研究［D］.重庆：西南大学，2022.

③ Chandhi S. Spare the Rod：Corporal Punishment in Schools and the European Convention on Human Rights ［J］. The International and Comparative Law Quarterly，1984，33（2）：488–494.

⑤ Aubry C.，Geiss M.，Magyar-Haas V.，et al. Education and the State：International on a Changing Relationship［M］.New York：Routledge，2015.

⑥ Purcell C. W. The Fight against Corporal Punishment in American Schools［J］. History of Education Journal，1952（4）：1–10.

⑦ Manning J.Discipline in the Good Old Days［J］. The Phi Delta Kappan，1959，41（3）：94.

园暴力事件的持续增加，为全面治理校园枪击、吸毒、贩毒等日益严重的犯罪问题，从 20 世纪 80 年代起，政府开始在公办学校启动"零容忍"政策，即不容忍任何违纪行为，要通过增加停学、开除、逮捕等措施，创造一个安全、有序的学习环境。[①] 这项政策由于扩增了学校教育惩戒的工具栏，在一定程度上起到了抑制教师使用体罚的作用。

20 世纪早期的加拿大如同其他西方国家一样，在校园里体罚盛行。当时人们普遍的教育观念认为，惩罚包括体罚对学校教育管理而言是不可或缺的一环。[②] 20 世纪 60 年代，禁止学校体罚的意识开始觉醒。至 20 世纪 70 年代，越来越多的公众对学校体罚不再认可。至 20 世纪 80 年代后期和 90 年代，受美国教育"零容忍"政策的影响，加拿大政府也在学校推行"无暴力校园政策"和后期的"零容忍政策"，2000 年，安大略省教育部将"零容忍"纪律措施引入所辖的所有公立学校，[③] 并在其中嵌入了一条"不接触政策"条款，要求教师避免在课堂教学过程中和学生发生非必要的身体接触，以有效管控学校体罚。对比英、美、加三国教育惩戒政策的发展演变不难发现，约束教育惩戒，尤其是约束体罚，在 20 世纪后半叶成为一种主流现象，这个现象的背后，实质是教育民主化思潮流行的效应之一。

## 二、教育科学化倾向加速

近代以来，人类在科技文明方面大获成功，科技文明成为人类必然且唯一的发展选择。试图将所有人类问题科学化，以科学的方式精准、可控地进行分类、转换和处置，是科技时代的基本底层逻辑。教育对现代社会的重要性不言而喻，因此，试图对教育进行科学化的探索几乎贯穿于教育现代发展史。然而，教育本身强烈的人文属性使这一努力屡屡受挫，它的主观性、复杂性、内隐性、不可确定性使人们不得不以"教育艺术"一词来概括。心理学的出现让这一努力出现了一丝曙光。立足于心理学的定量研究，结合哲学的逻辑思辨法，教育在科学化的进程上确实取得了一些实质性的进展。教育惩戒与儿童心理之间的关联研究就取得了大量的成果，当然，由于心理研究往往只能就某个具体实验（测验）进行生理数据的采集，从而推定心理效应，或通过某一类、某一种行为观察与调查展开临床诊断，进而总结心理规律。而所有的这些研究一方面受难以避免的主观性影响（观察者效应、观察者偏差、情境干扰）导致

---

① 张彦杰，高金锋，王伦信.美国教育惩戒的历史嬗变、当前做法及启示［J］.比较教育学报，2020（6）：94–107.

②③ 程先莲.加拿大中小学教育惩戒研究及其启示——以安大略省为例［D］.安庆：安庆师范大学，2021.

结果客观性的偏差，另一方面又因为项目局部的、独立的、碎片化的结构缺陷造成认知的不完整性和片面性。这些问题均会削弱科学化的努力，令研究结论仍然处于确定成疑的尴尬局面中。

在众多的研究者中，新行为主义教育思想代表人物斯金纳的研究带有浓烈的科学色彩。他从刺激—应激出发，试图对惩戒进行更有说服力的解读，但当他想为教育惩戒给出某种确定性的结论时，却仍然不得不采取某种中庸的叙事方式。通过动物实验，斯金纳发现，惩罚与奖励一般是行为塑造的基本工具，如果没有惩罚，对动物进行一定目标的行为训练必定失败，因此，惩罚作为一种工具，在人的教育行为中是不可或缺的，甚至是极其重要的，必要时不可不用。但话锋一转，斯金纳又强调，惩戒"不能滥用"。只有运用得当，将其作为一种适时适度的刺激方式，才能在教育中起到应有的作用。斯金纳的研究结论是"人文"的范本，却是"科学"的败笔。科学主义的标准化、唯一性、确定性全无体现。何谓得当？尺度如何把握？由谁来把握？适时适度的标准何在？斯金纳确定了惩戒的价值，却无法确定惩戒的使用，教育惩戒科学化的尝试在斯金纳这里显然难言成功。

结构主义教育思想代言人皮亚杰作为资深的心理学家，同样在科学化的道路上作了尝试，但也仅限于对惩戒价值的判断。皮亚杰不同意惩罚的"抵罪性"目的论，他认为这容易导致儿童按照惩罚来定义不良行为，从而忽略真正重要的品行修养。比如，一个学生因没完成作业被老师罚抄课文。从行为逻辑关系上来看，行为（没完成作业）与惩戒（抄课文）之间的逻辑联系并不强烈，这是否会引起被罚儿童道德认知方面的意义障碍？如果延伸下去是否会引发对抄课文这种正常学习行为的否定和厌恶情绪？注意，这一切质疑不是出于某种确定性的实验，也没有某些具有强说服力的证据，还只是皮亚杰的推论。当然，事实上皮亚杰还是基本认可教育惩戒的价值的，他认为，惩戒的"回报论"具有合理性，因为惩戒是"基于平等原则上的因果报应"。"它同协作和平等的规则有着密切的联系，只要他感受到这种破坏所导致的后果就足够了，不端的行为和惩罚之间，无论在内容还是在性质方面都是有联系的。"换句话说，犯错与惩戒之间存在着一种"缄默的契约"——行为引发后果，后果与行为的等价回应是符合社会正义的，不管这种回应是出于人为还是自然。"例如，受到团体的排斥，利用行为的自然后果，剥夺犯规者滥用的东西，以其人之道还治其人之身……"同样，皮亚杰的这部分认知仍然缺乏科学原则的有力论证，在本质上它仍然是人文的。

英国心理学家、分析哲学教育思想英国学派的创始人彼得斯也对教育惩戒问题进行了专门探讨。他重点关注了惩戒的价值理论。当时西方社会主流的

"惩罚"目的理论有三种："报应论"（retributive theory）、"威慑论"（deterrent theory）和"改造论"（reformative theory）。"报应论"指行为人的因果补偿，因为犯错，所以要付出相应代价，过错人"罪有应得""以眼还眼，以牙还牙"，过偿相抵，以实现社会正义。"威慑论"指通过惩戒行为本身的威慑效应，吓阻所有社会成员，以避免未来错误的反复发生，因而具备一定的"预防"作用。"改造论"是通过令人产生不适体验的惩戒措施，使当事人意识到行为的风险，杜绝错误行为的重复发生，从行为层面实现"改造"。彼得斯首先有条件同意"报应论"的观点，认为如果惩戒的形式适当，且与其错误行为确实相当，那么这种惩戒就具备正当性，"惩罚是最有效的使人远离错误的方法"。从惩罚的"正当性"这一基本点出发，彼得斯对于"威慑论"和"改造论"也基本认同。惩罚"作为威慑的手段，它是必要的"。惩罚的"正当性"在于威慑和预防，这是英国功利主义学派持有的观点。功利主义者认为，"威慑和预防是惩罚的基本理由"。[①] 彼得斯解释道："实施惩罚不是因为它们可能对受罚者产生益处。惩罚的正当性在于它们可以维护教育活动得以进行所必须有的正常秩序。"在彼得斯看来，赋予教育惩戒正当性的根本原因在于教育和教学秩序的需要，只要有利于这一目标，即便有损于个别儿童的愿望和利益，也是值得的。但具体到惩戒形式和使用频率，彼得斯表现出了倾向性的谨慎。如对于当时英国学校流行的"鞭挞"现象，彼得斯基本持不信任态度。对于放学后将儿童留校，彼得斯对其作用也表示怀疑，而对于社会服务，则较为赞赏。总体来看，彼得斯完全赞同教育惩戒的社会价值，只是对具体形式和使用频率保留了一些看法。如是否赞同体罚，他并没有明确立场，仅对"鞭挞"行为表示了不同意，那么如果是强度低于"鞭挞"的体罚呢？彼得斯的态度未明。关于惩戒使用条件和频率，彼得斯主张"谨慎使用"，特别建议"在学生学习方面应当尽量避免使用惩罚手段"。总体来看，彼得斯的态度是中庸的，措辞是模糊的，而科学化的努力同样乏善可陈。

对教育科学化的所有努力大部分来自于心理学家，从心理到思想，两者之间确实存在紧密的内在联系。教育规律的进一步揭示，教学论、学习论的发展与完善，离不开心理学的努力与进步。心理学揭示的个体心理发展规律、人格结构系统、行为动机模型，对人的行为的解释、预测和干预提供了极其重要的理论依据，因而对于教育在现代的发展，心理学家居功至伟。但由于心理学并非严格意义上的规范性科学学科，其研究方法、叙事方式、研究结论不仅不能整体性地将教育问题相对简化，在教育惩戒这样的问题上也难以取得实质性的

---

① 彼得斯.伦理学与教育［M］.朱镜人，译.北京：商务印书馆，2019.

突破。另外，心理学意识到将教育或教育的某个领域作为一个有机整体进行研究的重要性和必要性，但在操作层面却完全有心无力，这使所有的研究容易呈现片面化、极端化的倾向。如关于教育惩戒的心理效应研究，研究者越关注惩戒的消极作用，并验证了研究对象的逻辑关联，对于教育惩戒的完全否定倾向就愈加明显。应该说，现代教育逐渐出现一些极端思潮主义的现象，教育科学化过程中的认知失衡可能应承担部分责任。

在民主化和科学化的过程中，相较而言，民主化思潮对教育思想的影响明显更大。尤其自"二战"以后，有没有秉持民主观念几乎成为检验思想是否进步、立场是否正确的最高标准。在这样意志的裹挟下，不加区分、不加甄别地将民主思想扩大应用到社会的各个领域，包括教育。教育惩戒的特殊性作为重点治理现象使其很容易成为被围剿的靶子，类似完全否定体罚、彻底否定惩戒的争议便愈演愈烈。相当多的国家在相对集中的一段历史时期内以立法的形式禁止教育体罚、严厉地规范教育惩戒就是典型的例子。当然，不能排除此类变化总体正确的可能性，但由此产生的观念撕裂却提醒我们，绝对化的肯定或否定可能都不是事物的真相。

# 第六章
# 中国现当代教育惩戒思想

    1949 年 10 月 1 日，中华人民共和国宣告成立，确立了工人阶级领导的、以工农联盟为基础的人民民主专政的社会主义国家国体。新中国在《中国人民政治协商会议共同纲领》这一重大基本政治文件中明确确认了"中华人民共和国的文化教育为新民主主义的，即民族的、科学的、大众的文化教育"的基本方针，并具体提出了"有计划有步骤地实行普及教育"等教育大政方针。1949 年 11 月 1 日，中央人民政府教育部成立。当年 12 月末，新中国第一次全国教育工作会议在北京召开，会议确认了"以老解放区新教育经验为基础、吸收旧教育某些有用经验、借助苏联经验、建设新民主主义教育"的框架设计和发展思路。中国现当代教育由此走上了一条具有中国特色的独特发展道路。

    新中国的教育发展道路注定是一条充满了坎坷和曲折的道路，这是由现实基础和历史条件所决定的。从现实基础来看，我国人口众多，新中国成立之前我国遭受了大半个世纪西方列强的殖民盘剥、小半个世纪的军阀混战、14 年的抗日战争、3 年的解放战争。负担极其沉重，基础却极端薄弱，在此基础之上的国民教育近乎瘫痪。据统计，新中国成立之初，5.4 亿人口中，近 80% 是文盲。小学在校生仅有 2000 多万名，中学在校生仅有 100 多万名，大学生更是少之又少，全国仅有 10 多万名。[①] 这样的人力基础再加上长期战乱的破坏，新中国教育建设与发展面临的困难可想而知。从历史条件来看，新中国身背历史的重负，却要独面未来的重压，路之艰辛可想而知。

    回顾新中国的教育建设与发展之路，大致可分为以下几个阶段：接管改造阶段（1949~1956 年）、自主探索阶段（1956~1966 年）、纠正复苏阶段（1976~1985 年）、持续改革发展阶段（1985 年至今）。这些阶段真实反映了中国现当代教育发展的波折历程，见证了中国现当代教育思想变迁的复杂世相。

---

[①] 百年征程映初心——党的教育方针的历史变迁［N/OL］. 中国教育报，http://www.moe.gov.cn/jyb_xwfb/s5147/202106/t20210608-536492.html.

# 第一节　接管改造阶段（1949~1956 年）

## 一、教育发展概况

据史料统计，1949 年以前中国原有小学 34.68 万所，在校学生 2439.1 万人；普通中学 4045 所，在校学生数 103.90 万人；技工学校 3 所，在校学生仅2700 人左右；普通高等学校 205 所，本、专科在校学生仅 10.65 万人。面对全国 4.5 亿人的人口基数，新中国面临着接管改造与新建扩容的双重使命。接管（托管）工作从新中国成立之日起就已开始着手进行，按照最初的设想，这将是一个相对漫长而渐进的过程。新中国成立之初，百废待兴，巩固政权、社会维稳、提振国民经济是优先事项，教育尚需徐徐图之。1950 年 8 月，教育部颁布了《关于实施高等学校课程改革的决定》，要求"各系课程应密切配合国家经济、政治、国防和文化建设当前与长期的需要，在系统的理论知识基础上，实行适当的专门化……"，总体措辞较为和缓。

1950 年 10 月抗美援朝战争爆发使凝聚全国人民的政治共识成为一时之急。由教育部牵头，以辅仁大学、燕京大学、金陵大学等教会学校为督办对象，紧急展开清理运动。仅过去两个月，当年底，全国 20 所教会大学就完成初步改造。其中，11 所被改为公办，另外 9 所改为私立。

拆、改、转、并的同时，新中国也着手新建一批高等院校。从 1950 年开始，在苏联专家的帮助下，哈尔滨工业大学与中国人民大学率先建成，一工一文成为中华人民共和国发展社会主义高等教育的两个典范。1952 年，以北京大学、清华大学、燕京大学、辅仁大学等师资为班底，一批新建专业理工科院校在北京相继动工，北京地质学院、北京矿业学院、北京钢铁工业学院、北京航空学院、北京石油学院、北京农业机械化学院、北京林学院和北京医学院著名的"八大学院"先后建成，成为中华人民共和国高级专业人才培养和输出的重要基地。之后，1953~1955 年，高等教育建设持续发力，除了再度增设了部分工业院校、师范院校外，一些分布在沿海的高校或专业被动员迁入内陆，如西安交通大学就是原交通大学迁建的产物。

1953 年，教育部又紧急发出新的指引，要求尚未推行五年一贯制的地区暂缓推行五年一贯制学制，继续沿用"四二"分段制。已经推行的地区停止推行五年一贯制，恢复沿用"四二"分段制。同时，政府三措并举，通过稳步增加公办小学供给，扩大公办小学规模；通过出台"群众办学"的优惠政策，发展民办小学教育；通过短期训练，即对大批失业知识分子进行培训来填补教师缺额。[①] 经过 8 年的努力，新中国的基础教育终于趋向稳定。据《中国教育成就统计资料（1949—1983）》，截至 1956 年，全国小学专任教师数量达 174.9 万人，是 1949 年的 2.09 倍。其中，学历达中师、高中毕业学历及以上者占比 12.3%，考虑到新中国在成立初期面临的困难与挑战，这个成就已是难能可贵。

## 二、教育惩戒思想概况

新中国成立之初，百废待兴，教育除了需要对原有教育体系、理念、内容进行修正之外，整个民族也处于教育饥渴状态下。国家建设、民族发展对教育规模、教育质量的要求与当时国力条件、教育基础不相匹配。因此千方百计保供给、满足基本需求是当时教育建设的主基调。在教育数量尚未得到基本解决的前提下，整个国家并无精力对教育质量给予足够的关注，因此，教育惩戒思想、教育惩戒现象在新中国成立初期基本不在规范管控范围之内。结合中国教育传统、教育基础、教育文化导向三方面来看，教育惩戒与体罚现象应该较为普遍。

从教育传统来看，尊师重教是我国根深蒂固的教育观念，学生需要对教师绝对尊重，这一思想在新中国成立初期仍然是全社会的共识。尤其在当时的困难条件下，有机会接受教育的儿童在总适龄儿童群体中占比不高，教育资源仍是相对稀缺资源，学生及家长对教师均有较强的尊敬乃至敬畏意识，这种意识是"教师中心"存在的优渥土壤，在这种氛围下，教育惩戒、体罚现象就不可能罕见。"在那个年代，老师打学生是天经地义的，都把学生当作自家的孩子。就算是学习好、听话的，犯了错也得挨打。"[②] 1955 年第二期《江苏教育》曾刊文《坚决反对体罚学生的野蛮行为》一文，该文披露了体罚现象，影响一时，可见当时学校教育中体罚观念之盛。而这样的观念不仅为教师所持有，广大家长也支持老师的惩罚特权，打不打孩子甚至成为家长衡量老师有无责任心、是否关爱孩子的标志。"老师会打骂学生，是因为把他们当作自己的孩子，是想让他们改掉坏习惯。那时的学生不会和老师记仇，打过、骂过后他们会改正错误，能够理解老师是为了他们好……"[③]

教育资源匮乏、教师数量不足、教师总体专业素养不高是教育依赖教育惩戒的重要原因。一方面，教师的教育行为带有很大的随意性；另一方面，教育管理部门的监管也难以实施到位。早在 1953 年，中央人民政府政务院就颁布

① 张寅.建国初 17 年小学师资队伍建设研究［D］.重庆：西南大学，2011.
②③ 师培培.建国以来我国小学师生关系变迁研究——小学教师的视角［D］.金华：浙江师范大学，2017.

了《关于整顿和改进小学教育的指示》，明确指出："对小学生的教导管理，应该依靠耐心的说服教育，既要禁止采用体罚和斗争等粗暴方式，又要反对放任不管。应加强纪律教育，使学生养成自觉地遵守纪律的习惯。提倡教师爱护学生，学生尊敬教师，养成师生间和同学间友爱团结的优良风气。"可见政府对于当时教育领域体罚泛滥的情况是了解的，而且也有意纠正。

学习苏联的教育理念，同样强化了教育惩戒观念。凯洛夫的《教育学》强调"以教师为中心""以课程为中心"和"以知识为中心"的三中心论，教师的权威地位得到"苏联老大哥"的确认进一步巩固了全社会对教师行为合理化的共识，家长、学生皆"唯师是从"，从某种程度上讲，"教师中心"观念成就了"教师专制"地位，教师的教育"特权"让包括教育惩戒在内的所有教育行为成为"专业专区"，教育惩戒既无讨论的空间，也无监管的必要。

# 第二节　自主探索阶段（1956~1966 年）

1958 年 9 月，中共中央、国务院发布《关于教育工作的指示》。1959 年 5 月，中共中央、国务院发布《关于试验改革学制的规定》。1960 年 4 月，在第二届全国人民代表大会第二次会议上提出："从现在起，进行较大规模的试验，在全日制的中小学教育中，适当缩短年限，适当提高程度，适当控制学时，适当增加劳动。准备以十年至二十年时间，逐步地分期分批地实现全日制中小学的学制改革，初步设想是把现行的十二年中小学年限的学制缩短到十年左右，并把教育程度提高到相当于现在大学一年级的水平。"报告还对"量力性原则"提出了严厉的批判。1964 年，中央成立学制问题研究小组，要求扩大试点面，并加快小学五年一贯制的试验步伐。1965 年，小组又提出"四年制中学"和"分科预备学校"的设想，并筹备工作试点。

这一时期的课程改革主要具有以下几个特色：

## （一）重视思想政治教育

对师生进行全面的革命的思想政治教育是新中国成立以后始终坚定不移的基本教育方针，从旧有学校的改造开始，到新学校的建设，有计划、有步骤地将马克思主义理论、社会主义思想与道德观纳入国民教育体系已成为新中国发展教育的基本特色。早在 1952 年 3 月，教育部颁布的《中学暂行规程（草案）》就明确提出德育的目标是"发展学生效忠祖国、为人民服务的思想，养成其爱祖国、爱人民、爱劳动、爱科学、爱护公物的国民公德和刚毅、勇敢、自觉遵守纪律的优良品德"。1963 年 3 月，中共中央颁布《全日制中学暂行工作条例（草案）》及《对当前中小学教育工作几个问题的指示》，再次强调德育的重要性。指出要教育学生具有爱国主义和国际主义精神，拥护中国共产党，拥护社会主义，愿意为社会主义事业服务，为人民服务，逐步对学生进行工人阶级的阶级观点的教育，培养学生的共产主义道德品质和革命意志，反对资产阶级思想和其他反动思想的侵蚀，逐步树立工人阶级的世界观。[①] 为了更好地达成这一目标，所有的学科教学都必须承载思想政治教育这一基本任务。

各个学段开设政治科目，进行专项的思政教育。1950 年 8 月，教育部颁布《中学暂行教学计划（草案）》，设置了政治、语文、数学、自然、生物、化学、物理、历史、地理、外语、体育、音乐、美术 13 门课程，其中，政治居首。1951 年 6 月 23 日，教育部再发通知：为更精准地进行政治思想教育，"政治"科取消，在初中三年级、高中二三年级分别设置"中国革命常识""社会科学基本知识""共同纲领"等课程。同年 11 月 29 日，教育部又发出指令：从初中一年级至高中三年级再增设"时事政策"课。"共同纲领"和"时事政策"每周一小时，其他政治课为每周两小时。[②]

此外，其他所有的科目也都被明确要求将政治思想教育作为学科教育的必要组成部分。如语文的语言文字就是天然的思想载体，利用课文素材，充分且深入地挖掘思政内涵具有天然的优势。20 世纪 50 年代的《八角楼上》《毛主席小时候是怎样学习的》《狗又咬起来了》、20 世纪 60 年代的《我爱我的红领巾》《树老根多，人老话多》《朱德的扁担》等课文，文笔考究、意义绵长，在教育学生学习词汇、语法运用的同时，使之接受心灵的洗礼。

除了课堂教学上的思想教育，课堂外的实践活动、主题教育等各类活动同样要贯彻"主旋律"教育方针。如从 20 世纪 60 年代起，学习雷锋成为那个时代最典型的主题教育活动。全国各地中小学普遍开展了以雷锋的革命精神、奉献精神、勤俭作风、利他行为为主题的系列教育活动。雷锋高大形象的树立和先进事迹的传播是那个时代极其成功的一次主题策划，传播效率与教育效果都极为出色。将雷锋树为教育的典型主要通过以下几个做法：首先，形象塑造与推广，将雷锋的形象与事迹通过各类媒体向社会高强度曝光，使其人其事深入人心，使个体成为榜样。其次，展开研讨与教育，通过对雷锋事迹的介绍与讨论，进一步普及并强化对雷锋行为的熟悉和接纳，让雷锋主题的热度持续保持。最后，通过推动深度剖析，启发学生领略行为之后的品行、素养与信念，

---

① 刘丽姣 . 建国十七年中小学课程与教学改革实验之历史回顾与理性反思［D］. 长沙：湖南师范大学，2005.
② 中央教育科学研究所 . 中华人民共和国教育大事记（1949–1982）［Z］. 北京：教育科学出版社，1983.

进而引导学生思想上的追随、模仿与升华。在那个时代，雷锋成为社会主义道德的具象化模板。其他如适时组织师生参加生产劳动、参观部队训练等也是思想政治教育的有机组成部分。

**（二）教法、学法改革**

新中国成立以来，教学法的改革与实验一直是教育改革的重要内容。以小学语文教学为例，如何迅速提高全民识字率、有效提升汉字学习的效率受到全社会的重视。早在 1958 年，辽宁省黑山北关小学根据汉字特殊的音形规律，摸索出了一整套行之有效的"集中识字"的教学方法。其创新做法受到了中央高层的关注，经过周密的评估验证，国家意识到这套办法的价值，1960 年中共中央教育部联合宣传部在该校召开现场发布会，充分肯定了"集中识字"的有效性。所谓"集中识字"，就是先把汉字按 411 个拼音音节和音调进行分类，然后按声母和韵母的组合顺序进行分类编排。"集中识字"分别有"看图识字""基本字带字（以熟字带新字）""以音带字"三种主要教学方法，相比传统的汉字识字方法，确实有较大的进步。"集中识字"法声名鹊起，并在官方推动下迅速走向全国，对新中国成立初期的扫盲运动发挥了积极的作用。

辽宁省黑山北关小学还将语文教学中"集中学、集中练"的教学思想迁移应用于数学教学上，提炼出"精讲多练；集中讲，集中练，讲练交错；学、练、用分步走"的方法进行教学。[①] 这些思想和方法对于新中国大规模铺开数学教育教学极为重要，它不仅为解决新中国极度缺乏理工人才的问题提供了有效路径，而且为此类学科的教学积累了有益的经验。此外，由于中苏关系的疏远，向欧美教育教学模式学习成为可行的选项。程序教学思想是 20 世纪 60 年代左右在欧美流行一时的新思想，因此，中国心理学界适时将之引入国内，引起教育界的重视。1964 年，部分中小学将程序教学实验引入代数、算术、语文、英语等学科教学。根据程序教学模式，学生的学在教学关系中占据重要地位，学生以自学为基本方式，教师的主要作用是辅导和引导。"小步子""及时强化""以自学为主"这些新做法对于传统教学来说确实能够起到一定的补充作用，尤其对于更新教育教学观念极具启发意义。但程序教学的局限性也非常显著，存在着如教学模式单一、个体差异巨大、师生互动质量不稳定、集体教学效率不高、教学管理不便利等短板。尤其是这种模式会使教学成本提高，这对于当时的新中国来说是比较困难的，因此，程序教学实验在完成历史使命

---

① 刘丽姣.建国十七年中小学课程与教学改革实验之历史回顾与理性反思［D］.长沙：湖南师范大学，2005.

后，很快成为新中国教育史中的一个短暂记忆。

此外，这一时期还专门关注了学生学业负担过重的问题，这也是新中国成立以来首次关注这一问题。这一问题的产生是由于当时教育基础薄弱、教育管理人才缺乏、管理经验不足，国家办学处于摸索阶段，且由于教育教学改革过于频繁，教学计划与课程安排缺乏科学性和针对性，导致教学内容与教学时间安排随意。教学任务的增加必然要占用额外的时间，为了完成教学任务，利用休息时间甚至节假日补课的情况亦多有发生，以至学生的进餐和休息都受到影响。教学计划变更失于管理，如大量增加毕业班的语文、数学等主科的时间占比，替换体育、音乐、美术等所谓副科的现象极为普遍。为了追求学业成绩，超纲教学也较为严重，在指定教科书之外，额外补充编外教材、布置更多更难的学习任务和作业的情况也比比皆是。为了检验学习成果，考试偏多，学生思想压力大。由于社会反响较为强烈，这些情况引起了国家高层的注意。早在1955 年 7 月，教育部就发出过《关于减轻中、小学学生过重负担的指示》，并明确提出六项解决措施：①掌握教材分量和授课进度。②减轻课外作业的过重负担。③加强平时的成绩考查，改善考试制度。④改进课外活动。⑤遵守作息时间，保证学生的休息和睡眠。⑥学校领导必须经常了解和检查课堂教学、课外作业、考试、课外活动、作息时间等情况，随时发现和解决问题，纠正偏向。10 年之后，1964 年 5 月，教育部再次关注学生学业负担过重之事，并发布《关于克服中小学学生负担过重现象和提高教学质量的报告》，主要从学校和教师两个角度提出了一些减负要求，如精简课程、改进教学方法、减轻作业量、减少考试次数等，但实施效果并不理想。

**（三）重视劳动、生产技能**

1958 年 9 月，中共中央和国务院提出了"教育为无产阶级的政治服务，教育与生产劳动相结合"的教育方针。为切实贯彻执行这一方针，各地中小学纷纷展开行动，除小学一、二年级外，其他年级将劳动列入了教学计划，按教学计划组织学生参加一定的生产劳动。组织形式和内容五花八门，不一而足。或组织师生办工厂、开农场；或同当地队、村、社、工厂、作坊签订生产或服务合同；或利用节假日到附近工厂、农村参加劳动生产。劳动安排在初期还算克制，初、高中每周各两课时。后来学生劳动等非教学活动安排过多，教学秩序受到严重的干扰，教学质量显著下降。为纠正劳动时数与强度逐渐增加的错误倾向，保证学生的身心健康与正常教学不受到冲击，1963 年，中共中央出台《全日制小学暂行工作条例（草案）》和《全日制中学暂行工作条例（草案）》两个重要文件，以丰富劳动课程形式和内容，并规范正常劳动课时间，使滥用劳动课的情形有所遏制。

# 第三节　纠正复苏阶段（1976~1985 年）

1978 年 12 月，党的第十一届三中全会隆重召开，以邓小平同志为主要代表的新一代中国共产党领导集体拨乱反正，彻底否定了党内"极左"思潮，扭转国家建设方向，作出了将全党和国家工作重心转移到经济建设上来、实行改革开放的重大历史决策，实现了新中国成立以来党的历史上最具开创意义的伟大转折，开启了改革开放和社会主义现代化的伟大征程，教育也迎来了久违的暖意。

在社会各界的强烈呼吁下，1977 年 8 月，党中央作出恢复高考的重大决策。同年 10 月，国务院批转教育部《关于 1977 年高等学校招生工作的意见》，实行自愿报名、统一考试。1977 年 570 万人参加高考，当年 27.3 万人被高校录取；1978 年考生增至 610 万人，录取人数达 40.2 万人。同年，研究生招考恢复，当年报考人数 6.3 万人，招生录取 1 万人。在高考指挥棒的引领下，全国中小学教育迅速步入正规。1978 年，教育部重新修订并颁布《全日制中学暂行工作条例（试行草案）》和《全日制小学暂行工作条例（试行草案）》[①] 两个重要文件，恢复了中小学教学研究制度和课程设置的通行做法。同年，恢复教育国际交流与合作，选派留学生出国留学，接受国外学生来华留学和研修，与部分国家互派教师，引进国际教育新思想。1981 年，建立高等教育自学考试制度，激励广大青年以自学的形式提升自身文化素养和学历水平。

## 一、教育制度重建

首先，确定学制，统一大纲。1978 年 1 月，教育部颁布《全日制十年制中小学教学计划试行草案》，确定中小学十年制的修学年限。全国使用统一同一教学大纲。其次，成立"教材编写领导小组"，领导教材的编写工作，全国共用同一套中小学教材。最后，授权人民教育出版社统筹中小学教材编写及出版工作。在"教材编写领导小组"的领导与协调下，组织全国各类学科专家、学者共计 200 余人，编写全国通用的中小学教材。编写工作于 1977 年 9 月启动，1980 年基本完成，即新中国成立以来委托人民教育出版社编写出版的第五套全国通用的中小学教材。第五套中小学教材的推出是一个标志性的事件，它不是简单地对教育制度的恢复和重建，而是审时度势面向未来的阶段性转

---

① 杨小微，胡雅静.从"以教定学"到"为学而教"：中国教学走向现代化的 40 年 [J].全球教育展望，2018，47（8）：9–24.

进，这个阶段性转进表现为两个基本价值回归。

**（一）教育价值规律的回归**

教育虽然服务于政治，但就其本质而言终究还是专业问题。尊不尊重专业规律固然是一个专业问题，但最终也会成为一个政治问题。逻辑很清晰：尊重教育规律→教育发展→社会发展→政治受益；不尊重教育规律→教育发展受阻→社会发展受阻→政治受损。新中国成立以来，但凡在意识形态扭曲教育规律的时期，教育与社会皆处于双输局面，且扭曲越严重，社会发展不良状态越为明显。摆在中国面前的只有一个选项——发展。而要实现社会的正常或者超常的发展，教育必须先行，因此，尊重并承认教育规律的本真价值、恢复教育的本来面目被列至恢复国家建设的优先选项中是应有之义。

1978 年 9~10 月，教育部分别重新颁布了全日制中小学、高等学校的暂行工作条例，即俗称的"高教 60 条""中教 50 条"及"小教 40 条"，学校教育全面恢复正常运行。教育健康有序、长远发展的根本保障在于制度建设。1980年《中华人民共和国学位条例》颁布，这是中华人民共和国成立以来颁布的首部教育法，意义深远。此后，国家在制定国民经济和社会发展五年计划和中长期规划中，教育事业计划被放在显著位置成为惯例。1982 年，党的十二大首次将教育确定为今后社会主义现代化建设的重点之一。同年，全国人大通过的《中华人民共和国宪法》将教育方针、地位和作用等内容纳入中国根本大法。

1978 年，国家在外汇极其紧张的情况下，我国驻外机构受命动用宝贵的外汇购买外国的学校教材，供国内教材编写专家研究和参考。这件事极具象征意义，它不仅表明了国家高层突破思想禁锢的不屈意志，而且展示了不惜一切代价办好教育的坚强决心。自 1979 年起，中央广播电视大学相继在各省、自治区、直辖市及各地市建立广播电视大学，发展远程教育事业，成为中华人民共和国人才培养的重要基地。

1985 年 5 月，全国教育工作会议在北京隆重召开，邓小平同志出席了闭幕式并发表重要讲话，他指出："我们国家，国力的强弱，经济发展后劲的大小，越来越取决于劳动者的素质，取决于知识分子的数量和质量。一个十亿人口的大国，教育搞上去了，人才资源的巨大优势是任何国家比不了的。有了人才优势，再加上先进的社会主义制度，我们的目标就有把握达到……忽视教育的领导者，是缺乏远见的、不成熟的领导者，就领导不了现代化建设。"邓小平同志的讲话振聋发聩，掷地有声，表明了党中央充分认识到尊重教育、尊重教育规律的重要意义，同时为教育发出了时代强音。

**（二）教师价值规律的回归**

无教师，不教育，尊重教育，首先要尊重教师。自古以来，没有哪个民族不重视教师的地位和作用。1977 年 8 月 4~8 日，在科学和教育工作座谈会上，以邓小平同志为核心的党中央为恢复知识分子的信心，鼓舞教师群体的斗志。

1979 年初，教育部重新颁布《全日制中学暂行工作条例（试行草案）》《全日制小学暂行工作条例（试行草案）》和《全国重点高等学校暂行工作条例（试行草案）》等重要文件，奠定了延续至今的基本教育管理格局。1984 年 10 月 20 日，党的第十二届三中全会通过了《中共中央关于经济体制改革的决定》。1985 年 5 月 27 日，中共中央发布《中共中央关于教育体制改革的决定》，明确提出"教育体制改革的根本目的是提高民族素质，多出人才、出好人才"。为此，"要采取特定的措施提高中小学教师和幼儿教师的社会地位和生活待遇，鼓励他们终身从事教育事业"。《人民日报》推出社评《人民教师应当受到尊重》一文，呼吁全社会要"尊重知识，尊重人才，造成尊师重教的良好社会风气"。在教育部的统筹下，中小学教师建立职称评审制度，高级教师职称、特级教师评审成为教师专业成长的重要标志和导向，广大教师从事专业研究和专业工作的热情被极大地激发，全社会对教师地位的认可度也相应提升，正是在这样的政治和文化氛围下，从 1985 年起，每年的 9 月 10 日被正式确定为中华人民共和国法定节日——教师节，教师节的确立，标志着教师职业地位的大大提升。

职业地位的高低，一个核心指标是经济待遇，经济待遇上不去，社会地位就立不起来。从 1977 年 10 月起，教师工资提升工程全面启动，据统计，当年全国近 60% 的教职工收入得到不同程度的增长。1978 年，年终奖金制度也开始在广大学校得到推广。此外，国家克服困难筹措资金成立中小学幼儿教师奖励基金会，用于表彰为教育事业做出突出贡献的教师和教育工作者，这一举措既极大地鼓舞了广大教师的信心和斗志，又很好地营造了尊师重教的社会氛围。

## 二、教育惩戒思想概况

教师价值认知的回归及社会尊师重教风气的重建让教师重新掌控了课堂教学和学生管理，师道尊严也再次成为全社会在学校教育方面的重要共识。因此，随着国家教育体系的重建，教师的权威形象再次回归，且为家长与学生广泛接纳。这一时期的学校教育惩戒主要呈现以下两个特征：

### （一）强势的惩戒行为

严厉、责任心强是社会对这个时代教师的评价。严厉意味着教师面对学生不仅敢管，而且直接简单、不假辞色。表现在教育方法上就是无论纠错，还是促进，使用惩戒策略成为广大教师的职业习惯。批评、罚站、罚抄作业是家常便饭，体罚也常被采用。一位署名李春蕾的网友在《回忆儿时那段被老师体罚谩骂的苦涩上学记忆》一文中就回忆了当时的体罚现象。

这个时期教师对惩戒及体罚的依赖程度明显具有超出合理范围的嫌疑。之所以出现这种情形，从教师自身因素来分析，可能出于以下两方面原因：

1. 生师比失衡下的教师行为失衡

这一阶段中国教育面临着教育重建与全面发展的双重战略任务。鉴于"文革"浩劫对教育尤其教师队伍建设的严重破坏，单从数量方面来说，教师队伍面临巨大的缺口。广大中小学校班额超标的情况极其普遍，优质学校的情况尤其恶劣，一个班塞满五六十人是常态，强塞至七八十人亦属寻常。学校、班级、老师均不堪重负。当教育重心放在为广大人民群众提供基本需求之时，对教育质量的关切自然难以兼顾。在这种情况下，教师的职业行为不得不停留在任务驱动型的效率层面，教育方法与手段流于简单，久而久之，使用惩戒、体罚等手段就成为广大教师下意识的选择。

2. 教师专业素养不足的直接结果

新中国成立以来，中小学师资队伍总体专业素养在相当长一段时期内不甚理想。统计数据显示，截至 1977 年，民办教师数量为 471.2 万人，在当时全国中小学教师总量中的占比高达 56%。再加上约 41.75 万名的代课教师，两项累加占比超过 61%。① 这意味着未经系统专业训练的人员是当时中国基础教育的主流。而师资的紧缺，迫使国家不得不继续使用非常规办法在短期内大量补充教学人员，作为交换代价，牺牲一定的质量，以质量换数量就难以避免。从 20 世纪 70 年代后期开始，国家为了缓解中小学校师资缺乏的问题，陆续出台一系列政策措施，加速专业队伍的建设，如用干部待遇、城市户口等优惠条件，吸引优秀初中毕业生报考中等师范学校，大力培养中等师范学校师范生，快速扩充中小学教师队伍。但中师层次的师资依然缺口巨大，在偏远落后地区，尤其不少农村学校，教师紧缺状态极为严重。针对这一状况，根据分级办学、分级管理的办学原则，1981 年 7 月底之后，各省、县、乡（镇）、村在继续容许广大民办教师存在的同时，进一步扩大代课教师的队伍，即从具备初中学历，甚至小学学历的群体中吸纳部分人员填充至基础教育教师队伍中。

**（二）强势的惩戒文化氛围**

教育惩戒的普遍使用甚至滥用往往与社会对此类行为的高认可度和高容忍度密切相关。研究表明，这一时期广大中国家长对教师体罚行为的容忍度极高，这在相当程度上助推了教师的教育体罚冲动。家长似乎普遍真心认同"打

① 方征，葛新斌. 我国编外教师问题及政策启示［J］.教育理念与实践，2010（8）：22-36.

是疼、骂是爱"这一观念，对教师一般程度上的体罚不仅毫不排斥，而且非常认可。甚至有部分家长将老师有没有打孩子视为老师是否真正关爱自己孩子的标准，老师打了，就是关心到位了；反之，老师不打，家长反而心存狐疑——孩子是否被老师放弃了？另外，当孩子被老师体罚后，孩子不管多委屈，通常不敢向家长透露任何相关信息。这可能有两个方面的原因：一是孩子有强烈的屈辱感，这种不适情绪或心理妨碍孩子对事件的回顾，以避免二次伤害；二是可能说了也没用，反而会导致更不利的结果。"有学生在学校被老师打，回家都不敢说，说了还会被家长骂一顿。因为家长说，老师打你肯定有打你的理由。所以学生说了也白说。"① 家长与孩子在同一件事情上的价值判断不同，导致亲子双方存在严重的沟通障碍，在教师、家长、学生三方关系中，学生处于最弱势的一方，如果不能得到家长的强力支援，孩子在面对不当惩罚时并无任何自救的可能。这种状态当然会进一步强化教师的惩戒意愿和惩戒行为。

# 第四节　持续改革发展阶段（1985 年至今）

## 一、发展状况

经过整治，中国教育不仅回到正确的轨道，获得广大人民群众的拥护，而且初步具备了由数量建设转向质量建设的基础和条件。在国内需求推动和国际发展引领的双重作用下，中国教育现代化之途正式启动。1985 年 5 月，中共中央重磅发布《中共中央关于教育体制改革的决定》（以下简称《决定》），向世界宣告了中国教育的改革蓝图。提出实行九年制义务教育、大力发展职业技术教育、扩大高校办学自主权。《决定》这一纲领性文件直指教育全局，从基础教育到高等教育，从公民教育到职业教育，全面覆盖了中国教育发展的重点和难点，以"面向现代化，面向世界，面向未来"的魄力在推动中国现当代教育的跨越式发展中发挥了关键性的作用。

为保障《决定》的有效落实，1985 年后，国家陆续出台了一系列教育法规、政策及改革配套措施。1986 年 4 月《中华人民共和国义务教育法》、1987 年 7 月《关于社会力量办学的若干暂行规定》等法规文件先后颁布。前者就义务教育的法律责任、责任主体、安排路线及经费保障等问题作了明确的规定，

---

① 师培培. 建国以来我国小学师生关系变迁研究——小学教师的视角［D］. 金华：浙江师范大学，
2017.

为全面扎实地推进义务教育扫清了政策障碍。后者通过解放、吸引民间资本，为民办教育回归并融入国家教育体系进行制度和政策创新，在不长的一个时期内使民办教育行业得到迅猛发展，形成了从学前教育到高等教育，从国民教育到职业教育的多类型、多层次的民办教育系统，极大地促进了中国教育的快速发展，尤其是高等教育规模的第一阶段的初步扩张，为后来中国在21世纪初构建世界最大规模的教育体系，以及高等教育走向大众化乃至普及化奠定了坚实的基础。

从20世纪80年代后期开始，素质教育理念悄然兴起。中国素质教育的概念可追溯至《决定》这一文件。该文件明确提出了"提高民族素质"这一口号。1993年2月，中共中央、国务院印发《中国教育改革和发展纲要》，进一步明确"中小学要从'应试教育'转向全面提高国民素质的轨道"，"应试教育"作为"素质教育"的对立面从此走进中国大众的视野。1994年8月31日，《中共中央关于进一步加强和改进学校德育工作的若干意见》指出："增强适应时代发展，社会进步，以及建立社会主义市场经济体制的新要求和迫切需要的素质教育。""素质教育"在这份重磅文件里成为关键词。1995年3月，第八届全国人大第三次会议通过了《中华人民共和国教育法》。1999年6月，中共中央、国务院在改革开放以来第三次全国教育工作会议上通过了《中共中央、国务院关于深化教育改革全面推进素质教育的决定》，强调"实施素质教育，就是全面贯彻党的教育方针，以提高国民素质为根本宗旨，以培养学生的创新精神和实践能力为重点"。文件要求"以培养学生的创新精神和实践能力为重点"，"实施素质教育应当贯穿于各级各类教育之中……"，全面推进"素质教育"正式成为国家意志，并迅速在全国铺开落实。

根据《中国教育改革和发展纲要》的精神，国家还提出要集中力量办好100所左右的重点大学，力争一批高校和学科、专业达到世界较高水平。1995年，"211工程"正式启动，最终选定108所高校列入"211工程"名单。全国高校进行大规模调整重组，一批学科门类齐全、设备先进、师资雄厚的高水平大学就此产生。1999年，"985工程"正式启动，39所高校成为"985工程"的受益者，由于这些高校又都是"211工程"单位，因此，受益于两个教育工程的政策倾斜和资源投入，这39所高校的办学质量与科研水平迅速攀升，很快发展为中国高等教育的第一方阵。同时，配套这两个重点工程，一批具备国际竞争力的高水平重点实验室、工程（技术）中心、人文社科重点研究基地等学术基地或研究机构横空出世，成为支撑国家跨越式发展的重要科技力量。

1999年是中国当代教育改革的重要年份，1998年12月，教育部推出《面向21世纪教育振兴行动计划》，提出如下目标：在2010年前后具备条件的地区要争取将小学教师学历提升至专科层次，将初中教师学历提升到本科层次。1999 年 3 月，教育部重磅推出《关于师范院校布局结构调整的几点意见》，要求所有的"三级师范"要逐步过渡到"二级师范"。1999 年 6 月，《中共中央 国务院关于深化教育改革全面推进素质教育的决定》颁布实施，提出调整师范学校的层次和布局，鼓励综合性高校和非师范类高校试办师范学院，中等师范停止招生。

伴随着中等师范的停招，高等教育开始大规模扩招。一大批中专类、专科类学校及成人高校纷纷升格为普通专科或本科院校，高等教育结构由原先的中专、大专、普通本科、重点大学，调整为高职高专、普通本科、研究性大学、高水平大学。在高校数量猛增的同时，高校自身的规模扩张也在强力推进。在 1999 年之前，高校扩招虽然在持续推进，但年均增长率稳定在 8.5% 左右。1999 年招生人数陡增 51.32 万人，招生总数达 159.68 万人，增长速度创纪录达到 47.4%。此后连续三年，扩招幅度居高不下，2000 年扩招 38.16%，2001 年为 21.61%，2002 年为 19.46%。2003 年，中国普通高校本专科生在校人数超过 1000 万人，高等教育毛入学率超过 15%，中国跨过了高等教育大众化的门槛。2006 年，毛入学率上升至 22%，在校大学生数达到 2500 万人，高等教育规模跃居世界第一。到 2020 年，全国高等教育毛入学率更是达到惊人的 54.54%，考虑到中国人口体量之大，这不能不说是一个人间奇迹。

2000 年以后，聚焦于基础教育的改革力度明显加大。为加快实现基本普及"九年义务教育"和"基本扫除青壮年文盲"的"两基"目标，2000~2007 年，教育部加大投入，至 2003 年，实现"两基"地区的人口覆盖率达到 91.8%。2004 年又推出"两基"攻坚计划（2004~2007 年），针对西部农村义务教育阶段学生，实行"两免一补"（即"免杂费、免书本费、补助寄宿生生活费"），至 2007 年，西部地区"两基"人口覆盖率达 98%，全国基本实现"两基"目标。后"两免一补"政策又推广到中东部地区，实现了对农村中小学的全覆盖，每年惠及 1.5 亿名学生。这一系列进展的背后反映出了国家在教育方面的巨额投入。据统计，截至 2012 年，我国财政性教育经费支出占国内生产总值（GDP）的比例首次突破 4% 的法定标准，显示了国家对教育的重视与支持。

相比于量增的举措，国家对教育提质的决心与力度同样不遑多让。为克服应试教育的弊端，全面推进素质教育，实现人的全面发展，实质推进教育领域的深刻变革，以应对新时代的新挑战，2001 年 6 月，教育部下发《基础教育课程改革纲要（试行）》，启动新中国成立以来声势最为浩大、影响最为深远的第 8 次基础教育课程改革，简称"新课改"。这次自上而下的教育改革运动，采取了国家指导、各省统筹、地方管理、学校实施的四级响应联动机制。"新课改"提出了"知识与技能""过程与方法""情感态度与价值观"这三维目标及"自主、合作、探究"的学习方式。作为"新课改"的配套改革内容，高考科目改革同步推进，"3+2""3+X"等高考科目设置方案相继推出。这次课程改革持续时间极长，时至今日仍未完全收官。"新课改"对中国当代教育生态影响巨大，社会评价褒贬不一。教师的教育观念、教学模式及学生的学习习惯、学习方式均在"新课改"的推动下发生了重大变化。如师生之间的地位变化、教学之间的重心转换、家校之间的关系调整。"新课改"后中国教育与传统教育彻底分道扬镳。

我国基础教育课程方案的变革与发展取得重大突破，主要成就包括培养目标的内涵逐步丰富、课程类型走向多样化、课程结构趋于均衡、课程权力关系逐渐理顺，对我国基础教育课程育人功能的强化和发挥作出了突出的贡献。①

值得注意的是，"新课改"除了全面推行素质教育之外，还附隐含着一个重要使命——为学生减负。中国官方对学生减负的重视可见于1988年的《关于减轻小学生课业负担过重问题的若干规定》这一文件，但落实效果不明显。2000年，教育部召开减轻中小学过重负担工作的专题电视会议，再发《关于在小学减轻学生过重负担的紧急通知》。虽然教育部对此工作高度重视，措辞严厉，但实际效果依然不显，有数据显示，至2016年，中国课外辅导行业市场规模超过8000亿元，参加学生规模超过1.37亿人次，辅导机构教师为700万~850万人。我国参加课外辅导的学生约占全体在校学生总数的36.7%，在北京、上海、广州、深圳等大城市，更是高达70%（见2017年4月的《中国青年报》）。从以上数据来看，尽管国家为学生减负作出了不懈努力，但实际效果却不甚明显，学生的学业负担不减反增。

这种情况直到2021年才得到扭转。2021年7月24日，中共中央办公厅、国务院办公厅印发了《关于进一步减轻义务教育阶段学生作业负担和校外培训负担的意见》，要求要切实提高思想认识，全面贯彻党的教育方针，落实立德树人根本任务，发展素质教育，切实减轻义务教育阶段学生过重作业负担和校外培训负担。同年8月，国务院教育督导委员会办公室印发专门通知，拟对各省"双减政策"落实进度每半月通报一次。2021年11月3日，市场监管总局等八部门发布《关于做好校外培训广告管控的通知》，坚决杜绝地铁、公交站

---

① 龙安邦，余文森. 我国基础教育课程方案变革70年的回顾与展望［J］. 中国教育学刊，2019（10）：28-35.

台等所属广告牌、广告位刊发校外培训广告。2021 年 3 月，教育部颁布"睡眠令"，同年 7 月出台"双减政策"。有数据显示，发布"睡眠令 + 双减政策"后，六成中小学生睡眠时长有不同程度的增加，其中，睡眠时间增加 2 小时以上的达到 9.41%；增加 1~2 小时的达 21.66%；增加 0~1 小时的达 28.88%。但也有研究者持不同意见，认为减负数据仅是部分表层现象，相当多的学生学业负担依然如故，部分学生甚至还在加码。教培机构虽然明面上不见踪影，实质上却以更隐蔽的形式悄然运作。更为重要的是，有迹象表明，社会对于"双减"的态度日益分裂，赞成者与反对者互不相让。

横亘在 21 世纪中国教育改革发展面前的远不止学业负担这一个问题。随着社会大众对教育要求的日益提高，教育公平逐渐成为广大中国群众的关注焦点，这显示，教育的发展已不能满足新形势的需要。2010 年 5 月，国务院常务会议审议并通过了《国家中长期教育改革和发展规划纲要（2010—2020 年）》（以下简称《纲要》）。《纲要》首先总结了当前中国教育存在的问题："我国教育还不完全适应国家经济社会发展和人民群众接受良好教育的要求。教育观念相对落后，内容方法比较陈旧，中小学生课业负担过重，素质教育推进困难；学生适应社会和就业创业能力不强，创新型、实用型、复合型人才紧缺；教育体制机制不完善，学校办学活力不足；教育结构和布局不尽合理，城乡、区域教育发展不平衡，贫困地区、民族地区教育发展滞后；教育投入不足，教育优先发展的战略地位尚未得到完全落实。接受良好教育成为人民群众强烈期盼，深化教育改革成为全社会共同心声。"因而，"优先发展教育，完善中国特色社会主义现代教育体系，办好人民满意的教育，建设人力资源强国"。《纲要》提出了教育发展的一系列重要目标，要求"进一步解放思想，更新观念，深化改革，提高教育开放水平，全面形成与社会主义市场经济体制和全面建设小康社会目标相适应的充满活力、富有效率、更加开放、有利于科学发展的教育体制机制"。它强调教育改革的系统性、艰巨性与协调性，对人才培养体制改革、考试招生制度改革、建设现代学校制度、办学体制改革、管理体制改革、扩大教育开放等方面都进行了部署。

2012 年 11 月，中国共产党第十八次全国代表大会在北京举行，再次强调，要"全面实施素质教育，深化教育领域综合改革，着力提高教育质量，培养学生社会责任感、创新精神、实践能力。办好学前教育，均衡发展九年义务教育……完善终身教育体系，建设学习型社会。大力促进教育公平，合理配置教育资源，重点向农村、边远、贫困、民族地区倾斜，支持特殊教育，提高家庭经济困难学生资助水平，积极推动农民工子女平等接受教育，让每个孩子都能成为有用之才"。

2013 年 11 月，党的十八届三中全会召开。会议通过《中共中央关于全面深化改革若干重大问题的决定》，对深化教育领域综合改革进行了整体部署。其内容包括三个重要方面：

第一，立德树人。文件明确要求"加强社会主义核心价值体系教育，完善中华优秀传统文化教育，形成爱学习、爱劳动、爱祖国活动的有效形式和长效机制，增强学生社会责任感、创新精神、实践能力。强化体育课和课外锻炼，促进青少年身心健康、体魄强健。改进美育教学，提高学生审美和人文素养"。

第二，教育公平。文件要求"健全家庭经济困难学生资助体系，构建利用信息化手段扩大优质教育资源覆盖面的有效机制，逐步缩小区域、城乡、校际差距。统筹城乡义务教育资源均衡配置，实行公办学校标准化建设和校长教师交流轮岗，不设重点学校重点班，破解择校难题，标本兼治减轻学生课业负担"。2016 年，国务院《关于统筹推进县域内城乡义务教育一体化改革发展的若干意见》还就消除大班额提出了具体行动计划："到 2018 年基本消除 66 人以上超大班额，到 2020 年基本消除 56 人以上大班额。"2018 年"两会"期间，教育部负责人专门重申了这一目标，并分析了"大班额"的危害。

第三，教育改革。文件决心推进考试招生制度改革和管办评分离制度改革，"探索招生和考试相对分离、学生考试多次选择、学校依法自主招生、专业机构组织实施、政府宏观管理、社会参与监督的运行机制，从根本上解决一考定终身的弊端。义务教育免试就近入学，试行学区制和九年一贯对口招生。推行初高中学业水平考试和综合素质评价。加快推进职业院校分类招考或注册入学。逐步推行普通高校基于统一高考和高中学业水平考试成绩的综合评价多元录取机制。探索全国统考减少科目、不分文理科、外语等科目社会化考试一年多考。试行普通高校、高职院校、成人高校之间学分转换，拓宽终身学习通道""深入推进管办评分离，扩大省级政府教育统筹权和学校办学自主权，完善学校内部治理结构。强化国家教育督导，委托社会组织开展教育评估监测。健全政府补贴、政府购买服务、助学贷款、基金奖励、捐资激励等制度，鼓励社会力量兴办教育"。

## 二、教育惩戒思想概况

教育改革，观念先行，素质教育倡导以人为本、以生为本、以学为本、以发展为本，要求教师对传统的教育教学观念要从根本上进行批判和重建。教师在处理师生关系问题时，受到的指引是必须将学生视为平等的具有人格尊严的个体，教书是目的，育人同样是目的。1991 年 9 月 4 日，第七届全国人民代表大会常务委员会第二十一次会议通过《中华人民共和国未成年人保护法》，使体罚、变相体罚学生的行为受到法律的禁止，也间接提高了学生的维权意识。1999 年，教育部颁布了《中小学生违纪行为的教育与管理》，提出"四不"原则，即"不体罚、不心罚、不变相体罚、不随意抛弃"，要求教师要以爱心和耐心为基础，采取恰当的惩戒措施，帮助学生改正错误。2009 年，教育部颁布了《中小学班主任工作规定》，提出"关心爱护全体学生，平等对待每一个学生，尊重学生人格"。

从综合分析来看，1999 年是个关键的时间节点，以 1999 年为分水岭，中国教师在教育惩戒方面的认知和态度呈现两个截然相反的状态。在 1999 年之前，教育惩戒，包括体罚在广大地区依然盛行，而在 1999 年之后，教育惩戒，尤其体罚现象迅速减少。尤其是 1995 年互联网技术在中国开始普及，信息披露与传播的速度显著加快，再加上互联网的聚焦放大效应，这一时期惩戒—体罚现象广泛出现在大众视野中。

**（一）1999 年之前教育惩戒概况**

和 20 世纪 80 年代前相比，这一时期的传统教育观念仍然牢固且浓厚，因此，依赖教育惩戒，动辄使用体罚的巨大惯性并无明显改善的迹象。在城市、市郊中，不论重点学校、一般学校，还是薄弱学校，体罚现象都相当普遍。[1]20 世纪 90 年代末有研究者曾对某地教师群体进行抽样调查，发现近半数的教师赞成适当体罚。在对 6 所中小学 230 名教师的调查中，有将近一半的中小学教师赞成适当体罚学生，比例为 46.5%。其中，小学教师赞成的比例高达 63%，初中教师赞成的比例是 30%。1997 年，某地一位研究者对当地 4 所中小学 5 个班的 308 名学生做过调查，有 54% 的学生受过体罚或变相体罚。[2]

1996 年，刘杭玲和苏正旺对 6 所中小学 592 名学生进行了调查，在过去的一学年内，受到体罚或变相体罚的学生比例如下：初一的为 47.3%，初二的为 50.7%，初三的为 35.9%，小学五年级的为 31.6%，四年级的为 41.4%，三年级的为 46.8%。在个别学校的一些班级中，绝大多数学生都不同程度地受到过体罚或变相体罚。[3]1998 年，北京市教科院对北京市中小学生的调查表明，有 57.5% 的小学生有时看到老师体罚学生，有 20.1% 小学生经常看到老师体罚学生；初中生中"有时"和"经常"的比例分别为 62% 和 18.6%，高中生的

---

① 王辉.我国中小学教师无度惩戒现象的分析［J］.教育理论与实践，2001（10）：27–30.
② 张良才.体罚的功能与危害［J］.石油教育，1997（11）：26–27.
③ 刘杭玲，苏正旺.中小学校体罚现象的调查与分析［J］.中国教育学刊，1997（3）：59–62.

比例分别为 50.3% 和 9.9%。[①] 另据王洪成老师披露，2000 年 4 月，其曾就体罚问题对河南省 191 名中小学老师进行了调查。结果表明，有 95.8% 的人曾经体罚过学生。[②]

**（二）1999 年之后教育惩戒概况**

1999 年之后，在制度约束、媒体监督、观念转变等综合因素作用下，中国广大教师的教育惩戒观念受到极大的冲击，或主动、或被动地减少乃至停止惩戒行为，尤其是体罚行为。这种变化带来的好处不一而足，如能够赋予学生更多的自信与信心，让学生更易释放天赋与个性，同时对调整师生之间的人际关系也有一定正面作用，如有研究表明，2001~2019 年，我国师生关系的依恋性、友善性均值分别上升了 0.59 个和 0.69 个标准差；冲突性、回避性均值分别降低了 1.52 个和 1.03 个标准差。[③] 这个结果反映了师生关系在一定维度上的改善。

但也有研究表明，事态的转变并不全然是积极的，消极变化的一些势头更加令人不安。如 2000 年以后，观察研究师生关系变化的研究者发现，越来越多的证据似乎表明，老师管理学生的意愿和意志不断削弱，出现了教师"不敢"管学生、"不敢"批评教育学生、放任学生的现象，甚至有的地方还比较严重。[④] 教育界这种教师"佛系化"的倾向引起了行政管理部门的警惕，2009 年，教育部印发《中小学班主任工作规定》，其中第四章第十六条明确指出，"班主任在日常教育教学管理中，有采取适当方式对学生进行批评教育的权利"。以提醒老师不要放弃批评学生的权力。《人民日报》2017 年 1 月 5 日还专门发文《"老师不敢批评学生"谁之过》对此现象进行了专题讨论，可见在长达近 20 年的时间里，这种情况未能得到有效扭转。

那么问题的根源在哪里？针对此问题，有人做过调研，在接受调查的教师之中，有 76% 的教师在批评学生时是存在顾虑的，只有 12% 的教师在批评教育学生时不存在顾虑。教师在批评学生时主要的顾虑是来自学生以及家长的态度和反应，其次是赏识教育等新教育理念和新型师生关系的倡导、社会舆论及网络报道以及禁止体罚、变相体罚等的规定。[⑤] 这项研究至少透露了两个信息：①教师的"佛系化"确实已不是个别现象，呈现大面积群体化的趋势。②导致

① 但汉礼.关于中小学体罚现象的比较研究［J］.湖北师范学院学报（哲学社会科学版），2004（4）：121-126.
② 王洪成.关于教师体罚学生行为的思考［J］.教育探索，2002（3）：86-87.
③ 雷浩，王晨馨.新课程改革二十年来中小学师生关系的变迁［J］.教育研究，2020（10）：118-130.
④ 孙阳春.教师"批评权"尴尬的深层剖析——兼谈教育发展的"个体理论性"路径批判［J］.上海教育科研，2009（12）：22-24.
⑤ 武潇悦.小学教师批评权弱化的原因与对策研究［D］.石家庄：河北师范大学，2017.

这种变化的环境因素是复杂的、综合的，是当前教育理论和政策生态下的自然产物。因此，期望靠简单的政令或文件扭转这一趋势的可能性不大。

作为旁证，统计 2000 年以来，因教师惩戒学生引发的典型事例，可从不同侧面反映教师教育行为变化的推动因素。

# 第七章
# 当代世界教育惩戒思想及制度总览

20世纪经济的全球化带动了全世界文化的一体化进程，教育思想、教育技术与教育制度相互交融，形成人本化、人文化的主流思潮。在这股思潮的席卷下，在世界范围内教育惩戒去体罚化、去惩戒化成为一个基本态势。总览世界主要大国，在教育惩戒思想及制度发展层面，大致可分为三个不同的阵营：重视惩戒、容纳体罚；坚持惩戒、禁止体罚；严禁体罚、淡化惩戒。

## 第一节 概况

### 一、重视惩戒、容纳体罚

以新加坡、美国为代表的少数国家，在坚持教育传统、重视教育实效道路上形成了自己独特的教育惩戒文化。从教育惩戒内涵界定与行为区分层面来看，惩戒与体罚的边界存在诸多模糊地带，如体罚与变相体罚、体罚与"有形力量"惩戒（日本）、体罚与"适当武力"（英国）等确实存在着合理的争议。此外，对于出于善意的体罚或矫治目的的体罚与人权保护是否截然背反同样难以达成广泛的共识。几千年的教育实践已经事实证明，教育惩戒与教育体罚在一定程度上具有可靠性和合理性。当然，即便在这些国家，关于体罚的争议也极其显著，如美国州际间的认知分裂、新加坡在国际上面临的尖锐批评。为了更好地平息分裂和批评，相关国家不得不更负责任地将制度建设置于严密的程序监管体系之下。因此，规范、严谨是这些国家执行教育惩戒的共同特征，以将体罚的有害风险降至最低。这一点和大部分欠发达国家事实上存在的非法体罚现象是不可同日而语的。

## 二、坚持惩戒、禁止体罚

保留惩戒、禁止体罚是大多数国家的选择。大多数国家之所以赞成教育惩戒而禁止体罚学生，主要是因为担心体罚学生可能导致身心伤害、情感创伤和学校暴力等问题。相比之下，采用非暴力、非侵犯性的惩戒手段，风险小、争议小，且在矫正学生的不良行为和提高其自律能力方面存在更大的可能与空间。因此，采取这一路线的国家通常具备以下几个特点：

（1）侧重预防：除了针对学生不当行为的后期纠正外，更重要的是注重对学生的预防教育，即通过教育和引导来强化学生的良好习惯与价值观。

（2）多元化手段：除了口头警告和批评之外，还会考虑一些非常规的方法，如处罚、限制活动、勉励、引导思考等方法，以强化学生的自我控制力和意识。

（3）强调教师和家长的合作：惩戒不应由教师或家长单独承担，而应由教师和家长共同协作，从而找到更有效和积极的方式引导、纠正目标学生。

（4）注重程序公正和透明：在执行学校惩戒制度时，制定明确的程序和标准，以避免随意或不公正的情况发生，同时相关方也能够及时了解学校的惩戒制度及执行情况。

## 三、严禁体罚、淡化惩戒

目前，全世界有不少国家和地区正在积极推进淡化教育惩戒措施、推行人性化教育的改革。其中，比较典型的有芬兰、澳大利亚、挪威、新西兰等国家。

这些国家的惩戒理念和制度主要特点如下：

（1）倡导以人为本的教育理念。认为学生是教育主体，应该尊重学生的权利和尊严，培养学生的自我意识和责任感。

（2）消除暴力和惩罚式的教育方法。严禁使用体罚等惩罚式的教育方法，主张通过鼓励和引导、奖励和表扬等方式来促进学生的学习和发展。

（3）建立健全的支持体系。建立了完善的师资培训、心理咨询、家长参与和学生支持等机制，为学生提供全面的支持和帮助。

（4）采用科学的评价和反馈手段。倡导采用多元化的评价方式，包括自我评价、同伴评价、教师评价和家长评价等，并通过及时的反馈和调整来帮助学生改进。

形成这样教育惩戒文化的基本上都是人口总量不高、经济发展水平与人均受教育水平"双高"、社会福利优渥的发达国家。因为这种文化对国家或社会扶持力度的要求极高，教育成本高企，没有相应的教育资源和物质条件是不足以支撑此类教育愿景的。当然，这种教育惩戒思想及制度实施的效果达成度是否理想，有待足够历史时期的评估及检验。

# 第二节　当代美国的教育惩戒思想及制度

美国是联邦制国家，按照美国宪法，联邦与各州分权治理。因此，联邦与各州具有相对独立的立法机关和司法体系。以教育为例，美国建国时，宪法主要就美国公民的基本受教育权益作了根本性、原则性的约定。此后，应时代发展的需要，陆续出台了各类专项的联邦教育法及含教育条款的其他普通法。据统计，目前，《美国教育法典》共有 80 章、10013 条，但实际数目并没有这么多，因为那些被删除、被移除或被废止的章和条依然被保留了下来，[①] 前者如《乔治—巴登法》（1946 年）、《初等和中等教育法》（1965 年）、《加强 21 世纪生涯与技术教育法》（2018 年），后者如《美国国家素养法》（1991 年）、《美国竞争法》（2007 年）、《技术与多种收入法案》（1988 年）等。但由于美国教育法典并未"直接创设教育权利"，即联邦宪法和宪法修正案中并未直接出现关于教育的条款，未就受教育权的归属明确释法。如 1868 年美国宪法第十四修正案提到"各州不得在其辖区内对任何人拒绝提供平等的法律保护"，该条款成为教育公平的法律依据，为黑人、残疾人等群体平等的受教育机会提供了法律保障。[②]《初等和中等教育法》则就联邦教育经费资助公立以及私立学校中的贫困学生作了明确的规定，这些方向性的联邦法只是在基本教育权利方面进行了规范性的说明，而教育权方面的法律法规主要依托各州自行立法，具体的教育标准和标准测验通常也由州政府制定，州政府和地方政府（学区）或协会及行业机构具体实施。

美国的教育行政管理也自成特色。美国虽然设立有教育部，但其规模及权力都不大，且法律地位十分尴尬。在 1980 年之前它仅是联邦卫生、教育和福利部下辖的一个分支机构。后根据《教育部组织法》（1979 年），单独成部，但该部是所有联邦部级机构中最小的内阁层级联邦部门，主要的职权在于编列联邦补助方案以及执行联邦关于民权及隐私的教育法案，而对于课程标准的设置等业务工作并不干涉（2002 年 1 月 8 日签署的《有教无类法案》例外）。教

---

① 叶强.美国教育法典的构成特点与启示［J］.湖南师范大学教育科学学报，2022（1）：41–48.
② 谭春芳，徐湘荷.教育公平：美国基础教育相关法律的演变［J］.上海教育科研，2015（4）：44–47.

育部行使人权法规定的权力和美国宪法规定的其他基本权力，主要通过提供资助、项目等方式来体现联邦政府对各州的教育影响或引导。如于 2018 年在美国通过的《宪法第 1013 号修正案》（VRA1303），授予美国法律服务中心与卫生、教育等各种专门机构从联邦财政接受款项或出版物的权利。具体应用中，大多涉及学生资助、教育补助金、食品券计划、社区学院和在线课程等。在教育惩戒问题上，美国教育部事实上并不存在发挥作用的空间。

20 世纪以来，美国就是世界上教育思想最活跃的国家之一。其国体及文化深深影响着美国教育思想的发展方向，权利、自由、正义等核心理念是其教育立法、行政管理的主要依据，且经过 200 余年的发展，相关制度日趋完善。当代美国的教育思想及制度建设主要表现出以下三个特征或倾向：

（1）公正公平。美国认为，教育和教育惩戒应该公正公平，如程序与结果的正义、投入与产出的平等。不应该因为学生的家庭背景、种族、性别等因素而采取不同的教育措施和惩罚措施。为此，美国采取了多种措施来保证惩戒的公正公平，如制定统一的惩戒标准、对所有学生进行相同的惩戒措施、建立申诉机制等。

（2）个性化和多元化教育。美国认为，每个学生都有自己独特的学习需求和兴趣爱好，因此，教育及惩戒教育应该根据学生的个性化需求进行个性化和多元化教育。美国采取了多种形式的个性化教育方式，如课堂互动、小组合作、个性化作业等，以满足学生的不同需求。

（3）人性化教育。美国认为，惩戒教育的最终目的是促进学生的发展，而非损害其自尊心和尊严。因此，美国倾向于采取人性化教育的方式，以冷静、理性的方式来处理学生的违纪行为，尽可能避免使用体罚等暴力手段。当然，由于各州教育理念的差异，在教育立法与教育治理等各方面多元并立，对教育惩戒及体罚的认可度与容忍度各有差异。

## 一、概况

美国是最早对教育惩戒进行立法的国家之一。20 世纪 90 年代以来，美国不断改革和完善教育惩罚制度，逐步形成了支持性教育惩罚的治理模式。2014 年，美国教育部和司法部联合发布了《学校纪律指南》。在这一支持性的教育惩戒政策的保护下，各州的学校可以通过营造积极的学校氛围、完善惩戒措施和流程、建立数据决策系统，引导学生自律，改善学生行为，营造积极安全的校园环境。

美国学校教育惩戒注重积极向上的校园文化和氛围，同时坚持严格的标准，对学生寄予厚望，使学生养成良好的行为规范。此外，美国主张学校通过一系列适当的惩戒措施来规范学生的行为，教育学生对自己的行为负责。为此，美国学校为教师提供高质量的培训，以确保所有教师都能公平、规范地执行纪律政策。学校保护师生安全，维护良好的学习活动秩序。在大多数情况下，他们并不主张暂停或开除学生。

美国教育惩戒经历了从自由裁量到规范化、多样化的过程。针对零容忍政策带来的问题，国家和地方开始对学校纪律法规进行改革：采取多种措施防止学生违纪；鼓励运用积极的行为管理策略纠正学生的违纪行为；限制和规范惩罚性、排他性处罚方式的使用；建立教育处罚的监督、问责和完善机制等。

**（一）美国当代教育惩戒的三大原则**

一是营造积极的学校氛围，注重预防学生的不当行为。具体的行动步骤包括：营造积极的校园氛围；循证预防策略，如分层支持是首选；对学校工作人员进行定期培训；与社区合作；确保学校执法人员致力于改善学校安全，减少不当司法转移。二是制定明确适当的期望，妥善处理学生的不端行为。具体行动步骤为：设定行为预期，采取引导性行为约束策略；鼓励学生、家长和教师参与制定和评估学校行为准则；确保对任何不当行为的惩罚是明确和适当的；为所有学生制定行为准则和纪律程序；鼓励将停课作为最后的惩罚，学生将得到替代教育。三是借助数据分析，确保公平、公正和持续改进。具体行动步骤是：培养全体教师公平公正地执行纪律政策；建立以数据为驱动的积极长效跟踪机制，收集学生、家长和教师的反馈意见，确保学校纪律政策和做法得到公平、一致和恰当的执行。可见，美国的教育惩戒越来越规范，制定和针对性措施也与时俱进，越来越具备时代特色。美国学校制定的惩戒政策和做法，为有效规范学生的行为、减少学生违纪行为的发生、营造安全积极的学校环境、最大限度地发挥学校的功能作了新的有益探索。

**（二）美国当代教育惩戒的典型特征**

1. 人权优先

在美国，人权法优先于教育法，因此，涉及人权争议的部分，教育惩戒必须保持理性的距离。如对于高等教育而言，对于涉及成人的教育，民事关系优先被视为师生之间的基本关系。污辱人格、坏人名誉、殴打他人是涉嫌犯罪的行为，脱离了教育惩戒的范畴。对于基础教育来说，惩罚站立、低头是可以的，禁止抬头、关禁闭或驱离教室也行，但"辱骂"学生则是高风险行为。因为这已脱离教育法的范畴，而是涉及人权法的关切领域。殴打或体罚学生通常可按照州立法的相关标准执行程序。但当谈到侮辱、人权和政治敏感性时，连美国教师公会都会置身事外。一般而言，在法律范围内，在惩戒未成年人的问题上，教师所获授权自由度较大，但这并不意味着美国的教师会乐意使用这一权力，因此许多教师在惩戒权的行使方面相当谨慎。只要学生不影响教学秩序，美国老师很少训斥学生，不让学生站着，也不当众批评学生。在美国"政治正确"的大背景下，美国老师越来越倾向于不过分惩罚学生，美国家长对学校的要求也适度克制，大多数美国学生同样拥有适度的规则意识，所以教学秩序总体良好。

2. 制度严密

美国是一个以规则为基础的社会。出现在法庭或各种投诉委员会中的纠纷事件并不常见，因为依法办事是全社会的共识。学校教育的规则是全社会规则的缩影，学校应该遵守法律程序，在这一点上，舆论永远不会给学校教育更多不必要的社会道德责任：学校就是学校，没有严密的制度，教育就不能承担社会给予的责任和担当。美国的制度设计不是孤立存在的，以教育惩戒为例，涉及当事师生双方时，权利与风险均有相应制度给予保障。如针对惩戒处置与惩戒申诉实行分离制度，这样既不会给教师带来额外的压力和麻烦，也有利于教师权益的保护。从学生角度来看，学生即便受到开除这种严厉的处罚，也并不意味着堵死了后路，美国大学和高中之间存在学分互认制度，涉事学生不必再参加高中入学考试或高考，可以转学到其他学校继续修习学业。

3. 程序严谨

为了规避风险，每所学校都会严格规定对学生违规行为的处罚，在申请、申诉、家长委员会、裁决委员会、执行权等方面都有非常严格的规定，这在组织程序上是有严谨程序保障的。如果学生在受罚，会有一套严格的组织和法律措施来防止不合理的事情发生。在美国，各种教育处罚程序一般都非常严格，如处理、代表、听证、董事会决定等。所有的惩罚绝不是老师一个人决定的，程序上也不允许老师随意殴打学生。然而，美国各种教育处罚的严格程序，也意味着所有投诉的程序都应该是正式的、合理且合法的。在中国的学校里，学生在处理与学校的纠纷时感到不公平，或者家长带孩子去学校做理论，通常不会产生额外的风险。但在美国，家长的无理行为将受到严厉的惩罚。即使家长感到不满，也要通过严格的程序来处理。所有学校都有开除学生的特别程序。移民法也适用于国际学生，少年法适用于高中生。被处罚学生的开除过程通常是快速而敏感的。被开除的学生及其家长如果受到了不公正对待，可以找专门的法律援助组织、法律渠道、家长委员会等，按程序解决问题。因此，美国非常重视教育和惩罚的过程。

4. 严格执法

美国的教师和教育管理者截然不同。美国教师和教育管理者首先要考虑的是避免风险。例如，学校警察是美国学校的重要组成部分，他们的职责包括维护校园治安秩序、执行法律、保障学校安全、消防和紧急救护等任务。确保学校环境的安全和稳定，保护学生和教职员工的生命和财产安全，并及时处理突发事件。学校警察可以持枪，拥有许多与警察类似的权利，甚至可以按照校规打学生屁股，命令学生进入禁闭室，让被开除的学生远离学校，禁止学生进入学校等。当师生发生冲突或学校认为学生有暴力倾向时，全副武装的警察会进入学校维持秩序。学校警察是美国教育执法和惩罚的典型缩影。

## 二、美国当代教育惩戒的通常做法

### （一）关于惩戒

一般来说，美国教育中应该受到惩罚的行为有 29 种：不端或猥亵行为、过失行为、对抗、欺骗和撒谎、违反药物法规、犯法、顶撞老师、犯罪、公然挑衅、不悔改的不端行为、抢劫、虐待、逃学、纠结、破坏公共财产、松懈、盗窃、强迫吸烟、侵权、禁区、未经授权的集会、未经授权的项目、非法出版、不安全行为、恶意破坏、非法停车和驾驶、非法使用枪支等。因此，美国教育对学生的惩罚是不宽容的。

美国对学生的处罚主要有以下形式：训斥、停课、没收、赔偿、罚款、校车限行、学生证限制、社会服务、禁闭、写保证书、上补习班、留校检查、开除学籍、移交司法机关等。为保证学校正常的教学活动、纠正学生的越轨行为，学校有义务按照"罪有应得"的公正原则，对学生在学校的不当行为进行处罚。其中，最常用的惩罚学生的方式包括停学、学业制裁、体罚、长期停学或开除等。中小学生被学校开除，甚至被开除学区，就意味着他很可能失去免费学习的机会和附近校园的入学资格，也就是说学生只能交费进私立学校继续求学。私立学校的学费通常并不便宜，对没有尽到管教孩子义务的来自普通工薪家庭的家长来说，这无疑是个沉重的负担，因此，努力配合学校共同管理好孩子无疑是最明智的选择。如果没有这样做，孩子受到了开除的处理，家长又无力或不愿负担私立学校的学费，剩下的选择要么是送孩子上其他特殊学校，要么让孩子自修完成学业，这对每个人来说都是一个艰难的决定。

在美国的高中，学校每年都会在自己的网站上公布学生的去向并公布学生 SAT 的平均成绩，包括以正当理由开除学生的相关信息。学校不会因此承担额外的压力，美国各级政府及社会会普遍尊重学校按照规章制度实施的处置行为。

### （二）关于体罚

在美国，体罚作为惩罚学生的一种手段已有数百年的历史，最早可以追溯到殖民时期。20世纪中叶以来，美国公立学校的体罚问题一直受到社会的关注。越来越多的州通过立法禁止体罚，但仍有一些州通过维持允许体罚的法律。据统计，目前共有19个州允许学校在必要时对学生进行身体或精神上的惩戒，包括密苏里州、肯塔基州、田纳西州等。这些州认为，体罚可以帮助学生改正错误行为，促进其遵守纪律和尊重规则。然而，也有一些人认为体罚损害了学生的尊严和权利，并可能导致更严重的行为问题。

1. 基本情况

对于体罚的态度，公众总体持宽容态度。据美国广播公司最近的一次随机调查，有65%的美国人赞成体罚学生，这数字与10年前的差不多。但只有26%的人支持学校可以体罚学生。也就是说，大多数人赞成自己亲自打孩子，但不愿让老师打。

1977年，佛罗里达州有一个叫英格拉姆的初中生因为在课堂上回答问题太慢而被老师用一根长约两英尺、宽约三四英寸的棍子击打受伤，以致该生不得不在家休息。另一名初中生安德鲁斯也曾多次因违反校规受到体罚。两名学生的家长因此向联邦地方法院提起诉讼。区法院审理后表示，学校授权教师对不遵守纪律的学生实施体罚，不侵犯学生权利和不违反宪法，驳回了原告诉求。原告不服向联邦最高法院提起上诉，最终联邦最高法院以5：4的投票做出了对学校有利的判决。此判决解决了长久以来关于学校体罚是否合法的最重要的宪法争议问题：公立学校在确保程序得当的前提下，教育体罚并不违反宪法第八修正案所禁止的残忍和不寻常的处罚规定。由于美国遵循的是判例法制度，既然联邦最高法院认为宪法不禁止公立学校的体罚，那么是否禁止体罚就要由各州自行决定，由此造成了教育体罚在一些州合法而在另一些州不合法的分裂现象。

据统计，美国常见的体罚方式如下：打屁股为97%，打手为71%，打腿部为31%，打手臂为30%，打耳光为26%。日本主要是体罚头部和脸，常见体罚方式如下：打头为76%，打脸为56%，打屁股为47%，打手为33%，打腿为27%。[①]

美国南部的密西西比州、阿肯色州、亚拉巴马州、田纳西州、俄克拉何马州、路易斯安那州等的法律都不禁止学校体罚学生，但针对体罚实施作了以下的规定：①不许当着其他学生的面体罚某个学生。②体罚时必须有证人在场，以确保体罚依法进行。③必须在其他教育方法都用过并无效的情况下才可以用体罚。④实施体罚的老师不能是与要被体罚的学生刚刚发生过冲突的老师。

---

① 孟卫青，刘飞燕. 五个国家体罚立法的比较与启示［J］. 外国中小学教育，2009（6）：39-42.

⑤实施体罚的老师必须考虑到孩子的性别、年纪以及身体状况，再进行体罚。
⑥体罚时必须打孩子身上肉比较多的部位，如屁股。有些地方还规定，学年开始时，家长可以签一份同意或不同意老师体罚的声明。

2008 年 5 月 15 日，美国艾奥瓦州教育委员会批准了审查学校的拘留、监禁和体罚手段的提议。[①]根据修改后的规则，合理期限的课前和课后拘留是允许的，但如果人身约束或拘留超过一个典型的课堂或 60 分钟，工作人员就必须评估是否继续使用，并获得行政长官批准后才能延长，而且需要与家长或监护人签订书面文件。在哥伦比亚特区，政策规定对学生的惩戒只能打臀部，打耳光和恐吓都被禁止。在佐治亚州的沃克县，大多数校长的观点是"用更积极的办法，如拘留、教师会议、短期或者长期留学查看"。[②]美国的密苏里州的法律许可体罚，2006~2007 学年，高达 5000 名学生在学校被打屁股或受其他体罚。该州规定：学校体罚学生时必须尽一切努力通知家长，并完整地保留任何一起体罚案件报告。圣亚瑟学区的教师和校长表示有信心寻找其他教育方式而不是体罚。[③]

佐治亚州的沃克县 2008 年恢复体罚政策，家长必须签署一份允许体罚协议，才能让他们的孩子被管理员实施体罚。该州大多数地区的校长都将体罚作为最后手段，鼓励教师寻找别的管理方式，而不是体罚为主且体罚不得过度或严重不当。2008 年 6 月，俄克拉何马州阿德莫尔的一名男副校长体罚一名学生，造成擦伤和红肿。针对此事件，学校董事会成员达临罗素声称希望改变体罚政策，拉塞尔（家长）说："我不希望我的女儿被一个 26 岁的男子鞭打，我决不允许这样。执行体罚学生的负责人必须和学生的性别一样。"[④]

2. 美国的教育惩戒相关制度条文

（1）《宪法》。美国联邦政府《宪法》中的"民权法案"（The Civil Rights Act）保障了学生的基本权利，包括言论自由和宗教自由。同时，修正案规定，"学生在公立学校内，不得因种族、肤色、性别、宗教、国籍、家庭出身、财产、疾病、残疾、年龄、性取向、血统或保留地而受到歧视"。

（2）《中小学教育法》。1965 年颁布，旨在促进教育事业的发展，提高公共教育资源的利用效率，并保障所有学生的基本教育权利。美国联邦政府《中小学教育法》中的"学生行为标准"（Student Behavior Standards）规定了学生在校园内应该遵守的行为准则，包括行为举止、着装、交往、学习等方面。此外，该法还规定了学校对于学生行为不当的处理方式，包括警告、罚款、留校察看、退学等。

---

①②③④ 资料来自剑桥期刊在线（http://www.cambridge.org/core）。

（3）《学校纪律处分法》。于1917年通过，旨在规范学校纪律行为，保护学生权益、促进学校纪律教育。该法律在保障学生权益、促进学校纪律教育、提高教育质量等方面发挥了积极作用，成为美国教育制度中的重要组成部分。该法规定了学校可以对学生采取的纪律处分措施，包括口头警告、书面警告、留校察看、退学等。学校在采取纪律处分措施前，必须要有正当的理由，并且需要听取学生及其家长的意见。学生对纪律处分决定不服的申诉程序，包括申诉期限、申诉形式、审核程序等。

（4）《国际教育准则》。由美国教育部门于1998年颁布，旨在促进全球范围内的教育交流和合作。该准则旨在确保国际学生在美国接受教育时能够获得高质量的教育体验，同时也为美国学校与国际教育机构之间的合作和交流提供了规范和指导。该准则规定了国际社会对于教育惩戒的基本看法和标准，包括学生应该遵守的行为准则、学校对于学生行为不当的处理方式、学生申诉的程序等。

（5）《家长教育权利法》。于1975年初次通过，此法案后来多次被修改。该法案旨在保护家长的权利，让家长能够更好地了解和管理孩子的教育。该法案的核心内容包括：①保护家长的知情权和参与权。家长有权了解孩子在学校的表现和学习进展情况，并且有权参与到孩子的教育中来。②禁止学校和老师实行体罚、心理虐待和其他形式的暴力。③规定学校必须提供安全的学习环境，并采取措施保障学生的安全。④要求学校对性骚扰和歧视行为进行严格的管理和惩处。该法案经过多次修订和补充，一直被沿用至今。其中，2019年发布的《美国全球教育监测报告》显示，美国的《家长教育权利法》在保护家长权利、提高教育质量等方面发挥了积极作用。

（6）《学生保护法》规定了学校对于学生权益的保护措施，包括学校对于学生行为不当的处理方式、学生申诉的程序等。此外，该法还规定了学生在校园内遭受伤害或者侵权的处理方式。

# 第三节　当代欧洲的教育惩戒思想及制度

当代欧洲的教育惩戒思想和制度既涉及传统惩戒手段和教育形式，又进一步吸纳了诸多西方现代惩戒理念和实践经验，成为当代欧洲教育实践的重要组成部分。一方面，传统惩戒手段和教育形式在当代欧洲的教育实践中仍然扮演着重要角色，包括口头斥责、暂时隔离、停学甚至逐出教室等。一些国家，如法国和德国，还设立了专门的教育惩戒机构，负责实施惩戒措施。另一方面，随着社会发展和教育观念的转变，现代惩戒理念和实践也逐渐进入当代欧洲的教育实践中。这些理念包括尊重学生权利、个性化教育、非暴力惩戒等。一些欧洲国家开始实施以学生为中心的惩戒方式，更加注重预防性和积极干预，如制订预防计划、建立辅导关系等。此外，还有一些欧洲国家采用了更为创新的惩戒方式，如电子游戏治疗、艺术治疗等。

作为现代文明的发源地，欧洲的教育思想特别强调以人为本。即便是教育惩戒的实施都必须尊重学生的权利。这包括学生的尊严、隐私和自主权等。教育惩戒的目的是帮助学生改正错误，而不是伤害学生的自尊心和身心健康。教育惩戒实施更注重预防性，而不只是为了惩罚有过错的学生。预防性惩戒的方式通常是要求学生认识到自己的错误并改正，同时给予学生改正错误的机会。另外要注重个性化教育，强调学生的独特性和差异性。这意味着教育惩戒实施需要考虑到每个学生的不同情况，因材施教，采取个性化的方式进行教育。

但在具体实施方面，西欧与北欧存在一定的差异。在北欧地区，教育惩戒相对较少，通常会选择更安全、健康和低风险的方式来实施教育惩戒，如以口头警告、暂时隔离等方式进行。而在西欧地区，教育惩戒相对较严厉，包括口头斥责、暂时隔离、停学甚至逐出教室等。在惩戒目的方面，西欧和北欧地区也有所不同。在北欧地区，教育惩戒的主要目的是帮助学生改正错误，而在西欧地区，教育惩戒的主要目的是维护学校的纪律和秩序。

总体来说，当代欧洲的教育惩戒思想和制度已经呈现多元化和现代化的趋势。尽管不同国家和地区的具体实践存在差异，但普遍趋势是以学生为中心，以尊重学生权利、促进学生发展为出发点，探索更为科学、合理和有效的教育惩戒方式及制度。

## 一、英国

在 20 世纪 80 年代以前，英国是严厉的教育惩戒立场持有者，体罚学生的氛围浓厚。长期以来，英国的儿童慈善机构或部分成人团体四处游说，主张全面禁止体罚，逐渐取得了社会的理解和支持。1986 年，英国众议院以一票之优宣布公立学校内的体罚是违法行为。1999 年，经过激烈的辩论，通过了一项在私立学校禁止体罚的法令，从而使学校的体罚现象得到一定的控制。[1] 这样，在 20 世纪末，从法律层面基本确认学校教育惩戒合法、体罚不合法的法律态度。但这一转向引起社会巨大的反弹，广大基督教会学校表示强烈反对，它们认为，体罚自古以来就是犹太教和基督教共同继承下来的一种教育手段。

---

① 杨光富.美英韩泰四国教育体罚现象透视［J］.当代教育科学，2003（9）：31-32.

剥夺学校的体罚权，将不利于儿童高尚道德的养成。不少家长支持学校的这一观点，并与学校签署了意向书，允许教师对自己的孩子使用体罚进行教育。2001 年 11 月，有 40 所学校向高院申请司法复核，指出两年前实施的禁止私立学校体罚法律，剥夺了父母约束子女的权利，自新法律实施以来，学生纪律已有下降趋势。[1]

21 世纪初，英国教育部门对 1000 名父母进行了一次民意调查，结果显示，3/4 的人认为，在过去 10 年里，由于教育惩戒强度的削弱，英国学校的纪律变差了，越来越多的孩子满口粗言，不服管教。许多家长表示，在说教效果不显著的情况下，他们不得不辅以"武力"加以教育。同时期英国《卫报》进行的另一项调查也显示，该国 51% 的家长希望学校恢复对孩子的体罚。连当时英国卫生大臣赫顿都表示，他不希望英国成为一个"限制父母权利的保姆之国"，指出"父母有权决定采取何种方式教育自己的孩子"。

在这种转向的社会氛围下，英国《2006 年教育与督学法》出台，根据这项法律，学校有时可能需要使用"合理武力"这一措施，以维护秩序、保障学生安全和保证教育质量。"合理武力"的使用必须符合以下三个条件：①必须是为了防止学生对他人或物品造成伤害。②在规避其他更不利后果后，使用武力确实是适当且必要的。③使用武力的方式必须符合"适度"原则。在使用"合理武力"时，教职员工应该尽可能避免对学生身体造成损伤。同时，任何使用武力的决定都应该在所有情况得到考虑和评估下做出，并遵循学校的政策和程序。尤其需要注意的是，使用"合理武力"只能是最后的选择，如果可能存在其他解决方案，则不应该使用该措施。

在实际操作中，英国教育系统采用了多种形式的惩戒措施，包括口头警告、书面警告、罚款、社区服务、孤立、拘禁等措施。此外，学校还可以通过限制课程、暂停上课、调整班级等方式来惩戒学生。

总的来说，英国教育惩戒制度注重对学生进行有针对性的个性化管理，以维护学校正常的教学秩序和校园安全。同时，也强调了惩戒措施应该是适度的、透明的和和平的，以充分保护教育工作者和学生的权利和尊严。

## 二、法国

当代法国的教育惩戒制度与 1968 年《教育法典》密切相关，该法典规定：教育惩戒只能是作为一种教育方法和手段，而不能是一种严厉的惩罚方式。因此，在实施教育惩戒时，必须遵守尊重人权、尊重学生人格和尊严的原则。教

---

[1] 杨光富. 美英韩泰四国教育体罚现象透视［J］. 当代教育科学，2003（9）：31-32.

育惩戒必须做到透明公开，并且需要家长知情同意后才能实施。同时，学生也有权利在规定的时间内上诉。1998 年，法国又对该法典内容作了更新和扩充。

2018 年，为消除校园欺凌和促进积极学习环境的形成，法国发布了一项新的教育改革法案，对相关内容作了重大修改。根据新法案的精神，首先，禁止体罚和羞辱。法案规定：教师和学校工作人员不得使用体罚、羞辱等任何形式的精神或肉体惩罚方式惩戒学生，对学生的隔离不能超过 4 个小时，并规定学校必须保证学生的安全和对学生的尊重。其次，优先采用非惩戒性方式。法案规定：对于学生的错误行为，学校应该优先采用非暴力和非惩戒性方法进行解决，如通过教育、引导、咨询和支持等方式，避免轻易采用惩罚性措施。再次，要遵循个性化惩戒方案。法案要求学校制定个性化惩戒措施，针对每个学生的实际情况、犯错误类型的严重程度以及学生的心理状态等因素进行个别对待，以确保公正、合理、适度的惩戒。同时，应事先告知学生及其家长惩罚类型和惩罚方式。最后，鼓励惩罚与支持相结合。法案提出，学校在采取惩罚措施的同时，应该提供有效的支持和协助，帮助学生克服问题，回归学习、生活轨道。

1968 年，在法国北部城市雷恩，一位中学老师巴桑（Jean-Paul Baillargeaux）在课堂上和学生起了争执，由于巴桑老师此前长期遭受该学生的辱骂和暴力威胁，情绪失控之下打了学生一记耳光。该生将巴桑老师诉之法庭，但在法国社会的普遍关注下，法庭最终判定巴桑老师的行为"当场制止且合理"，免于处罚。这个案例引起了人们的广泛关注和讨论，该案涉及教育、社会、法律等多个领域。在这个案件中，人们普遍认为巴桑是在保护自己和其他同学不受暴力伤害，所以他的行为是合理的。但根据相关法律，教师的行为确实有违法之嫌，违法却免于处罚，法国人对于体罚的认知与态度不免有些纠结。

在实践过程中，一些具体的惩戒措施如下：

（1）口头惩戒。这是最常见的教育惩戒措施，包括警告、批评和谈话。这些方式主要被用来对付轻微的不当行为。

（2）书面警告。如果孩子的不当行为比较严重，教师可以发出书面警告，但该方式只能适用于中等教育学段学生。

（3）家长会谈。在某些情况下，教师需要与学生的家长进行会谈，特别是在孩子的不当行为导致了身体或心理的问题时。这种方式通常应用于中等教育和初等教育阶段。

（4）社区服务。如果一个学生的不当行为相对严重，他可能会被要求在学校外参加社区服务活动，以弥补他的过错。

（5）拘留。这是针对中等教育学生不当行为的最严厉惩戒措施之一。被拘留的学生必须留在学校，并受到额外的学科指导。

（6）暂停上课。当一个学生的不当行为对于他人安全或影响了学校正常教学秩序时，学生可能会被禁止进入课堂。这种惩戒方式一般用于初等教育和中等教育。

（7）驱逐出校。只有在最极端和紧急的情况下，学生才会被驱逐出校园。一般只适用于中等教育学段学生。

## 三、德国

德国的教育惩戒思想及制度是受到法律规范和人权保障的制约的。在德国，学校的责任不仅是教育学生，更要确保学生的健康和安全。因此，德国学校不允许采用任何可能伤害学生身心健康的惩戒方式。以下是当前德国教育惩戒思想及制度的基本概况：

（1）禁止体罚。德国学校禁止对学生进行体罚，包括鞭打、抽打、掌掴等行为，否则将面临法律处罚。

（2）重视联合解决问题。在学校中，如果出现学生之间的冲突或者学生与老师之间的矛盾，通常采取联合解决问题的方式，即通过共同协商来找到解决方案。这种方式旨在增强学生的自我控制能力和责任心。

（3）实行更加人性化的惩戒方式。德国教育局鼓励采取那些更加人性化的惩戒方式，如口头警告、社区服务、参加辅导课程等。这些措施可能会被视为是更积极的干预措施，而不是简单的惩罚。

（4）对特殊需要学生采取个性化教育方案。对于某些有特殊教育需求的学生，需要采取个性化的教育方案。这种方案包括为学生提供额外支持和帮助、给予更多时间进行学习等。

德国的教育体系中禁止采用禁闭或拘留这样的具有惩罚性质的措施作为对学生违规的处罚。在德国，教育惩戒强调的是"教育"和"改进"，而不是惩罚或者报复。应该通过帮助学生重建自信、培养他们的责任感和自制力来促进其行为的改善。

根据德国法律，纠正不当行为的主要方式应该是对学生进行积极引导和严格监督，而不是惩罚和限制身体自由。因此，在德国的学校中，教师和学校管理人员不能对学生施行禁闭或拘留等惩罚措施。取而代之的是，学校可能会采用一些非惩罚性质的措施，如口头警告、社区服务、内部处罚措施等。这些措施旨在帮助学生理解他们的错误，并促使他们自发地进行改变和进步。

德国作为一个法治国家，学校的惩戒方式也必须遵循法律的规定。在德国的学校中，一般会采用以下几种方式对学生进行惩戒：

（1）口头警告。对于一些不太严重的违纪行为，老师可能会直接口头警告学生。

（2）书面警告。如果学生的违纪行为比较严重，老师可能会通过书面方式向学生发出警告。这种方式通常需要学生和家长签署一份确认书。

（3）注销学籍。如果学生的行为十分严重或者屡教不改，学校有权力将其学籍注销并开除出校。

（4）罚款。学校可以对一些过于严重的违纪行为进行罚款，罚款金额通常由学校或法院决定。

（5）社会服务。学校可以要求学生进行一些社会服务，以强化他们对社会责任的认识。

## 四、瑞典

瑞典是一个高度发达的国家，在国际社会上享有很高的声誉，其教育体系也备受世人瞩目，其教育惩戒思想及制度也别具特色。

瑞典的教育惩戒制度可以追溯到19世纪。此前，教育惩戒在瑞典教育中并不普遍，只有发生一些非常严重的问题时才会采用惩戒措施。然而，到了20世纪50年代，由于对学生行为的管控开始松弛，教育惩戒在瑞典教育中逐渐流行起来。

20世纪60年代，社会上出现大规模的反对教育惩戒的运动。这一运动起源于反对极权主义的思潮，反对者认为过度使用教育惩戒会导致权力滥用和侵害学生的自由。随着时间的推移，这一运动更加深入人心，并且逐渐影响了瑞典政府的决策。

随着时间的推移，瑞典越来越强调学生在学校环境中的参与度和自主性，这也渐渐改变了瑞典教育惩戒制度的方向。20世纪90年代，瑞典的教育惩戒制度发生了重大变革，学校开始将更多的精力放在预防学生偏离行为路径上，而非简单地对不良行为进行处罚。

在瑞典的现行法律中，教师可以对学生使用一些轻微的惩戒措施，如口头警告、指出问题、给予额外任务等。但是，任何形式的体罚都是被禁止的，教师甚至不能将打开门窗或者让学生站着上课作为惩罚手段。

瑞典政府非常重视教育惩戒制度的发展，并且采取了许多措施来确保学生在校期间得到尊重和非暴力教育。例如，教师必须遵守校规，并且必须受到教育惩戒纪律委员会的监督和审查。同时，学校还建立了支持学生的机构，如心理健康团队、咨询中心等，以帮助学生克服挑战，增强自信心和建立良好的人际关系。

与其他国家不同的是，瑞典学生拥有很大的自主权，他们可以参加许多关于校园政策和课程制定的会议和决策过程。这种决策性教育被认为可以更好地维护学生的权利和尊严，从而减少学校的惩罚行为。

当然，瑞典的教育惩戒制度并非没有问题。由于教育惩戒在瑞典已经存在了很长时间，因此有些学校或教师仍然会滥用权力，并且存在惩罚过度的情况。在这些情况下，学生可能受到非常不公正的对待，影响其在学校环境中的信任和安全感。

许多教育组织和社会团体呼吁改革瑞典的教育惩戒制度，建议采取一系列措施来确保教育惩戒得到使用而又不会滥用，如加强监督、制定更清晰的惩罚指南、培训教师等。

总体来说，瑞典的教育惩戒制度已经经历了很长时间的发展和变革。虽然存在一些争议和问题，但当前的制度和政策都在致力于让学校成为安全和有尊严的环境，从而帮助学生充分发挥自己的能力和潜力。

瑞典教育系统重视学生的自我发展和自主性，尽量避免使用惩戒的措施处理学生行为问题。但是，如果必须采取行动以维护教室秩序和安全，以下是一些常见的处罚措施：

（1）口头警告。教师在课堂上向学生发出口头警告，提醒他们改变不当行为。对于较轻微的问题，这往往足以缓解局势。

（2）谈话。教师或其他学校工作人员会与学生进行谈话，以探究导致某些行为问题的根本原因，寻找解决问题的方法。

（3）暂时离开教室。在某些情况下，学生可能需要在课堂外待一段时间，直到他们能够恢复正常或找到解决问题的方法。

（4）规定任务。有时教师会给学生指派一些额外的任务，以帮助他们认识到错误并改正问题行为。

（5）家长或监护人参与。如果学生持续表现不佳，学校可能会联系学生的家长或监护人，让他们参与处理问题，并制订计划予以纠正。

特别需要注意的是，瑞典政府已经明确规定，"体罚、侮辱或任何形式的身体上或精神上的惩罚、威胁、不公平对待和霸凌都是不能接受的"。在处理学生行为问题时，教师必须尊重学生人格权和尽量采取正向的方法，避免对学生造成伤害或影响。

## 五、俄罗斯

俄罗斯历来有重视教育惩戒的传统，将惩戒作为教育过程中不可或缺的重要环节。[①] 苏联教育家马卡连柯也曾说过："合理的惩戒制度有助于形成学生的

① 王世英. 俄罗斯教育惩戒权的法理属性探究［J］. 教育现代化，2019（98）：89-90+96.

坚强性格，能培养学生的责任感，能锻炼学生的意志和人格尊严，能培养学生抵抗诱惑和战胜诱惑的能力。"因此，从严管理是俄罗斯教育惩戒的基本特征。

首先，强调纪律性。俄罗斯教育注重学生的纪律教育，对于不守校规和纪律的学生会采取严厉的惩戒措施。其次，重视道德教育。俄罗斯教育强调培养学生的道德素质，对于违背道德准则的行为也会进行严格打击，如抄袭、作弊等行为都是被禁止的。再次，注重体罚治理。在过去，俄罗斯在教育中使用体罚较为常见，但在现代的俄罗斯教育中，体罚已经被法律所禁止。然而在某些地方和某些学校，体罚仍然零散存在。最后，多措并举，强化其他的惩罚手段。除了体罚，俄罗斯教育同时也实行其他的惩戒手段，如停学、降级等，以便于更好地管理和控制学生的行为。

2012 年俄罗斯联邦杜马通过了新版《俄罗斯联邦教育法》，该法案规范了教育惩戒的实施细则，明确了教育惩戒的实施主体、实施原则、适用对象、监管机制和社会救济途径。[①] 该法不仅规定了学生和教职员工的权利、责任和义务，同时也规定了教育惩戒的适用范围。具体来讲，《俄罗斯联邦教育法》就教育惩戒作了以下明确规定：

（1）教育惩戒的目的是纠正学生不良行为，保护其他学生的安全和学校的纪律。

（2）教育惩戒应当在遵守法律、人道和教育伦理的基础上进行。

（3）学校可以采取多种手段进行教育惩戒，包括口头警告、书面警告、写检讨和限制学生活动等。

（4）对于特别严重的违规行为，学校可以利用暂停上课和开除学籍等手段进行管理。

（5）教育惩戒的执行应当记录在学生档案中，并及时向学生的父母或监护人通报情况。

（6）学生和家长有权对教育惩戒表示异议，并要求举行听证会等程序性保障。

从实践效果来看，当前俄罗斯的教育惩戒改革比较之前有了明显的改变，主要表现在体罚现象减少、惩戒强度有所降低等方面。但由于复杂的社会原因，目前还存在过度使用、不恰当使用等问题。例如，一些学校和教师可能会采用过于严厉或过于苛刻的惩戒方式，甚至有时候会带有暴力和歧视成分，对学生的身心健康造成伤害。此外，俄罗斯的教育惩戒体系还存在着监管不力和

---

① 陈界，王世英.依法保障教育惩戒的正确实施——《俄罗斯联邦教育法》规范教育惩戒实施细则的启示［J］.中国德育，2020（1）：19-22.

缺乏有效制约机制的问题。特别是在农村和偏远地区，监管机构常常缺乏足够的资源和管理能力，难以及时、准确地对惩戒行为进行监管和制约。

# 第四节　当代亚洲的教育惩戒思想及制度

教育惩戒在亚洲文化中一直占据着重要地位。传统的惩戒方式主要有道德规劝、批评、体罚等方式，以惩治违规行为。在亚洲国家中，家长和老师一直在使用这些方式来规劝孩子或学生遵守纪律和规矩，并敦促他们在道德观念方面得到提高。

亚洲国家中，教育惩戒制度各异。以日本为代表的一些国家强调纪律引导和道德教化的作用，鼓励学生积极参与课堂和校园活动。教育惩戒讲究"疏导"，即采用沟通、引导和关爱等方式来实现惩戒。日本的法律规定，学校可以采取警告、责令不利或使其做悔过之事等轻微惩戒措施，但不得采取体罚或对学生进行任何形式的歧视行为。相对于日本，韩国将纪律和安全放在了更加重要的位置。学生被要求绝对服从老师的规定，并保持秩序和安静。如果学生不遵守规定，他们可能会受到严重的处罚，如向全校谢罪或将家长叫到学校进行解释。此外，韩国政府也针对性地设置了各种教育惩戒法规和程序，以保证学校的安全和秩序。新加坡是一个高度重视教育的国家，其教育惩戒思想和制度同样得到充分的关注。学生在校内的行为有着很严格的要求，如果违反校规或犯错，学校将会按照一定的程序进行惩戒，如书面警告、罚款、社区服务等。对于一些更加严重的违法行为，特别是对老师和其他学生的侵犯，学校可能会采取更加严厉的处罚措施，如开除和向警方报案。在 2017 年以前，甚至允许对严重违规的学生施以鞭刑，以震慑校园里的不良行为。2017 年之后废除了这一制度。教育惩戒政策转向主要以帮助学生意识到错误并提升自我管理能力为目的，同时保障学生的安全和尊严。而在印度、巴基斯坦、孟加拉国这些人口大国，受限于社会经济发展水平及传统思想的影响，这三个国家的教育惩戒思想和制度相对比较传统。印度的教育惩戒制度主要由各个邦政府自行制定，并通过各种法规来规范学校的纪律和惩戒。例如，印度的《学校教育法》设立了一个紧急情况下的纪律委员会，委员会可以采取各种措施来维护学校的纪律和秩序。除此之外，学校还有自己的纪律委员会，可以进行一些轻微的惩戒，如口头警告、写作业、停课等。巴基斯坦的教育惩戒制度主要由政府颁布的《学校纪律法》来规范。根据这个法律，学校可以采取轻微、中度和严重三种惩罚手段，包括口头警告、批评、写作业、通报家长、暂停上课、关押在室内等不同级别的处罚。孟加拉国的教育惩戒制度则根据 1979 年颁布的《学校纪律法》和 1999 年颁布的《社会秩序维护法》来规范。学校的纪律委员会可以强制执行法律，包括采取各种手段惩戒学生，如口头警告、写作业、停学或开除等。

总之，当前亚洲教育惩戒制度会受到国情、文化和教育理念等多方面因素的影响，不同的国家和地区教育惩戒的方式和程度也有所不同。但是普遍认为，教育惩戒还是必要的，要尽可能地做到准确、科学地选择合适的方式和措施，以更好地促进学生的成长和发展。

## 一、日本

近一个世纪以来，日本的教育惩戒思想及制度发展经历了多次重大转变。20 世纪初，日本的教育惩戒思想较为严厉，教育实践中常常采用体罚等方式进行惩戒。20 世纪 30 年代初，受国际反对体罚浪潮的影响，日本开始逐渐转向非体罚型的教育惩戒模式，并于 1947 年颁布的《教育基本法》与《学校教育法》中分别明确规定"禁止殴打和惩罚""校长及教员认为有必要进行教育时，可以根据文部科学大臣的规定，对儿童、生徒及学生进行惩戒，但是，不可施加体罚"。然而直到 20 世纪 70 年代之前，日本社会仍广泛认可学校体罚作为一种"教育手段"的存在，并认为这是塑造"健康、纯朴、勇敢"的青少年必不可少的手段。体罚被视为正常的、必要的惩戒手段，许多日本家长和社会人士甚至主张恢复传统的体罚制度，以期恢复旧时代的纪律和秩序。此后由于学生犯罪率上升以及对传统惩戒方式效果不佳的质疑，日本开始重视教育惩戒的科学化和人性化，推行"不伤害、不侮辱、不危害"（"三不原则"）的惩戒模式，针对教育惩戒，加强了对教师的专业培训，并出台了相关法规和指导方针。20 世纪 90 年代，随着反校园欺凌浪潮的兴起，日本立法禁止学校暴力和欺凌行为，鼓励学校采用和解和辅导等非惩罚型的干预方式，进一步淡化教育惩戒的意图明显。

日本行政立法中对于体罚的规定主要集中在三个文本中，即《关于儿童惩戒权的界限》（法务厅的回答，1948 年 12 月 22 日）、《关于对有问题行为的学生的指导》（文部科学省通知，2007 年 2 月 5 日，以下简称《学生指导》）、《关于禁止体罚和贯彻以理解学生为基础的指导》（文部科学省通知，2013 年 5 月 27 日，以下简称《禁止体罚指导》）。[①] 为了区分惩罚和惩戒的界限，日本政府

---

① 吴东朔. 体罚与有形力量合理使用的界分及镜鉴——基于日本教育惩戒的相关经验［J］. 教育发展研究，2022（15）：117–124.

在公布有关体罚的注意事项中采用列举的方式规定了 6 项禁止体罚实例：①不让学生入厕，超过用餐时间后仍留学生在教室中，因为会造成肉体痛苦，属于体罚范围，违反学校教育法。②不让迟到的学生进入教室，即使是短时间，在义务教育阶段也是不允许的。③上课中，因学生偷懒或闹事，不可把学生赶出教室；在教室内罚站学生，只要不属于体罚学生的范围，基于惩戒权观念可被容许。④偷窃或破坏他人物品等，为了给予警告，在不致造成体罚的范围内，放学后可将学生留校，但须通知家长。⑤偷窃，放学后可以留下当事人和证人调查，但不得强迫学生写下自白书和供词。⑥对于迟到或怠惰等，增加扫除的值日次数是被允许的，但不当的差别对待和过分逼迫则不行。可见，日本官方对教育惩戒，尤其是体罚问题极为重视。

然而在实践中，日本学校体罚学生的行为仍然屡禁不止。日本文部科学省在平成 25 年（2013 年）3 月开展了一项针对全日本范围内的国立、公立、私立学校的调查，结果显示，在上一年度，日本发生过体罚的学校为 4152 所，涉及的体罚案例为 6721 例，受到体罚的学生人数为 14208 人。在这些体罚案例中，出现在小学的体罚事件大部分发生在上课中，高达 922 件，占小学体罚事件的 59.1%；而初中和高中的体罚开始向课外社团活动倾斜，初中为 1073 件（38.3%），高中为 948 件（41.7%）。而在体罚的方式上，包括用手打（4101 件，61%）、用棍棒打（353 件，5.3%）、踢（617 件，9.2%）、摔（179 件，2.7%）、手脚并用（410 件，6.1%）以及其他方式。从学生被体罚侵害的结果来看，主要体现为骨折、扭伤、鼓膜损伤、外伤、磕碰、流鼻血等。①

日本作为亚洲最早的发达国家，法治意识浓厚，然而在教育实践中违禁违法的现象无法禁绝，这自有其特殊的政策及司法背景。首先，《禁止体罚指导》确定在认定体罚的时候要掌握两个原则：第一，肉体痛苦原则。第二，个案区分原则。其中，个案区分原则在教育实践与司法实践中实质上给惩戒师生双方均留下了申诉空间。在日本的很多司法判例中，即使教师对学生进行惩戒的时候发生了肢体接触，并造成一定程度上的肉体痛苦，也并没有被认定为是体罚，其中较有代表性的案件是东京高等裁判所的"水户五中案"。② 在该案件中，老师虽然对一名叫作同人的学生进行了击打，但只是用"轻轻握住的右手拳头"，且并不严重，最终被认定为有形力量的合理使用。③ 神户地方裁判所

---

① 樋口修资.スクール・コンプライアンスからみた学校教育における懲戒と体罰の範囲と限界について［J］.明星大学研究紀要，2014（4）：1-17.
② 大津尚志.生徒の懲戒・体罰に関する日本，フランス，アメリカの法制上の比較考察［J］.教育学研究論集，2014（1）：9-15.
③ 吴东朔.体罚与有形力量合理使用的界分及镜鉴——基于日本教育惩戒的相关经验［J］.教育发展研究，2022（15）：117-124.

也曾做出过"用巴掌轻轻拍打学生的前额"不属于体罚的判例。[①] 其次，日本在教育过程中并不完全禁止"有形力量"的使用。这里所说的"有形力量"，是指通过外力对学生施加的可能造成其身体或精神痛苦的必要手段。[②] 在特定的情况下，即使老师实施了特定的有形力量，也因此给学生造成了一定的伤害或者痛苦，但是由于合理合法的事由阻却了这种有形力量转化成体罚的路径，这被认为是体罚构成要件的阻却事由。如在校园欺凌事件中，教师出于紧急避险等原因，与欺凌方的学生发生了肢体接触甚至武力碰撞，是可以免除体罚认定的。日本文部科学省也曾在文件中列举了教师的"有形力量"不构成体罚的情形，即以行政文件的形式列举了特定的体罚构成要件阻却事由，[③] 如：

（1）针对学生对教师的暴力行为，教师为了防卫不得已而行使的有形力量。

（2）儿童反抗教师的指导，踢了教师的脚，教师绕到儿童的背后扼住他的身体将其制服。

（3）针对危害其他学生的暴力行为，为了制止或规避眼前危险而不得不采用的有形力量。

（4）休息时间，在走廊上，有一名儿童摁住另一名儿童进行殴打，抓住该儿童的双肩将其拉开。

（5）在全校集会中，为了使有大声妨碍集会行为的学生冷静下来，打算将其转移到别的地方进行指导，但该学生仍持续大声反抗，只好用手拉着其胳膊进行转移。

（6）教师要对嘲笑其他同学的学生进行指导时，该学生对教师恶言恶语，想要逃跑，在学生冷静下来之前的几分钟里，教师用双手抓住他的肩膀，把他按在墙上，让他停止。

（7）在比赛中与对方选手发生纠纷，教师将想要打人的学生压住以制止其犯错。

总体而言，日本社会教育惩戒在坚持人性化、法治化原则的同时，亦高度重视操作性与实效性。从实践方面来看，日本教育惩戒主要包括口头警告、写检讨、课外劳动、停学、退学等方式。除了上述常规惩戒手段之外，日本的一些学校也尝试了"反省文化"教育等创新惩戒方式。在反省文化中，学生被视为是自我管理者，必须对自己的行为负责，并向老师以及同学反省。该模式旨在鼓励学生自我反省和自我控制能力的提升，从而达到良好的行为规范。

---

①②③ 吴东朔，李帅 . 我国教育惩戒规则实施的困境及改革路径——以日本教育惩戒制度为参照［J］. 全球教育展望，2021（8）：55-66.

## 二、韩国

韩国现代化的教育体系的建立源于 20 世纪 50 年代，随着美韩同盟关系的确立，韩国开始推行义务教育，强化中小学的教育。20 世纪 70 年代后期，由于经济增长的需要，韩国开始大幅度加大对高等教育的投入。韩国的经济发展随即进入快车道，教育质量也随之迅速提升。21 世纪初，韩国发展成为教育强国。

韩国现代教育体制初建时期，教育惩戒主要表现为体罚、口责和羞辱等形式的精神压迫。使学生形成听从命令、服从管理的传统德育精神被视为教育的一项基本任务。校内纪律则被视为学校管理的主要方法。20 世纪 80 年代后，政府对教育改革日益重视，在此过程中，韩国学生的心理状态受到了越来越多的关注。1984 年，韩国在教育部主导下成立了"学生伦理委员会"，此后在全国范围内建立起了学校劝导人员制度。1989 年，针对校园欺凌开展了"洁净校园"运动，并颁布了相关政策和法律。同时，家长们对于孩子的教育质量也提出了更高的要求，为此政府加大了对学生个性、精神健康等方面的培养力度。1991 年，韩国教育部颁布了《关于塑造健全人格的基本标准及其实施条例》和《中小学生性健康教育指导方针》，进一步规范了教师、学生之间的行为问题，强调学校是一个促进学生自主性和思维能力发展的重要场所。

由于历史上长期受到中国儒家教育文化的影响，韩国教育历来信奉"不打不成器""教鞭下的爱"等教育观念，惩戒从严、依赖体罚等传统教育观念在学校教育中根深蒂固，并受到全社会的认可和支持。1995 年修订的《学校法》明确规定：学校可以对"严重违反纪律或动摇教育目标的学生"进行体罚。在该法规中，体罚被定义为"用手掌和木板进行轻微的打击"。此外，还有一些其他规定允许学校施行更严厉的惩罚，如组织学生进行长时间的体能训练等。1998 年颁布的《教育法》也确认"学校可以依据纪律规定，对违反纪律的学生进行体罚、绑架或关禁闭"。这些规定被认为是为了让学生遵守学校的纪律，从而提高其学业成绩。

进入 21 世纪，韩国学生的心理卫生问题呈现出不断升级的趋势，惩戒问题日益凸显。政府和教育机构开始研究和制定更加全面有效的模式来应对惩戒问题，进一步完善了韩国教育惩戒的法律和政策。2002 年，韩国推出了与权利、安全相关的法律，旨在保护学生免受歧视和欺凌，并为校园暴力加强了惩罚措施。此外，政府也大力推行《教育法》，强化了学生的权利保护。

但韩国教育人力资源部于 2002 年 6 月 26 日出台的《学校生活规定预示案》再次确认了学校体罚学生的合法性。文件认定，对违反学校纪律的学生，教师可在规定范围内进行一定程度的体罚。该方案适用对象为小学四年级以上学生及所有初高中学生。方案对体罚的对象、程度、方式作了详细规定。为保证体罚的安全性与可靠性，方案对体罚流程作了细致的规定：①可进行体罚的情况包括：不听老师的反复训诫和指导；无端孤立同学；学习态度不端正；超过学校规定的罚分等。②实施体罚的场所要避开其他学生，在有校监和生活指导教师在场的情况下进行；实施体罚之前要向学生讲清理由，并对学生的身体、精神状态进行检查，必要时可延期进行体罚。③实施体罚所用的工具：对小学、初中生，用直径 1 厘米、长度不超过 50 厘米的木棍；对高中生，木棍直径可在 1.5 厘米左右，长度不超过 60 厘米。同时规定教师绝对不能用手或脚直接对学生进行体罚。④关于体罚的部位及体罚的程度：男生只能打臀部，女生只能打大腿部；实施体罚时，初高中生不超过 10 下，小学生不超过 5 下，程度以不在学生身体上留下伤痕为准，受罚学生有权提出以其他方式，如校内义务劳动，来代替体罚。[①]

　　但从进入 21 世纪以后，韩国社会反对教育体罚的呼声就日渐高涨，2010年韩国对《教育法》进行修订，首次正式禁止对学生进行体罚，其第 44 条规定："学校的人员不得对在校学生实施殴打、体罚、震动、限制普通生活行为、羞辱等惩戒方式或者有意识地置之于恐惧中。"该法律禁止了学校工作人员对学生使用身体上的伤害、精神上的压迫、拒绝提供食物、关禁闭、放纵他人欺负以及猥亵等多种形式的惩罚，鼓励"体罚零容忍"。同时，该法律还规定学校负有保障和提高学生人权、加强自我约束等责任。如果违反，学校人员会受到相应的处罚。

　　2010 年 7 月，一段发生在首尔某小学，时长达 4 分钟的某老师体罚一名六年级学生的视频引发了韩国社会对学校体罚学生现象的热议，在社会及相关儿童权益保护团体的压力下，当年 11 月，首尔教育部门宣布了学校体罚禁令。2011 年 1 月 17 日，韩国教育部发布《学校文化先进化法案》，禁止直接体罚，但允许"间接体罚"，如罚站、罚跑步、罚做俯卧撑、采取隔离等措施仍在许可范围内。

　　韩国一直致力于在现代化进程中同时保留传统文化的独立性，在教育传统文化思想方面同样如此。在教育惩戒思想与制度建设上，韩国形成了自己的特色，为韩国社会文化的长远健康发展奠定了基础。

---

① 杨光富 . 美英韩泰四国教育体罚现象透视［J］. 当代教育科学，2003（9）：31-32.

### 三、新加坡

新加坡的教育惩戒制度以"调整、改进和回馈"为基本指导思想，旨在帮助学生控制自己的行为，培养良好品德和道德规范。新加坡学校的教育惩戒理念为：宁可在学生时期进行教育惩戒，也要避免成年时期犯错进监狱。[①] 因此，其教育惩戒措施历来以严厉著称。

20 世纪 70 年代初，新加坡开始推行学校保安计划，每所学校都配备了保安队员监督学生行为。保安队员主要负责监视、指导和规范学生的行为，以确保校园安全和纪律。同时，学校还会对学生进行口头警告和书面警告等轻微惩戒，鼓励学生自主控制自己的行为。

1985 年，新加坡政府颁布了《教育法令》(Education Act)，明确规定了学校中对学生不良行为进行惩戒的基本方针。《教育法令》根据《宪法》第 21 条款的规定，制定了新加坡的教育法律框架。其中，在第 27~32 条款中阐述了学校如何实施教育惩戒制度。根据该法令的规定，学校可以对与学生不良行为有关的违规行为进行相应的处理和惩罚，包括警告、批评、挽留和处罚等。

在《教育法令》颁布后，为了更好地落实惩戒制度的实施，1992 年新加坡政府发布了《治理学校指南》(School Rules and Regulations)，对学校如何实施教育惩戒制度进行了详细的说明和规定，旨在帮助学校发展其惩戒制度，并确保实施的合法性和公正性。此指南详细说明了学校应如何实施教育惩戒制度，并建议学校应与家长、社会组织和政府机构等积极配合，共同推广良好的行为准则。新加坡的教育惩戒方式种类繁多，包括谈话、写说明书、罚站、留校察看等，其中，对犯错程度恶劣的学生会实施鞭打惩戒。[②] 新加坡法律明确规定可以执行鞭打惩戒的对象为犯了严重错误且屡教不改的 6~19 岁的男生，[③] 鞭子通常用藤制作，大约 1.2 米长，较之司法用来鞭刑的藤鞭更为轻细，一般来说，多数学校都是鞭打学生的臀部，次数为 1~3 下。同时，学校体罚可分成"私下鞭打""课室鞭打""公开鞭打"三种形式，[④] 且鞭打前校长会找学生谈话，还会通知家长，征求家长意见，家长不同意就会换用其他惩戒方法。也有学校实行记分制，学生每次违纪犯错都要记分，分数达到一定程度，就会被鞭打。鞭打后学校还会对被鞭打学生进行心理辅导。如果鞭打后仍不思悔改

①②③ 张晓帆，徐建华.新加坡教育惩戒的实践经验及其对我国的启示［J］.林区教学，2021（8）：106－109.
④ 陈清森.新加坡小学惩戒教育的变化及其启示［J］.教学与管理，2020（23）：73－75.

的，学校将考虑留校察看或开除，甚至将其送到感化院接受教育。①

为避免当事人的教师借惩戒之名来发泄对学生的不满与怨气，新加坡的每所学校都设有专门的惩戒组织，称之为学校纪律委员会。②该委员会是由教师、学生和家长组成的，旨在维护学校的纪律和秩序。负责处理学校内的纪律问题和犯规行为，并且促进和培养学生遵守校园规则的意识。2000年开始，新加坡教育部开始选派"惩戒辅导员"，以帮助学校制定更加针对性的惩戒方案。所谓惩戒辅导员，是指负责管理学校纪律和行为问题的专业人员。他们的职责包括监督学校内的行为，制定惩戒措施，并协助学生解决行为问题。此外，惩戒辅导员还会进行家访，与学生家长沟通，了解学生在家庭环境中的情况，并制订适当的计划以解决潜在的行为问题。惩戒辅导员在学校管理和维护良好学风方面发挥着重要的作用，帮助学生树立正确的价值观念，提高他们的行为准则和素养。惩戒辅导员负责与学校和教师合作，以识别学生的问题行为，提供帮助和指导。

一直以来，新加坡小学大都存在体罚现象，但是并不全都拥有规范的体罚制度。③2007年，新加坡教育部制定了《处理学生纪律问题的指导原则》（以下简称《指导原则》），以此来规范学校对学生实施的惩戒教育。④《指导原则》规定，鞭笞学生只有校长或校长委托训育主任可以执行。但学校的鞭打只起警示教训的作用，主要针对那些违法乱纪、屡教不改、影响恶劣的学生。同时规定，鞭打只限于男生；身体不好的学生不能鞭打；女生的自尊心要格外小心维护，因此，女生不在鞭打之列。⑤

新加坡教育惩戒制度，尤其是鞭笞制度多年来一直为国际人权组织所诟病，但新加坡在学校惩戒制度中坚持保留鞭笞学生这一条款，并得到了教育部官员、校长、教师、学生和家长的赞成，反对意见很少，⑥堪称是个异数。不管怎样，新加坡社会秩序与校园秩序良好是一个不争的事实，这或许显示，新加坡的教育惩戒制度在其国家确实是适用良好的。

## 四、印度

2023年4月19日，根据联合国公布的数据，印度已超过中国成为世界上

① 缪国富.新加坡学校惩戒教育的现状及启示［J］.教育视界，2019（1）：77–79.
② 张晓帆，徐建华.新加坡教育惩戒的实践经验及其对我国的启示［J］.林区教学，2021（8）：106–109.
③ 陈清森.新加坡小学惩戒教育的变化及其启示［J］.教学与管理，2020（23）：73–75.
④ 杨光富.美英韩泰四国教育体罚现象透视［J］.当代教育科学，2003（9）：31–32.
⑤⑥ 熊仲麓.中国与新加坡教育惩戒制度比较研究［J］.武汉市教育科学研究院学报，2007（2）：119–121+136.

人口最多的国家。联合国的世界人口统计显示，印度人口超过14.28亿，略高于中国的14.25亿。作为世界人口第一大国，2019年，印度名义国内生产总值（Nominal GDP）排名超越了英法两国，成为世界第五大经济体。[1]但经济发展仅相当于中国的1/5，经济发展的欠缺导致教育投入严重不足。印度的教育不平等、学生辍学率高、中小学教育尚未普及等现实问题仍然十分严峻。高辍学率、低教育质量等现实问题，继续阻碍着印度总体教育质量的提升和中小学教育的普及，教育惩戒乱象丛生、治理不力的问题自然也不是短时间内可解决的。

印度的教育惩戒不规范最主要表现在体罚盛行。体罚在印度社会有着深厚的土壤。[2]联合国儿童基金会、挽救儿童联盟和印度政府联袂在2010年前发表的一项联合调查结果显示，印度65%的学龄儿童遭受过体罚。可以说，在印度中小学，体罚是一件再平常不过的事了。

为扭转学校体罚行为盛行的乱象，近年来印度立法、司法机构及印度政府采取了许多措施来消除这种现象，逐渐减少了学校中的体罚行为。首先，司法先行，早在2000年，印度最高法院就曾宣布体罚非法。2010年4月1日，《儿童免费义务教育权利法案》正式实施。该法的实施意味着儿童的教育权将像生命权一样受到法律的保护，具有历史性意义。这部基本大法特别在第四章"学校和教师的责任"中用两个条款规定，不得对任何儿童实施体罚或精神折磨，违反此规定将受纪律处分。2015年，印度还颁布了《教育惩戒法》及《反暴力法》，禁止学校和教师对学生进行体罚，规定了学校和教师可以对学生采取的惩戒措施，包括口头警告、书面警告、罚款、留校察看、停学、退学等。

其次，加强舆论宣传及教育培训。政府和媒体对体罚行为进行大力谴责，通过各种形式提高公众对此问题的认知度。媒体还通过举报打击体罚事件，促使学校对此类事件更加关注和警惕。政府开展了针对学校教师和管理人员的培训，帮助他们规范自己的行为，禁止体罚，并提高对学生心理健康的关注。

最后，制定学生权益保护措施并加强监管。政府明示学生的权利，使学生能够直接向学校和相关方面进行投诉，同时制定了规范学校行为的标准，确保学生的权益得到有效的保障。通过法规和制度建设、舆论宣传和教育培训等途径应对体罚学生的乱象，实现了对学生权益的保护和监管。

当然，情况的改善不是一蹴而就的，考虑到印度的现实国情，印度教育乱

---

① World Economic Forum.India is Now the World's 5th Largest Teconomy［EB/OL］.［2021-09-13］.https：//www.we-forum.org/agenda/2020/02/india-gdp-economy-growth-uk-france/.

② 付志刚."不打不成材"？在印度是个问题［N］.光明日报，2010-10-30（08）.

象的治理可能还要足够的时间和耐心。根据 2017 年的一份报告，仅有 27% 的学校遵守了《教育惩戒法》及《反暴力法》。在某些文化传统以及社会观念较为保守的地区，家长和老师可能会认为体罚是要求纪律严明所必需的手段，因此他们会对学生进行体罚。此外，一些贫困地区的学校可能面临资金短缺等问题，教育资源不足，导致师资力量不充足、管理粗放，难以有效遏制学校体罚现象。

总的来说，虽然印度政府采取了许多措施来消除学校体罚现象，但是该问题仍然存在。对此，印度政府和相关社会机构需采取更加积极的措施，投入更多的资源来完善教育体制，提高师资力量和学校管理水平，并注重开展相关的宣传教育，提高师生家长的意识，共同创造优质、健康的教育环境。

# 第五节　其他域外主要国家的教育惩戒思想及制度

## 一、澳大利亚

澳大利亚曾是欧洲殖民地，因此其教育思想及制度曾带着深刻的欧洲烙印和殖民特性。澳大利亚的教育惩戒制度已经有了非常完整的法律法规体系，并实现了由强制性到灵活性、由简单到复杂的发展历程。[①] 在早期，澳大利亚的教育惩戒一度遵循"排他性"原则，即通过体罚措施、排除措施（开除、停学和隔离）或其他较轻微惩戒措施（言语谴责、留校、剥夺特定权利和移出教室）"确保受教育者服从主流社会规范"。[②] 以致直到 20 世纪 80 年代，澳大利亚还效仿美国的"零容忍"制度，大肆采取开除、停学等严厉的排他性惩戒措施对付违规违纪学生。如《1996 年教育（总则）修正案》的出台，不仅赋予学校校长行使教育惩戒的权力，同时确认了"零容忍"教育惩戒制度，结果导致每 1000 名学生中被停学或开除的学生从 1993 年的 10 人稳步增长到 1997 年的 17 人。[③]

1989 年，联合国大会通过《儿童权利公约》，澳大利亚的教育惩戒理念发生了重大转变。一方面，"全纳教育"（Inclusive Education）思想开始传入澳大

---

① ② 应品广，张玉涛．澳大利亚教育惩戒的理念变迁、实践经验及其启示［J］．湖南师范大学教育科学学报，2020（1）：61-67+76.

③ Rae K.Stand Downs，Suspensions and Exclusions：Potential Impacts of the 1998 Education Amendment（No.2）Act［J］.The New Zealand Annual Review of Education，1998（8）：27-44.

利亚社会，这种思潮主张不歧视任何学生，无论是身体上还是智力上的差异，都应该被纳入到普通教育系统中。这对原来的"排他性"理念造成了重大冲击。另一方面，"恢复性司法"理念在联合国的推广下，衍生出了"恢复性惩戒"概念，也对澳大利亚的教育惩戒理念产生了深远的影响。在广大家长、教师及一些非政府组织的共同推广之下，澳大利亚自下而上地产生了教育变革的强大呼声。同时，作为公约的签署国，澳大利亚需定期向联合国儿童权利委员会提交报告，说明其在执行公约方面的进展。在针对澳大利亚的第四次定期审议中，联合国儿童权利委员会批评了澳大利亚在整个国家层面仍然将体罚视为合法的做法，以及土著儿童面临普遍和严重歧视的现象。[1]澳大利亚政府直接面对指责和压力，至此，教育变革已势在必行。

澳大利亚的教育惩戒思想与制度的变革首先表现为体罚的废除。澳大利亚的教育惩戒制度是由各个州机构共同负责制定的。作为学生管理的核心文件，在每个州都会有相应的教育惩戒政策及法规出台。1991年，南澳大利亚州首次禁止学校使用体罚措施。2009年，澳大利亚最后一个州（北领地）禁止学校体罚，澳大利亚全境已全面取消学校层面的体罚措施。[2]

其次将教育惩戒置入更精细规范的管理体系之中。2007年3月1日，澳大利亚教育和儿童服务部（DECS）正式颁布《学校纪律政策》（*The School Discipline Policy*），从法律来源上作出重大调整，要求学校围绕"积极式"实施教育惩戒。[3]强调设计一套积极预防、提前干预、合理惩戒、持续性改进学生行为的系统性惩戒方案，并吸纳更多的社会力量参与到惩戒工作中来。[4]

经过上下合力，澳大利亚成功地实现了教育惩戒从思想到制度的大转向。目前，在澳大利亚，教育惩戒主要根据其严重性和灵活性被分为五类：

（1）口头警告。这是最常见的惩戒措施。当学生做错事时，老师会对其进行口头警告，并告诉其错在哪里，遵守哪些规则和修正方法。

（2）书面警告。当学生连续多次在教育惩戒上出现问题时，学校将会给予书面警告。其中将记录所犯错误、条款等信息，并告知家长。

（3）学生相处协议。学生相处协议是指当学生因涉及社交冲突或暴力行

---

[1] United Nations Committee on the Rights of the Child. Concluding Observations：Australia［EB/OL］.［2019-11-15］.http：//www2. ohchr. org/english/bodies/crc/docs/co/CRC_C_AUS_CO_4.pdf.

[2] Australian Institute of Family Studies.Corporal Punishment：Key Issues［EB/OL］.［2019-11-15］.https：//aifs.gov.au/cfca/publications/corporal-punishment-key-issues.

[3] 尹雅丽，马早明.澳大利亚学校教育惩戒：转向、实践及启示［J］.教育导刊（上半月），2021（12）：85-92.

[4] Department of Education and Training. Safe，Supportive and Disciplined School Environment［EB/OL］.［2021-06-15］.https：//woorabindass.eq.edu.au/Supportandresources/Formsanddocuments/Documents/safe-supportive-disciplined-school-environment.pdf.

为达到一定程度时，学校可能通过和当事学生、家长及外界参与者制定一个协议来消除纠纷和问题。

（4）短暂的停学。当学生连续或多次违反学校政策时，学校可能会宣布其停学若干天以示警告。暂停学校意味着学生需要在家中接受教育而不是在学校内上课。

（5）长时间的停学。如果学生的违规行为达到非常严重的程度，学校可以宣布其长时间停学。这意味着学生需要更长时间在家中接受教育，同时可能必须接触辅导员或其他专业人士。

同时，澳大利亚的教育惩戒制度是由各个州机构共同制定的。作为学生管理的核心文件，每个州都会有相应的教育惩戒政策及法规出台。因此，在维多利亚州，教育惩戒制度的相关法规集中体现在维多利亚州《教育法》中。该法规明确规定，任何维多利亚州的公立和私立学校都需要遵守该法规，否则将会面临严重的后果和处罚。同时，学校还需要遵守由该州教育部门出具的规范实施方案。

在新南威尔士州，教育惩戒制度的相关政策主要体现在 New South Wales Government Schools Dircetory 所公布的文件中。同时，该州教育部门还制定了详细的教育惩戒指南，以帮助学校掌握相关条例，进行适当的执行。

昆士兰州的教育惩戒制度则最为完善。除了类似上述两个州的相关法规外，昆士兰州另外设立了独立的第二级机构——教育纪律委员会来负责全州的教育惩戒管理工作。该委员会旨在确保学校在执行教育惩戒政策时的公正合理，并为那些在学校惩戒过程中未得到应有保护的学生提供相关支持。

澳大利亚的教育惩戒思想和制度发展历程良好诠释了理念与实践相互成就的内在关系，其改革效果在国际上也获得了较高的声望。当然，这种转变也不尽然全无漏洞，如由于各州和地区的政策存在差异，可能导致不同学校执行的标准宽严不一。再如新的制度必然带来成本的高企，给学校带来额外的开销和财务压力。同时，该政策可能需要更多的培训和资源，包括培训教育人员如何运用新的方法来处理问题。

## 二、加拿大

加拿大教育惩戒思想及制度发展历程与澳大利亚有颇多的相似性，由于毗邻美国，加拿大在教育发展的每个阶段都与美国有相当的相似性。从 20 世纪初的体罚盛行，到 20 世纪 90 年代效仿美国的"零容忍"制度，再到"渐进式"教育惩戒政策的转向，无不深深打上了美利坚的烙印。

加拿大教育实行分权制，加拿大联邦政府没有全国性的教育管理机构，不负教育行政的责任，仅通过职业培训、经费资助、行政和外交等方面的管辖权来执行部分的教育政策。联邦各省和特区的政府负责各级各类学校教育的具体运作和发展，包括对高等教育和中初级教育的政策制定与监管等[1]。如 2000 年安大略省教育部将美国的"零容忍"理念引入该省，形成了《安全校园法案》，在全部公立学校中推行该法案。其中的"不接触政策"（no-touch policy）一度引发了较大的社会争议。因为该项条款要求"教师在课堂教学中不要和学生进行非必要的身体接触"，这实质上人为隔离了师生之间的人际距离，在特定的实践情境中，教师可能因为尺度把握的不确定性不得不与学生错误地保持距离，以致会错失某些教育时机。2005 年，安大略省人权委员会也对该省教育部实施的《安全校园法案》提出抗议，认为该法案惩罚的学生群体当中，少数族裔学生和残疾学生的比例偏高，没有合理保护弱势群体的权益。[2]2007 年，安大略省教育部门不得不出台了《渐进性纪律和学校安全》，2009 年，又补充了与之配套的《教育修订案》。这两个法案大幅限制或修正了原《安全校园法案》的强硬条款，如限制了学校和学校教师使用惩戒的权力，任何教育惩戒措施都必须具有合理性、公正性和透明度。要求学校应该寻求面向问题的解决方案来解决学生的行为问题，而不是过度依赖惩罚措施。这包括使用积极的干预方法、提供辅导和支持等。对学生的失范行为或失范行为倾向更多地强调预防、矫正和帮助。

在魁北克省，其《教育法》明确规定了学校在管理学生纪律方面的权利和义务，并规定了教育当局在处理违反纪律的学生方面所需要遵守的一系列程序。按照该法，学校惩戒必须符合以下原则：

（1）公正原则。根据学生的行为和情况，综合考虑哪种惩戒方案最适合该学生，并予以实施。

（2）适度原则。学校惩戒必须是适度、合理、公正的，不能严重侵犯学生权益，不能采取任何羞辱、虐待或歧视性措施。

（3）利益原则。学校惩戒应当有利于学生，帮助其改正错误并获得更好的未来。

（4）效力原则。学校惩戒必须能达到预期的效果，促使学生认识错误，改变自己的不良行为。

（5）教育惩戒可以包括口头警告、书面声明、限制活动和暂时禁止上学等轻微的教育惩戒方式。此外，如果学生严重违反校规，校方可以对其进行进

①② 程先莲.加拿大中小学教育惩戒研究及其启示——以安大略省为例［D］.安庆：安庆师范大学，2021.

一步的坚决处理。

总之，加拿大教育惩戒制度的发展经历了传统阶段、转型阶段和当代阶段，其中，反复调整虽然使当下的教育惩戒法规在衔接方面稍显松散，并未完美一体化，但总体更加成熟。同时，在防控方面具有全方位的设计，保证学生的安全并受到恰当纪律的维护。

### 三、新西兰

新西兰的教育制度在很大程度上受到英国教育制度的影响。在19世纪初期，新西兰的教育制度就是基于英国的模式建立的。例如，新西兰高中的"形式"制度，就是从英国的公学（public school）借鉴而来的。此外，新西兰的学院和大学系统也是基于英国的模式建立的。但随着时间的推移，新西兰的教育制度逐渐发展出自己的特点和优势，并不断进行改革和创新，形成独具新西兰特色的教育理念和体制。

在20世纪90年代之前，新西兰的教育惩戒制度也曾以严厉著称，学校和教师采取诸如体罚等方式惩处品行或行为不良的学生并不鲜见。但从20世纪90年代后，情况迅速得到扭转。1989年，新西兰通过了《儿童、青年及其家庭委员会法》，该法案旨在保障儿童、青年和家庭的权益，其中明确规定了禁止虐待儿童和青年的相关内容。在《新西兰刑事法典》中，2007年《刑法》第196条"家庭暴力罪"、第194条"虐待儿童罪"、第196条"重罚儿童虐待罪（加倍刑期和罚金）"分别明确指出了体罚儿童违法，这些法律条款并非专门针对学校体罚问题而制定的，但它们确立了对儿童和青年人身权利的保护原则，禁止针对他们的身体施加惩罚和伤害。因此，在任何情况下都不得使用任何形式的体罚或暴力手段来惩罚儿童成为全社会的共识。

同时，新西兰各地区政府和教育部门也在积极加强管理力度，制定了各种规定和指导意见，以确保学校惩戒措施的合法性和公正性。在这个意义上，惩戒的目的并不是单纯地惩罚学生，而是要保护他们的利益和安全。新西兰政府一直致力于确保学校能够创造一个学习环境，使学生能够感到安全和支持。因此，新西兰的教育惩戒制度不同于其他国家的严格制度，而是采用了一种更有人情味的方式。

2016年，新西兰教育部门对惠灵顿的一所私立学校——米拉玛中心学校进行的专项调查引发社会的广泛关注。长期以来，该校针对殴打其他学生、制造混乱、不遵守纪律、上课注意力不集中的不良学生行为的常用惩戒及矫治手段之一就是关禁闭。学校设有禁闭室一间，该室约1.5米宽、2.5米高。经审查，该校的行为并未明显违反新西兰的相关法律法规，但教育部门认为这种行为不合乎社会的伦理期待。

新西兰从 2017 年开始实施"积极行为和语言响应"（PB4L）计划。这个计划旨在发展一个可以更好地支持学生、家庭和社区的学校文化。该计划要求教师采取一系列措施来制止不适当的行为，并提供积极的反馈来加强学生的受支持程度。此外，《教育法》还规定，学校应该保证"管理方法的渐进性"，即先尝试使用非惩罚性的方式来解决问题，只有在这些方式被证明无效时才可以使用惩罚性措施。

除了相关法规和政策，新西兰还有许多学校和机构实施了类似于"PB4L"的计划，以打造积极的校园文化。例如，奥克兰市的 Otahuhu College 在课堂上采用了"正面激励卡"的做法。这些卡片可以在课堂上赠送给表现良好的学生，从而增强他们的积极性。此外还有一些学校采用了"问题解决圈"（Circles of Support）的做法，该做法将学生、家长和社区成员聚集在一起协作解决问题。

2018 年，新西兰教育部发布了新的惩戒政策，即《学校和校外教育机构（惩戒）规则 2013 修改公告（2018 年）》。该政策的宗旨是确保新西兰的学生在一个安全、尊重和信任的学习环境中成长，并防止不当行为的发生。这项政策的实施范围包括所有新西兰的公立和私立学校以及校外教育机构。明确表示学校不得使用体罚、鞭打或者处罚性的、羞辱性的惩罚方式。同时，该政策还强调了积极正面的惩戒方式，如表扬、鼓励和奖励等，以及如何培养学生的良好行为。

此外，新西兰教育部门还通过推动"主动暴力防范教育"项目，提倡校园人际关系建设，并帮助学生和教师更好地管理和解决冲突。另外，家长和社会机构也积极参与到校园惩戒制度的改革中来，以促进学生的良好行为和成长。

在新西兰，学校通常采取严谨的方法来处理学生问题。以下是一些学校可能会采用的方法：

（1）制定适当的规则和标准，并明确相关的行为准则。

（2）对于不适当的行为，应该及时表达出不满，并为学生提供指导和支持。

（3）采用非惩罚性的方式来对待问题并改善情况。

（4）要在惩戒过程中注意公正性和公平性。

（5）与学生和家长建立积极的关系，以促进学生的积极心态和学习动力。

具体而言，新西兰的教育法律中涉及教育惩戒的主要法规有《教育法》（Education Act）和《学生管理规章》（Student Management Regulations）。其中，

《教育法》是最主要的法规之一，主要规定了学生和学校之间的权利和责任。《教育法》规定，学校可以对违反学校或班级规则、干扰他人学习、危及安全、破坏财产等行为的学生采取纪律处分措施。这些措施包括但不限于口头警告、书面警告、讲解为什么行为不当、请家长来面谈、暂停上课、处罚性作业、社区服务等。另外，如果学生的行为属于犯罪行为或对他人身体构成威胁，还可以将其移交给警方处理。此外，《学生管理规章》也对学校采取各种管理措施的具体流程和细节进行了详细说明。例如，学校必须先以口头形式进行警告或讲解，如果这种形式无效，才能采取非口头形式的措施。同时，学校必须通知学生和家长采取了哪种纪律处分措施、原因和措施的期限。

在今天的新西兰，如果有教育工作者触碰了体罚学生的红线，可能会面临极为麻烦的局面。《走进新西兰》2016年11月11日报道了这样一件典型案例：新西兰北部地区的一名教龄长达28年的小学教师Juris Karklins受命管理一个"问题班级"，该班一位小男生从早上开始就在上课期间多次扰乱课堂，经多次严肃警告无效后，Juris Karklins不得不停止该生的早茶，并让其去杂物室罚坐。早茶时间结束后，该男生又回到课室并继续捣乱。Juris Karklins一气之下不得不将其拎到了衣帽间，在此过程中，该生被推搡，导致其头部被重重地撞在了墙上。此事曝光后，当事教师Juris Karklins不仅被新西兰舆论广泛谴责，且被处以停职、审查、重新学习教师职业发展课程等严厉处罚。事后，该教师还不得不向公众表示道歉和忏悔，并且希望小男孩能够给他一个当众道歉的机会。这件事情真实反映了今天新西兰教师在履行惩戒时一旦行为不当可能面临的严重后果。

当代新西兰教育惩戒思想及制度总体上形成了以更柔性的方法来处理学生问题的教育理念。在保护学生的权利和安全、以学生的切身利益为本的大前提下，法律允许学校对学生进行必要的纪律处分，但必须遵循相关程序和规定，且不得使用体罚等违反人权和伦理的手段。

## 四、巴西

当代巴西的教育惩戒思想和制度主要是通过法律和教育政策来规范学生的行为、纪律，以提高学校教育质量和保护学生的权益。其中，教育惩戒的思想基础是巴西宪法和国家教育法律体系，而在实践中，巴西政府和学校还制定了一系列具体措施和程序来落实教育惩戒制度。

在巴西，教育惩戒主要指学校对学生违反纪律的行为进行处理，包括纪律处分、惩罚或者警告等措施。与此同时，这些惩戒也需要考虑学生的个人和社会情况，实现教育和惩戒相结合的目标。

教育惩戒理念与制度的发展历程可以从两个方面来看：一是政府制度与法律，二是学校内部的管理与教学实践。

在政府制度与法律方面，巴西政府在20世纪90年代开始注重加强教育的立法和改革，积极推动民主化和教育现代化进程。1996年，巴西通过了《国家教育法》，旨在加强公共教育机构的课程设置和质量管理，并且提高学校纪律的意识。从2008年开始，巴西实施了《学校安全和人权制度法》，这项法律规定了学校在应对暴力与欺凌行为上的责任，并要求制定相应的纪律处分标准和程序，保证教育惩戒与人权保护的协调统一。此外，巴西还实施了《现代教育计划》《全国教育平等计划》等，逐步建立完善了以学生为中心的教育惩戒制度和服务体系。

在学校内部的管理与教学实践方面，巴西学校根据教育惩戒的目的和方法，采用不同的管理方式和服务手段，如课堂导向的惩戒、校园管理和社区合作等形式。其中，课堂导向的惩戒是指针对教育纪律问题的解决方案，包含了课堂控制、纪律约束、成绩评估等多个方面。校园管理则是针对校内纪律问题的整体性管理措施，意在建立健全的教育惩戒机制和监管系统。社区合作则主要是为推进教育资源的共享、家校联合等，并且鼓励学校与社会形成合力打击校内暴力与欺凌。

巴西教育惩戒的具体措施包括纪律处分、惩罚和警告等，其法律和法律条款主要存在于《学校安全和人权制度法》《国家教育法》和《儿童和青少年保护法》等法律法规中。

（1）警告。在学生违反规定，但是不足以构成纪律处分的情况下，学校可以采取口头或书面警告的方式，提醒学生注意自己的言行和行为，并告诫其不要再犯类似错误。

（2）纪律处分。根据《学校安全和人权制度法》的规定，学校应依据学生的违纪行为轻重情况，采取适当的纪律处分措施。其中包括：口头警告、书面警告、限制或禁止参加课外活动、参加集体活动、不得参加学校职务、延长学校活动时间、暂停参加课程活动、与校方签订反社会行为契约等。此外，根据该法规定，学校还可以采取特殊惩戒措施，如将学生暂调至其他学校或班级、进行期限定义的监管、报告学生的闯祸经历等。

（3）直接惩罚。惩罚是最直接的惩戒行为，常见的惩罚方式包括：扣减分数、社区服务、写通风报告、罚款等。这些惩罚行为主要针对学生的小错误或小过失，目的在于使学生认识到错误的严重性，从而避免再次犯错。

此外，《学校安全和人权制度法》还规定了处理学生违纪行为的程序和法律保障措施。例如，学校应当组织教师、学生、家长和社区代表等成员开展多种形式的研讨、讨论，消化和摸索新的教育惩戒方法。学校还应当建立健全学生和教师的投诉受理机制，确保学生权益受到法律保护。学校对教师和学生实施的教育惩戒必须遵循合法、公正、审查和正义等基本原则，避免侵犯学生权益和尊严。根据《儿童和青少年保护法》的规定，学校必须保护学生的身心健康和安全，并为那些异常儿童或青少年提供特殊关爱和照顾。同时，在处理学生违纪问题时应当依法采取和谐、理性和积极的方式，积极发挥教师的榜样作用和引导作用。

1990 年 12 月，巴西政府颁布了第 8069 号儿童和青少年法案，明确规定体罚、骂人、威胁、恐吓、虐待等任何形式的体罚或暴力行为都是不可接受的，并将其视为一种犯罪行为。这个法案还规定了儿童和青少年应该享有的保护和权利，并强化了对于违反该法案者的处罚力度。此外，巴西议会还于 2014 年 2 月通过了《教育国家计划》，将禁止在学校、家庭或其他场所使用体罚作为守则之一。因此，在制度层面，巴西是一个已经禁止体罚学生的国家。

但受制于社会经济发展水平，当前巴西教育资源分配不均、教师素质不高、教育模式相对陈旧等问题仍然困扰着巴西，因而在教育惩戒领域管理制度落实、监管不到位的情况较为普遍。近年来教师体罚学生的事件屡见报道。如 2017 年，圣保罗一所学校的一名教师因学生未提交作业而将其掌掴 50 次，学生遭受面部和全身多处伤害。事件曝光后，该教师被警方逮捕。2018 年，里约热内卢市一所学校的一名教师用拳头殴打学生，并让其在体育场馆停车场待了 5 个小时。事件曝光后，该教师被罚款 3000 雷亚尔，并被解聘。2019 年，圣保罗一名教师在上课时使用尺子惩罚学生，致使学生身上出现几处伤痕。事件经过媒体曝光后引起了广泛关注，该教师最终受到了开除处分。

这些事件显示出，在一些学校和地区仍然存在体罚学生的违法现象，但近年来，巴西政府加大了教育投入，致力于打造全民教育平台，提升学生和教师的教育素质。同时也推行了包括课程更新、将电子书籍及视频多媒体等方式应用在教育之中的教育改革。此外，也逐步改进各项教育标准，并要求学校和教师适应新的教育理念及技术，提高课堂教学的效果。

总的来说，当代巴西教育惩戒思想和制度虽然经历了长期的演变与提升，但仍面临着一些挑战和困惑：如何实现教育惩戒与人权保护的平衡、参与教育惩戒的学生和家长需要得到更多的关注和尊重、如何完善教育惩戒体系并保障其正当性等。更深层次的问题则是如何培养学生的自我管理能力，让所有学生都具备自我约束和自我教育的能力，从而使教育惩戒真正成为教育协助和保护的有益手段之一。

## 五、南非

南非的教育惩戒制度发展历程可以追溯到殖民时期。在那个时候，欧洲的教育思想和方法被强制引入到南非的学校中。这些包括惩罚和体罚手段，这些在当时普遍被认为是合理的惩罚措施。然而，这些方法也经常被用来对待少数族裔和有色人种学生，导致了种族隔离和歧视。

在南非结束种族隔离政策后，南非的教育惩戒制度也开始经历一定的变革。1996 年，南非推出了全国教育政策法案，该法案明确规定，除了法律明确允许使用的情况外，所有形式的身体伤害、惊吓、惊恐、奚落、欺侮以及任何其他形式的伤害都是禁止的。此外，该法案还强调了公平和平等的教育机会，禁止任何形式的歧视和校园暴力。该法案要求中小学禁止使用体罚和其他羞辱、侮辱或压迫学生的行为。该法案还积极倡导多元化、平等性和公正性的教育环境，尊重所有人的权利和尊严。

尽管该法案的实施取得了一定成果，但是仍然存在许多挑战和问题。其中最大的问题是，该法案没为教育工作者提供足够的支持和培训，以帮助他们了解和发展更好的惩戒方法。一些教育者仍然认为，体罚和其他形式的惩罚措施是必要的手段，尤其是在处理行为不良的学生时。

2010 年，南非政府再次提出"南非基础教育法案"。该法案强化了对学生权利的保护，并禁止使用任何形式的体罚和其他剥夺尊严的惩罚措施。根据该法案，任何与学生有关的惩罚行为都必须遵守尊重学生人格和权利的准则，并避免引起学生自尊上的受损。

2014 年南非教育部门推出新的教育惩戒政策——《关于制定教育惩戒政策的指导》，为学校教师和行政人员提供专业指引，以确保他们在处理违纪学生时采用恰当、公正、负责任和安全的方式。由于此文件属于教育领域的政策，而非法律。因此这个政策虽然被教育部门所推荐，但它并不具有法律效力。这项政策突出了教育惩戒改革的核心关切：将关注重点从惩罚转移到提供支持和鼓励。随着该政策的实施，更多的学校纷纷采用了这种简单而有效的模式，取得了显著的成效。同时，政府也继续努力推进更好的教育惩戒政策，以确保南非能够发展出更加公正、平等、和谐的教育环境。

南非教育部门的这些举措一方面固然显示了该国规范教育管理、治理学校教育环境的决心，但另一方面也反映了该国在教育管理方面，尤其是体罚学生方面的普在状态，在一些偏远地区以及较为贫穷的学校情况尤为严重。程度较为激烈的如学生因为迟到、逃课或者打架等问题被教师用皮鞭、木棍等物品进行体罚。较轻微一些的则如罚学生跑步、蹲站等。

分析背后存在的原因，其根源于社会经济发展的相对不足，如教育资源不足。南非许多学校受到资金、物资等方面的制约，导致教师缺乏必要的惩戒和管理手段，采用体罚的方法看起来简单快捷。另外教育管理不到位也是重要原因。南非政府在禁止体罚方面开展了很多工作，但是实际上对一些被体罚的学生并没有及时采取有效的申诉和救济措施，同时违规违法处罚学生的学校与教师也常常不能得到相应的处理，事实上放任了教育惩戒中的违规行为，这对于教育环境治理显然是不利的。

# 第八章
# 教育惩戒的理论依据及争鸣

教育惩戒是指通过惩罚和制裁来限制错误和消极行为，以达到纠正行为目的的负面惩戒手段。教育惩戒涉及哲学、心理学、教育学、法学、社会学等学科领域的理论，它们能够支撑或解释教育惩戒的意义和价值，为教育惩戒理念发展与制度建设提供力量源泉。当然，作为同一问题的两面性，揭示教育惩戒负面效应的研究同样为反对教育惩戒提供了有力的理论和证据。

## 第一节　哲学依据

哲学是教育的理论之源，任何一种教育体系都离不开某些哲学观点的影响，这些哲学观点会直接影响教育目标的设定、师生关系的建立、教学方法的运用以及价值观的传承等。首先，不同的哲学流派会从自己独特的视角出发，提出不同的教育理念。例如，存在主义强调个体的自由和自主，相应地，其强调学生的独立思考能力和创造性，提倡个性化教育。而实用主义则认为教育应该针对社会需求培养合格的劳动者，其教育目标更注重培养学生实际的应用能力。其次，哲学还对教育实践的方式产生影响。教育方法通常是特定哲学观点的具向延伸，哲学观点会倾向性地在不同的阶段和不同的情境强调不同的教育方式。例如，启蒙主义强调知识是基础和关键，反对纯粹从感性经验中学习；而进步主义则认为学生应该通过自己的实践和体验来积累知识。最后，哲学还决定了教育价值观的传承和弘扬。对于任何一个社会来说，它都需要一种具有共同价值观的教育体系，而这些价值观往往是由哲学所决定的。例如，在中国的传统教育中，儒家思想不仅影响了教育的目标和方式，同时在道德、人伦关系等价值观念传承等方面发挥着决定性的作用。

在教育惩戒思想体系中，同样离不开哲学智慧的指引与匡正。法国著名的现代思想家、历史学家和哲学家米歇尔·福柯（Michel Foucault）认为，教育与惩戒是社会控制机制的重要组成部分，通过它们，社会能够塑造个体的身份认同，规范他们的行为，从而维持社会秩序和权力结构。他将惩戒视为社会控制的一种方式，是制衡和调节人类行为的手段，旨在通过惩罚来规范人类行为，塑造人的道德性格。福柯也强调了教育的重要性，提出了"权力与知识的统一"这一理念，在教育过程中将权力和知识整合起来，从而在学生的心智中建立起一种自我监管的文化。福柯指出，权力不仅存在于教育机构和惩罚机构中，而且存在于社会各个方面，是一种非常普遍的社会控制机制。从这个角度来看，在教育过程中，掌握和运用知识的人往往占据着支配地位，而受教育者则处于被支配的位置。因此，教育也成为一种强制性的社会控制手段，旨在让受教育者顺从一定的道德规范和行为准则。

与此同时，福柯也警示世人，惩戒和教育不应成为滥用权力的工具，而应该是透明、公正、客观和有效的社会控制手段。为此，我们必须不断思考、探索、创新，才能更好地应对社会变革和风险挑战，实现社会和谐与进步。

对于教育惩戒，马克思则持有相当不同的见解。马克思认为，教育惩戒不应该成为教育的核心，因为它只是一种强制手段，不能真正改变人类行为，更不能培养出自由、有良知的个体。他认为，教育应该注重引导和启迪，引导学生自觉地遵守规则和纪律，树立正确的道德观念和价值观念。同时，教育者也应该尊重学生的自主性和创造性，给予他们足够的自由空间，让他们能够在自己的兴趣和天赋方面得到发展。

对于儿童的错误行为，马克思认为应该采用启发式的方法，让学生自己意识到自己的错误，并找到改正错误的办法。教育者可以通过讨论、反思等方式来帮助学生认识到错误，并引导他们探索解决问题的方法。这样的教育方式更加符合人类的本性和需要，也能够培养出有独立思考和创造能力的个体，从而实现人的全面发展和社会的进步。

福柯与马克思的认知带有相当的代表性，在对同一事物的价值判断方面，人类从来不曾完美地统一过，人们总是针锋相对，非此即彼。正如著名的政治哲学家约翰·罗尔斯（John Rawls）在其经典著作《正义论》中关于惩戒的相关论述。一方面，罗尔斯认为惩戒应当满足如下原则：①惩戒必须为了解决违反公共利益的问题，而不只是为了复仇或者为了满足个人的欲望。②惩戒必须被公众认可，并且符合社会准则和价值观。③惩戒必须符合所有人平等享有基本自由和公正的权利的原则，并且不应该因为个人特权或者地位而受到减轻或增加。④惩戒必须根据证据、罪行和公认的刑罚标准适度适量地进行，不应该存在过度惩罚和苛刻刑罚。但另一方面，他在《两种规则概念》中又写道："惩罚问题一直是一个令人困惑的道德问题……道德哲学家们为此进行了各种各样的争论，提出了各种各样的理论，但没有一种理论获得普遍的接受。"①

## 一、人性依据

有效的教育必然是通透人性、遵循人性发展规律的有目的、有计划的行为。在人性的争论史上，自古有性善与性恶两大流派。性善论者和性恶论者在对待教育惩戒问题上存在较大的不同。性善论者认为，人类本性是善良的，学生在出现不良行为或不当行为时应该得到教育和引导，同时，需要避免过度惩罚学生，因为惩罚可能会削弱学生自尊心和自我价值感。因此，他们更倾向于采用鼓励、奖励和积极引导的方式进行教育。相反，性恶论者更倾向于认为人性本质是邪恶的，他们认为，通过惩罚才可以控制不良行为，否则学生会失去道德标准。因此，他们主张更多地采用惩罚和纪律来推动学生行为的变革。这可能是教育惩戒思想在现代分化严重的重要根源之一。

### （一）"善""恶"之争

中国古代人性善恶之争的主要代表有庄子、荀子和孟子。其中，庄子与荀子主张人性本恶。庄子主张"道"的思想，认为世界上的一切事物都是由道所构成的，而人也不例外。按照他的观点，人性本恶，并且不可能完全摆脱这种恶劣的本性。因此，他认为，应该通过寻求真理、追求自由、摆脱束缚和塑造自我等方式来化解人性中的恶。荀子认为人类的内在欲望和天生本能会带来无尽争斗和混乱，这是人性本恶的体现。他主张加强教育和礼仪之风以及强化法律制度，以此来抑制人性中的恶，从而维持社会秩序。

而孟子虽然认为人性中既有善良的本性，又有恶劣的倾向，但总体倾向于性善派。据此，他提出通过修身养性、匡扶正义和保持智慧等方式来消除人性中的恶，并以此推动社会的稳定和发展。

西方的现代思想家中持有性恶论的显然占据明显优势。毕竟，从人的本性来看，人的本性中善性是微弱的，还有许多非善的属性。②马基雅维利（Niccolò Machiavelli）是文艺复兴时期的意大利政治哲学家和作家。他认为，为达成维持政治稳定等正当目的，国家在必要时可以使用任何方式和力量，并且在这个过程中，人们必须最大限度地发挥自己的自私和虚荣，即"目的正义化手段"的思想。17世纪英国政治哲学家和历史学家托马斯·霍布斯（Thomas Hobbes）也认为，人性是自私和好战的，人类天生就有争斗的倾向。他在《利

① 王立峰. 惩罚的哲理［M］. 北京：清华大学出版社，2006.
② 张正江，徐彩雯. 中小学实施教育惩戒的理论依据［J］. 上海教育科研，2020（2）：5-8.

维坦》一书中提出了社会契约论，认为唯一的解决方法是将权力集中在一个强大的中央政府手中来管理人性和社会中的恶行。19世纪末德国哲学家弗里德里希·尼采（Friedrich Nietzsche）强调人性的原始力量和欲望，认为应该拥抱自己的本性和生命的本质。他认为道德和宗教是压抑人类天性的工具，鼓励人们要承认和发现自己的潜力及野心。

大名鼎鼎的约翰·洛克（John Locke）与卢梭（Jean-Jacques Rousseau）是性善论的代表人物。约翰·洛克是17世纪英国哲学家，以社会契约论闻名。他提出了人性本善的观点，争议在于他认为人的恶行是由社会环境造成的，而不是本性导致的。18世纪欧洲著名的哲学家、教育家和作家卢梭也认为人类本质上是善良、正义和自由的，但由于社会制度的原因，人们慢慢地变得自私、贪婪和邪恶。他坚信，个人自由是最高价值，而社会制度应该建立在保障这种自由的基础上。他在《论人类不平等的起源和基础》一书中写道："人类天生自由、平等，他们受到了无数的压迫与限制，才导致了社会的不平等现象。"他认为，只有回归自然状态，摆脱这些社会束缚，才能够回到真正的本性上。卢梭还用"自卫论"来说明人类的性善，即人们天生具备自我保护和自我维持的能力，他们之所以互相联合起来，建立起政府或社会契约，是出于更有效地保障自身权利和利益的考虑，而不是由于本性的恶劣和野蛮。卢梭的性善论思想对后世产生了巨大的影响，尤其是对启蒙运动和民主主义的发展作出了重要贡献。他的思想深刻地揭示了人类天性的本真，提出了很多重要的教育和政治改革建议，在后人思考个体自由、社会平等和公正理想等方面有着长远的指导意义。

**（二）"善""恶"分析**

1. "善""恶"的相对性

"善"和"恶"是一种相对的、主观的价值判断，这一判断依据是社会文化、个人信仰、伦理道德、心理偏好等，在不同的时代、环境和文化中可能出现不同的判断标准。

从社会文化视角来看，人们通过社会学习和文化传承，获得了判断"善"和"恶"的价值准则。不同地区和时期的文化传统与价值观念对于个体的行为选择有着深远影响。这些文化因素包括宗教信仰、道德规范、风俗习惯、法制制度等。例如，基督教强调对他人的爱和慈悲，所以在基督教文化中，"善"指的是仁慈和宽容的态度，而"恶"指的是暴力和残忍的行为。在中国传统文化中，"善"强调的是道德品质和个人修养，而"恶"则强调人的自私和独断行为。由此可见，不同的文化背景对于"善"和"恶"的判断存在显著的差异。

从个体信仰视角来看，人们的行为偏好和判断标准是由一系列固有信仰和价值观所决定的，包括个人道德、宗教信仰、政治派别、性格特质等。这些信仰和价值观与个人对于生命目的、意义和幸福感的追求有关。例如，在伦理道德中，柏拉图认为，"善"指的是美德和道德品质，而"恶"则指背离正义和良知。亚里士多德则认为，"善"指的是个人的幸福和繁荣，而"恶"则是自私、贪婪和无道德约束的行为。这表明，个人在行为选择中，往往会根据个人信仰和价值观念来进行判断。

从心理偏好视角来看，人类的行为选择和判断标准受到情感和道德反应的影响。社会认知和神经科学研究表明，人的正义感和职责感是一种内在的道德情感，能够影响人对于善恶行为的反应。例如，德国心理学家汉斯·艾森克（Hans Jürgen Eysenck）于20世纪50年代提出的"善良天使和恶魔"理论认为，个体内心会存在一种"善良天使"和"恶魔"之间的较量。正义、同情、关爱等情感能促使个体产生"善良天使"的思维模式，而自私、贪婪、嫉妒等情感则会促使个体产生"恶魔"的思维模式。这表明，人类的道德判断可以受到情感因素的影响。

同理，惩戒作为一个"道德问题"同样是相对和主观的，对它的价值判断与立场取舍同样取决于社会倾向于从哪个视角去看待其承担的功能。从古至今，人类社会对教育惩戒，包括体罚的态度与取舍无不印证了所谓"好坏""对错"不过是不同时代的"标准"流变，而"标准"本身并不固定，它是相对的、主观的、发展的，昨日之"是"可以是今日之"非"，从这一点来说，某种意义上，讨论教育惩戒的道德是非本身可能就是一个伪命题。

2."善""恶"的可转化性

品行培养与行为养成是在具体的成长环境中发生的，无论从向善还是制恶角度来看，教育惩戒都有其用武之地，这是人类教育无法放弃教育惩戒手段的最根本原因所在。因为有效的教育惩戒对于儿童的道德成长有着积极的影响。

首先，教育惩戒可以帮助培养儿童的责任感。当儿童犯错时，通过教育惩戒的方式让他们承担自己的错误，并学会为自己的行为负责，这对于他们的道德素质的提升至关重要，因为这有助于儿童在成长过程中逐渐形成和坚守正确的价值观、道德规范和行为准则。

其次，教育惩戒可以锻炼儿童的自我控制力。亚历士多德说，惩罚建立道德，奖励建立理想。教育惩戒可以帮助儿童认识并控制自己的情绪，从而培养他们动机合理、情绪稳定、行为可控的良好习惯，使他们在成长过程中更具有自控能力。这些品质对于儿童的成长和道德发展都非常重要，使他们成为健康、合群的社会成员。

最后，教育惩戒还可以帮助儿童发展自我认知和反思的能力。通过教育惩戒，家长和老师可以与儿童进行积极的沟通、探讨，帮助他们理解和分析自己的错误，并认真思考如何防止类似情况再次发生。通过这种方式，儿童在成长过程中会不断改进自己，并逐渐形成自我调节、自我反省、自我实现等道德素质和行为特点。

有效的教育惩戒还对矫治和扭转儿童的不良品行及行为倾向具有更直接的意义。

首先，教育惩戒是对教育秩序的反复确认。秩序与规范，不是为了限制人的发展，正当的秩序、合理的规范的目的恰好是实现人更好的发展。当个体的行为违背了社会的理性价值和德性规范，秩序失去了对个体的规范和约束作用时，就需要以一种手段和方式来促使个体反思自己的行为，认识和改正自己的错误行为，维护秩序的权威性，实现对秩序的反复确认，这种手段和方式就是"惩戒"。因此，惩戒是社会秩序不可缺少的组成部分，是秩序得以维护并发挥作用的重要保障，是秩序的秩序。正如涂尔干所言，自由是规定的结果。[①]在既定秩序的环境中，一切不合乎秩序的行为因"恶"评而必受约束或惩戒，行为的矫治是其为环境所接纳的先决条件。

其次，教育惩戒是"正义之要求所在"。正义是现代社会制度和人类活动所不可缺少的价值前提。罗尔斯认为："正义否认为了一些人分享更大的利益而剥夺另一些人的自由是正当的，不承认许多人享受的较大利益能绰绰有余地补偿强加于少数人的牺牲。作为人类活动的首要价值，真理和正义是决不妥协的。"[②]罗尔斯将自由和平等两个价值观念结合起来去分析正义的概念及其含义。他提出了平等的自由原则、差别原则和机会均等原则。这三个原则对教育惩戒都是适用的，具体表现为同等对待和恰当对待。所谓同等对待，就是指教育惩戒首先应保证所有的受教育者在教育惩戒活动中拥有平等的权利与利益，受到同等的对待；所谓恰当对待，就是指在同等对待的基础上，要把相同情境中的不同因素区别开来，给予受惩戒者恰当的对待。孔子提出"有教无类"，实质上也可延伸解读出"有惩无类"的思想。在赫尔巴特的道德理念中，所谓"公平"，就是指如有学生故意作祟、违反纪律，就要给予其应有的惩戒。因矫治"恶"之行为而得公平正义，教育惩戒的正义性得以彰显。

## 二、动机依据

人的行为受动机的驱动，动机是指促使一个人行动或表现出特定行为的驱

---

① 爱弥尔·涂尔干.道德教育［M］.陈光金，等译.上海：上海人民出版社，2001.
② 约翰·罗尔斯.正义论［M］.何怀宏，等译.北京：中国社会科学出版社，2009.

动力，包括生理、心理和社会环境等方面的因素，它可以解释和预测各种行为，并为预期成功的行为提供选择前景。行为发展和动机之间有着密切的关联。动机对于一个人的行为具有决定性的影响。它可以启发一个人发挥自己的潜能，也可以限制一个人的行为。动机的水平和质量，对行为选择、行为表现、行为坚持等方面都有着影响。

一方面，动机是行为开展的必要条件。人在开始一项任务前，必须有动机的存在。没有动机支持，便无法产生行动的基础。同时，动机还有助于保持行为的持续性。如果动机足够强烈，就可以帮助人们坚持完成整个任务，即使困难非常大也不会轻易放弃。另一方面，行为发展也会对动机产生影响。例如，当一个人进行某项任务时，如果他感觉到在完成任务的过程中收获了很多好处，那么他就会产生更强烈的动机去完成这项任务，甚至愿意用更多的时间和精力去完成它。因此，良好的行为后果可以促进相应的行为继续发展。

趋利避害就是人类最基本的一种动机反应，也称为"打飞的"或"逃避反应"。这种动机是指我们被促使去追求对我们有益的事物（如食物、水、金钱、权力等），并且避免可能对我们造成危害的事物（如饥饿、渴望、失业、疾病、行动受限等）。这种趋利避害的动机来源于我们的本能与本性，是我们生存的重要保障。它可以让我们更加积极地为自己的生存和发展而努力工作，同时帮助我们避免不必要的风险和挑战。例如，在面临自然灾害时，人们会因为害怕受到伤害而采取逃避、躲避等保护措施；在生活中，许多人会因为想获得更好的工作和更高的薪资而不断学习和提升自己，同时尽可能避免陷入财务上的危机。

在长期的教育实践中，教育惩戒很好地利用了人类趋利避害动机的这一原理，在行为矫治方面发挥了近乎难以替代的作用。而在行为主义理论看来，人的行为是由刺激和反应决定的，行为被视为一种客观的现象，如果对刺激做出了正确的反应，那么行为会得到强化，反之则会受到惩罚，相应地，人的行为意向就可能转向退缩。一如学习是通过刺激和反应、强化和惩罚等形式去完成，教育惩戒也是一种行为主义思想的应用。行为主义理论完美解释了趋利避害动机的内在机理。

教育惩戒调动人的行为动机主要基于以下三个机制路径：

（1）外部激励机制。教育惩戒作为一种外部激励机制时，具有强大的刺激作用，可以刺激个体形成良好的行为习惯和社会责任感。比如，对不文明行为进行处罚，鼓励市民举报和谴责不文明行为，形成全社会的共同道德观念，提高人们的社会责任感和公民素质。此外，教育惩戒机制也能够对个体的心理和个性发展起到刺激作用，因为它能够引导个体正确认识自我，通过累积学习的经验和对行为的反思，使个体逐渐建立自信心、责任心和成就感。

（2）内部约束机制。教育惩戒不仅具备外部刺激作用，还能从内部调动个体的后续行为。当个体出现不当行为时，学会自我反省，自觉接受教育惩戒的制裁，以形成自我约束，这是一种内部约束机制。教育惩戒之所以能够产生这样的影响，是因为外界给予个体的奖赏和惩罚有着遗传作用和社会印刻，同时也具备情绪的复杂性和人性的多重性。人的行为发展需要内在和外在因素的联合作用，这样才能实现个体行为目的的统一，形成约束自我的后续行为模式。

（3）行为塑造机制。教育惩戒不仅可以影响个体当前的行为，还能够影响其未来的行为。如果个体已经知道什么是好的行为和什么是不好的行为，并且理解了这种行为的后果，那么接受教育惩戒后，就会形成正确的行为模式，从而在未来的行为选择中遵循良好的道德规范。教育惩戒机制也能够培养个体的判断力和自我控制力，因为通过接受教育惩戒，个体能够更加清晰地认识到自己的行为对他人和社会造成的影响，进而更有意识地控制自己的行为。

教育惩戒作为一种良好的行为管制和行为思考机制，在人的行为动机方面可以发挥积极的作用。它不仅能够引导个体建立正确的行为模式和统一的价值观念，同时也有助于培养个体的责任感、自我约束能力和公民素质，从而营造出更加文明、健康、和谐的社会环境。

## 三、伦理依据

在哲学门类中，伦理学是一门专门探讨道德问题的哲学学科，它研究道德行为和道德规范，以及人类的道德价值和道德观念。伦理学的主要目的是提供关于道德行为和规范的正确导向，帮助人们做出明智的道德决策，促进社会的和谐与进步。

伦理学的起源可以追溯到古希腊时期，当时的哲学家已经开始探讨道德问题。不过，伦理学作为一门独立的学科，则是从中世纪开始的。近现代以来，伦理学领域先后涌现了诸如实证主义伦理学、人本主义伦理学、存在主义伦理学、关怀主义伦理学、元伦理学等理论思潮，对教育、法律、政治、经济等各个领域产生了重大影响。其中，对教育惩戒思想产生深远影响的主要是人本主义伦理学和关怀主义伦理学。

### （一）人本主义

人本主义运动最早可追溯至 14 世纪的意大利文艺复兴时期，代表人物有彼特拉克、达·芬奇、米开朗基罗等。人本主义是一种以人为核心的现代化思想体系，强调个体自由、尊重、平等和人权，也被称为人道主义或人类主义。人本主义认为，人是宇宙万物中最重要的存在，应该追求个体的完美和幸福，注重人性、人道、人情和人生价值的提升，启发了欧洲新文艺运动的产生和人文学科的发展。人本主义理论认为，每个人都有自己的思想、情感和需求，必须以尊重和关爱的态度对待他们。在教育实践中，人本主义理念意味着关注学生个体的全面发展，并将其置于课程和教学的中心地位。

到近现代，强调个人自由和理性思考，反对绝对主义和专制政权的洛克（John Locke）；主张自由市场和自由贸易的亚当·斯密（Adam Smith）；认为存在是自由和责任的基础，并主张人应该对自己的存在进行真正思考的马丁·海德格尔（Martin Heidegger）；强调人应该以行动来定义自己的存在，而不是被社会或其他人定义的让－保罗·萨特（Jean-Paul Sartre）等人本主义思想者从不同领域不断丰富了人本主义思想的内涵，对当代哲学、社会学、政治学、经济学及教育学都产生了深远的影响。

现代人本主义曾是质疑教育惩戒合理性的主要推手之一。人本主义者强调为学生提供最好的环境来实现自我发展，认为教育应该关注学生内在的需求和情感反应。在干预和谴责错误行为时，要注意避免批评或针对学生本身，需要向学生传达的是团队精神、纪律意识等方面的价值观念，使其真正与学校目标相合。关于体罚，早期的人本主义者无不表现出深恶痛绝，他们大声疾呼，强调尊重个人的权利和尊严，揭露体罚乱象，痛陈体罚滥用之弊，通过人本主义者的宣传和呼吁，人们开始了解到体罚所带来的负面影响，如学生可能会因为体罚而变得胆小、陷入抑郁或失去学习热情。他们的工作使许多家长的教育观念得以改变，越来越多家长不再依赖简单粗暴的教育方式，改用沟通、引导和奖励的方式来教育孩子，而不是通过体罚或惩戒来解决问题。他们还推动一些国家和地区禁止对儿童进行体罚。人本主义者通过呼吁和宣传，成功地推动了一些国家和地区立法机构的立法。这些做法也促进了教育改革。人本主义者认为，教育应该以发掘学生潜能、培养创新能力和开展多元化活动为基本目标，而不是通过体罚来进行管理。这一思想影响了现代教育的发展，促使了一系列教育改革运动的出现，如以沟通、启发和帮助为主导的教育模式的普及。

然而经过数个世纪的发展，当代人本主义思想经过多次蜕变，思想体系更加成熟和包容。对于教育惩戒，包括体罚，已脱离简单反对的窠臼。时至今日，无论人文主义教育家、自然主义教育家，还是主知主义教育家，抑或人本主义教育家都非常关注教育惩戒，尤其是学校体罚的问题，尽管他们分别从不同角度阐述了各自的惩戒观，但基本一致地认为：教育需要师爱，更需要培育具有爱心的人，同时并不排斥合理适度的教育惩戒。①

---

① 章恩友.教育惩戒观演进史：一场迂回曲折的探索［J］.上海教育，2021（12）：19-21.

当代的人本主义者认为，教育惩戒应该被视作自我约束的一部分，为了保证受教育者的公平性和安全性而存在。教育惩戒解决了在教育过程中可能出现的诸多问题，如缺乏秩序、不良表现、过多的干扰等，确保教育机构拥有一个平衡的、无威胁的学习环境。适度的、合理的教育惩戒毫无疑问具有教育的正当性。

首先，教育惩戒可以帮助学生树立责任感和自律精神，促使其正常学习和成长。在人本主义教育理念中，学生作为学习的主体应该承担学习的责任，他们需要学会遵守公共规则、行为准则和校规制度。如果学生不能遵从这些规定，那么教育惩戒就起到了激发自律精神和促进个人责任感的作用。在受到教育惩戒时，学生意识到自己的表现是错误的，并且要对自己的错误负责。通过这种方式，学生可以学会如何理智地分析问题，做出正确的选择，增强他们的自律精神和责任感。

其次，教育惩戒可以帮助学生处理情绪和情感的问题。有时学生的不良表现并不是出于恶意，而是因为他们无法处理各种情感问题和压力，导致他们的情绪失控。一些学生可能会因为争吵、欺负、恐惧等因素而产生不良情绪，并表现出不明智的行为。在这种情况下，教育惩戒可以帮助学生厘清自己的情绪和压力，并找到合适的方式来处理自己的情感问题。如果教师能够正确地引导他们，学生会从中受益并变得更加理智和成熟。

最后，教育惩戒可以帮助学生改变不良习惯和行为，避免未来犯罪和其他危险行为。许多学生的不良行为是由于缺乏指导和启示而形成的惯性决策。如果无法控制这些事件，将影响到学生的未来甚至导致犯罪。通过教育惩戒，该学生可以意识到自己的错误，并进一步理解其后果。他们可以开始讨论他们的选项，并决定采取行动以改变其不良行为，从这一角度来看，惩罚对具有罪恶灵魂的人来说是最大的善。[①] 这表明，即便从人本主义的角度作理性分析，依然能推导出教育惩戒的正义性和合理性，它可以提高学生的自强和自尊，并促进他们的积极行为和良好的态度。

**（二）关怀理论**

关怀伦理一直被视为当代女性主义伦理学的一个重要组成部分，是以关注、责任、能力和反应为特征，强调情感、关系以及相互关心的一种伦理理论。[②] 它强调人际关系中的关怀和善意的价值，认为我们的道德原则应基于对他人的关心和关注，而不是独立的个体主义或抽象的道德规则。雅斯贝尔斯认

---

① 吴新民.柏拉图的惩罚理论［D］.杭州：浙江大学，2007.
② 刘丹.关怀视角下教育惩戒的分析与实现［D］.西安：陕西师范大学，2020.

为，关心是一种自动的力量，创造充满爱的氛围，充分生成人的内部灵性与可能性。海德格尔也曾在广泛意义上将关心描述为"人类的一种存在形式"，是生命最真实的存在。而诺丁斯则表明，关系是关心的本体性基础，关心意味着一种关系。①

在关怀伦理者看来，首先，关怀是道德生活的基础。关怀是一个重要的社会伦理概念，涉及对他人的照顾、关心、同情、尊重和欣赏。在关怀伦理中，关怀被视为道德行为的核心，是其他所有道德解决方案的前提。其次，关怀伦理强调个体的感受和需求，将人看作是一个完整的、具有欲望和情感等多方面需求的人，而不是简单的机器或经济输送带。因此，在考虑某个问题时，需要首先从对他人的关怀和感受出发，而不是简单地遵循一些抽象的规则或道德原则。再次，与他人建立互惠的关系。在关怀伦理中，人们在进行社会交往时，通常处于一种互惠关系中。这意味着，我们以一种合作和支持的方式与他人互动，而不是像竞争对手一样。互惠关系是基于相互关心和尊重的，从而创建了互相支持和合作的环境。又次，重视情感因素。情感与理性一样重要，情感甚至被视为理性的一部分。在关怀伦理中，情感和理性都被视为达成正确道德决策的必要条件。这意味着，在考虑道德问题时，我们应该将情感因素与理性因素结合起来，从而制定出最好的解决方案。最后，致力于社交改革和平等交往。关怀伦理建立在社会正义和平等的基础上。它强调了关注和照顾那些社会上处于劣势地位的人们，特别是对于妇女、儿童和弱者的关注。因此，关怀伦理旨在促进社会正义、平等和宽容，强调人与人之间的接触和关系的重要性。

丁斯关怀理论认为，一个人需要得到他人的认可和关爱，才能获得自我实现和成长。这种理论被广泛用于先进国家的矫正系统中，用于发掘矫正对象背后的需求，以及促使需求得到满足，从而促进他们的成长和改变。众所周知，矫正对象和被惩罚的人往往处于弱势和边缘化地位，他们需要更多的关注和呵护，以此提高他们对自身的认同感和归属感。

基于诺丁斯关怀理论的视角，教育惩戒中教师与学生的关系应当发展为关心关系，教师是关心者，学生是被关心者。在教育惩戒中，教师应当给予学生关心，学生对此做出回应，以期实现将学生培养成为有道德的人的目的，故关心是教育惩戒的应有之义。②具体到教育惩戒方面，诺丁斯关怀理论意味着教育者和矫正机构需要以保护和服务当事人为中心：

（1）关注学生的需求，而不是只强调纪律和规矩。过度强调纪律和规矩

①② 刘丹.关怀视角下教育惩戒的分析与实现［D］.西安：陕西师范大学，2020.

会让学生感觉被孤立，进一步加深他们的不安全感和紧张感。相反，教育者应该以关注学生的需求为中心，了解他们的思维方式、情感状态和家庭背景等信息，从而更好地指导他们。

（2）给予矫正对象足够的支持和鼓励。在诺丁斯关怀理论的框架中，教育者需要尽可能地为矫正对象提供支持和鼓励，表明对他们的信任和肯定。这可以通过选择适当的抚慰语言、赞扬和奖励等方式实现。

（3）改变惩戒方式，避免危及矫正对象的身体和精神健康。传统的教育惩戒方式往往涉及体罚或其他危害矫正对象身体和精神健康的行为。在诺丁斯关怀理论的引导下，教育者需要选择更为温和和有效的方法，如时间暂停、口头警告、反思作业等。

除此之外，基于诺丁斯关怀理论下的教育惩戒还需要充分依赖科学研究和评估成果。这意味着必须建立准确的指导标准，以评价特定矫正策略的有效性和适用性。并且，教育者应该持续对教育惩戒方法进行跟踪和评估，以确保教育惩戒的最终目的是促进学生的成长和改变。

总之，诺丁斯关怀理论不仅为教育惩戒提供了支持，而且可视为构建支持有效矫正和仪式性行为的框架。基于这个框架，教育者可以更好地了解学生和矫正对象的需求，同时运用科学、温和、有效的方法，通过教育惩戒实现学生的行为改变和成长。

# 第二节　心理学依据

公元前 400 年到公元前 300 年左右，希腊哲学家亚里士多德、苏格拉底等初次提出了一些关于人类思维和行为的观点，这些观点为后来心理学理论的形成奠定了基础。18~19 世纪中叶，随着实验科学方法的出现和发展，一大批西方心理学家开始以实验研究为基础从事心理学方面的研究，心理学逐渐与哲学渐行渐远。20 世纪初至 20 世纪 30 年代，奥地利精神科医生弗洛伊德及美国心理学家华特·威廉士等成功建立了现代心理学的理论框架，最终将心理学发展成为一门独立的学科。此后，心理学的研究方法和对象逐渐多样化，行为主义和认知心理学就此崛起。其中，代表人物有苏联心理学家巴甫洛夫、美国心理学家斯金纳和珂菲等。20 世纪 60 年代至今，心理学开始广泛应用于医学、教育、工业、体育、法律等领域，并逐渐分化出多个专业领域，如社会心理学、临床心理学、工业心理学、发展心理学、犯罪心理学等。历经了从哲学到实验科学再到现代神经科学的历史演进过程，它不断丰富并深化着人们对心理活动本质、心理疾病及其治疗方法、智力和思维能力等方面的认识和理解。

## 一、行为主义心理学派

行为主义心理学是一个重要的心理学流派，兴起于20世纪50年代。在行为主义理论中，惩罚被视为一种控制不当行为的有效方式。因此，在这种心理学认知下，教育的目标是通过惩罚来消除不当行为，以确保正常秩序的维持。

巴甫洛夫在条件反射研究方面的杰出成就奠定了其行为主义学派的崇高地位。他认为，人类的学习行为可以通过建立条件反射来引导和塑造。因而惩罚可以作为一种有效的条件反射方式，以帮助人们养成合适的行为方式。巴甫洛夫认为，当某个不合适的行为与惩罚相联系时，会形成一种不愉快的体验，从而减少这种行为发生的可能性；而当某个合适的行为与奖励相联系时，则会形成一种愉快的体验，进而增加这种行为发生的可能性。然而，巴甫洛夫强调，惩罚并不应该成为唯一的教育手段，而只是教育训练的一部分。他认为，要想实现长期的、有效的行为转化，必须将惩罚和奖励结合起来，同时需要根据学生的特点和需要，进行有针对性的安排和引导，才能取得最佳效果。

行为主义心理学的另一代表人物美国心理学家 B. F. 斯金纳提出了著名的"操作性条件作用理论"（Operant Conditioning Theory）。根据该理论，人的行为是受环境刺激和奖惩（操作条件）的影响而产生的，并以此为基础来阐释人类学习过程。在操作条件化理论中，行为的产生与强弱有关，行为在被操作条件强化或削减时也将发生改变。斯金纳认为，首先，行为受到环境的影响。人的行为是受到环境刺激和奖惩的影响而产生的。例如，当人们的某种行为得到正面回馈时，这种行为就会更频繁出现；相反，如果该行为收到负向反馈，那么这种行为将逐渐减少。其次，以强化或惩罚作为教育的基本手段。斯金纳认为，通过采取强化或惩罚来控制人的行为是可行的，并且对于操作条件化来说十分有效。如果人们收到的奖励是可预测和有意义的，那么他们就会加强并继续进行一些行为。再次，要间歇性应用强化。操作条件化理论主张，人们反复表现出某种特定的行为最大的可能是得到相应的强化，因此间歇性应用奖励可以产生更好的结果。这对于促进自我控制和长期行为变化非常关键。最后，行为可被形成和塑造。斯金纳认为，人类学习过程是建立在行为模式发生和操作条件的协同基础之上的。因此，通过与环境和他人的交互，人们可以通过行为的塑造或改变，最终实现个人和社会的目标。

关于教育惩戒，斯金纳认为，惩罚可以减少不良行为的发生，通过惩罚可以使不良行为受到打击，以便防止这种不良行为再次出现。同时，奖励还可以增加良好行为的发生，通过奖励可以促进良好行为的继续发生，以便扩大这种良好行为的范围。同时，斯金纳反对使用过度惩罚，他认为，使用过度惩罚会导致负面影响，从而阻碍学习和自我发展，因而，斯金纳反对使用体罚作为教育惩戒的手段。因为在斯金纳看来，惩罚不应该带有痛苦和伤害。体罚还是对学生不当的侵犯，对于刺激学生的积极性和自我发展没有任何好处。他认为，教育应该关注学生的自身需求，而不是通过惩罚来达成目的。斯金纳提倡使用刺激控制方法来取代惩罚，这种方法可以帮助个体学习适当的社会行为，并鼓励他们为了获得奖励而表现出积极的行为。

## 二、认知心理学派

20 世纪 50~60 年代初期，在这个时期，部分心理学家开始意识到观察和研究个体的思维过程对于了解人类智力和行为是非常重要的。这个时期的代表人物如乔治·米勒（George A. Miller）、杰罗姆·布鲁纳（Jerome S. Bruner）和莫里斯·福尔克（Morris H. Farkas）等。20 世纪 60~70 年代，以艾伦·纽厄尔和赫伯特·西蒙为代表的心理学家开始提出各种认知模型和理论，并且以计算机作为模型进行研究。此后，认知心理学扩大了研究领域，涉及记忆、语言、决策、推理、问题解决等诸多方面，提出了许多重要的概念和理论，如思维模型、神经网络等，这些理论和概念不仅促进了认知心理学的发展，还对其他领域如计算机科学等产生了影响。

在具体的教育惩戒问题上，首先，认知心理学家认为，人在接收信息时不只是接收信息的单一过程，更是在经历了选择、组织、加工和存储等多个过程之后才能理解和吸收信息。因此，教育惩戒在对待学生的错误行为时，不能简单地让学生接受单纯的惩罚，而应该注重引导学生吸取其中的教训，使他们在错误中成长并进步。否则，如果仅是单纯地惩罚而忽略了学生的认识、理解和反思过程，就难以实现持久的效果。

其次，鼓励学习的内在动机和提升学生认知能力是教育惩戒最根本的出路。人具有天生的探索、学习和成长的本能，正因为如此，促使学生主动地寻求知识和自我发展是教育的重要目标。教育惩戒应该通过引导学生理解错误行为的相对观念，促使他们重新审视、思考和修正自己的行为，并营造良好的学习氛围和文化，以消除学生恶意行为的动机和意愿。

再次，受惩罚的方式可能影响着学生的思考和行为变化。正如认知心理学派的代表人物之一阿尔伯特·班杜拉所言："强化和惩戒的真正问题是它们都主要关注短期结果，而忽视了长期的影响。没有人能够预测惩戒可能会导致多大的副作用。"[1] 惊恐、屈辱、羞愧等负面的体验并不能够激发出积极的反应和

---

①② Bandura A. Social Learning Theory［M］. Englewood Cliffs，NJ：Prentice-Hall，1977.

行为变化，反而会造成学生的防御和反抗情绪，带来对教师的不满和抵触。学生可能会对教师产生厌恶、怨恨或者是缺乏自信等情绪，同时也可能对教育本身失去兴趣，无法实现尽善尽美的教育效果。因此，在进行教育惩戒时，教师应该深入了解学生的个性特点和心理需求，真正帮助他们理解错误行为，并用耐心、细致、科学的教育方式换取学生的认同和爱戴。

最后，教育惩戒应该是积极的、细致的和具有参与性的。在促使学生改变行为的同时，也要注重锻炼学生的思考和决策能力，让学生在面对错误到处理错误中经历探究、实验、反思以及总结等过程，得到进一步成长和提高。"通过强化积极的行为，学生们可以根据自己的兴趣和主动性参与学习，这将提高他们的主观价值感，从而使他们更有可能在未来继续参与学习。"②

在教育惩戒的过程中，教师与学生之间应该是一种相互合作的关系，用共同的语言、理念和价值观引导学生改正错误才是正确的教育方法。

因此，从认知心理学的角度来看，教育惩戒必须引起教育者足够的重视，它应该是既跨越科学理论，又具有实践补充的一种教育手段。教师应该通过发掘学生的情感、认知内在动机，加强交流与沟通，以及建立良好的师生信任关系等方式，将教育惩戒转化为学生的自我认识、实践和涵养，并最终达到让学生在不断探究中成长和发展的理想效果。

认知心理学明确反对使用教育体罚作为纠正学生行为的手段，认为教育体罚不仅不能有效地改变不良行为，而且可能对学生的身心健康造成长期的负面影响。此外，教育体罚也有可能导致学生对教育活动的不信任和恐惧，影响其学习和发展。认知心理学研究强调了正向的激励和奖励机制，如给予称赞和特殊待遇等，可以更好地促进学生的学习和发展。

## 三、日内瓦心理学派

日内瓦心理学派的核心思想是结构主义，即认为人类的心理现象可以通过相互关联的元素进行分析，如同拼图一般，组成了心理现象的整体。结构主义认为人类的心理现象构成了不同层次或结构，这些结构之间相互作用，从而产生了复杂多样的心理现象。

日内瓦心理学的早期创始离不开西奥多·弗卢努瓦（Théodore Flournoy）和艾德华·克拉帕雷德（Édouard Claparède）的杰出工作。他们首先对感觉、知觉、运动和注意力等基础心理现象进行了研究和实验，初步形成了实验心理学的基本概念和方法。此后，让·皮亚杰（Jean Piaget）领导的儿童心理学研究小组展开了对儿童智力发展的相关研究，他们从儿童哺乳期开始，追踪记录孩子的思维模式、思考和解决问题的方式，并通过实验方法研究这一过程中的各种因素，从而逐渐揭示了儿童智力发展的一般规律，并形成了日内瓦学派独特的认知发展理论。再后来，让·皮亚杰和贝热·库奇（Béla H. Bock）等通过实验、调查等多种方法对社会行为和人际关系进行了广泛研究，进一步扩展了相关概念和理论的应用领域，如协调与合作、社会化、交际互动等，形成了社会心理学、交际心理学等应用心理学分支门类。

日内瓦心理学派对于教育惩戒总体持强烈的怀疑态度，认为不应使用强制手段来引导儿童行为。而是要用积极的奖励和赞扬，来激励儿童良好的行为表现。只有这样才能增强儿童的信心和自尊心，提高儿童的上进心和投入度，从而实现更好的学习和发展。Lowenfeld 和 Piaget 都指出，要想让孩子主动、自发地学习和进步，必须给他们适当的支持和鼓励，因此所有负面指令和惩罚都应该被削弱。Piaget 在《道德判断与行为》一书中亦说道："教育必须建立在自由和爱的基础之上，而教育措施则被排斥在这个自由之外。谁要是用批评、讽刺、比较或者恫吓、恐吓等方式把孩子们的行为引导到一定的方向去，那么他就是在侵犯他们的自由和干涉他们的正常发展。"即便涉及惩罚，Piaget 也反对抵罪性惩罚，认为它可能导致儿童形成混乱的是非观，而回报性惩罚才是更加有效的方式。如儿童说谎，老师对其进行训斥或罚站，这是抵罪性惩罚；而儿童说谎，老师同学不再信任他，开始疏远他，这是回报性惩罚。[①]

对于体罚，日内瓦心理学派则持绝对反对的态度，认为体罚既是一种暴力行为，又会给儿童的身心健康造成严重的影响。瑞士教育家菲利普指出，在儿童成长过程中，体验到的任何一种身体和情感上的伤害都可能留下深刻的心理阴影，甚至使其终身患有某些心理障碍。同样，Piaget 认为，体罚会破坏师生之间的信任感和沟通关系，导致孩子对学校、家庭和社会缺乏信心，使孩子缺乏社交技能。因此，只有通过建立信任、关怀和尊重的关系来培养儿童的自我教育意识和内在的纪律感，才能促使其实现全面发展。

## 四、其他

综合以上各个心理学派的相关研究不难发现，随着时代的发展及心理研究体系的拓展，心理学的研究越来越指向教育惩戒的负面效应，这可能和相当部分的心理学家的兴趣偏好有关，但不可否认的是，他们的工作开展及学术观点对推动社会反对或限制教育惩戒，尤其是体罚起到了相当积极的作用。寻找更多的事关教育惩戒不利证据成为相关研究的主流。

---

[①] 张露丹，王茜. 道德认知发展视角下教育惩戒理论基础及实践路径［J］. 教育发展研究，2022（15）：103-109.

诸多系列研究显示，不当的惩戒及体罚与一系列儿童发展认知或心理障碍密切相关。如有人研究了近 20 年来的 70 项涉及体罚和孩子行为、情感和认知开发的研究，发现体罚与一系列负面影响有密切联系。[1] 另一项长达 50 年的追踪研究结果显示，体罚与负面结果（包括心理健康问题）的风险有关联。[2] 还有人对超过 2500 名儿童进行了长期追踪研究，并发现体罚和违纪与叛逆行为的显著增加有关。[3]

美国密歇根大学社会工作系的教授 Grogan-Kaylor 是研究家庭与儿童社会政策、跨文化和青少年干预的知名专家，在国际上具有很高的知名度和影响力。Grogan-Kaylor 认为，教育惩戒会对儿童的身体、情感和认知开发产生相当严重的伤害，甚至可能导致持久的不良影响。他的研究揭示了体罚与孩子方方面面的负面行为有关联。比如，被体罚的孩子更容易出现自尊心低下、心理健康受影响、行为具有攻击性和违反规则等问题，并且这些负面结果在儿童成年后仍有可能持续存在。除此之外，Grogan-Kaylor 还指出，在家庭和学校等场景中使用教育惩戒会加剧贫困、歧视和弱势群体的不平等问题，部分儿童很容易成为受侵害的对象。同时，他认为，教育惩戒也给父母和教师带来了持久的心理压力和道德责任感。因此，Grogan-Kaylor 主张使用积极育儿方法和非暴力的教育方式。积极育儿方法强调家长与孩子建立良好关系并使用高效且有益的交流技巧，而非暴力的教育方式则注重教育者教育措施的严谨性与先进性。这些方法有助于增强儿童的自尊，促进其人格发展及锻炼社交技能，也使教育效果更加显著。

# 第三节　教育学依据

教育的本质是推动人的社会化，个体融入社会接受集体的庇护，作为利益交换，个人不得不让渡部分权力，因此，个人权力受限，包括触碰社会规则接受惩罚，是在长期的教育实践中总结出来的行之有效的手段。

[1] Gershoff E. T. Corporal Punishment by Parents and Associated Child Behaviors and Experiences: A Meta-Analytic and Theoretical Review [J]. Psychological Bulletin, 2002, 128（4）: 539-579.

[2] Ferguson C. J. Spanking, Corporal Punishment and Negative Long-Term Outcomes: A Meta-Analytic Review of Longitudinal Studies [J]. Clinical Psychology Review, 2013, 33（1）: 196-208.

[3] Straus M. A., Sugarman D. B., Giles-Sims J. Spanking by Parents and Subsequent Antisocial Behavior of Children [J]. Archives of Pediatrics & Adolescent Medicine, 1977, 151（8）: 761-767.

## 一、经验教育的依据

教育惩戒是一种简便易行低成本的教育手段，从教育史研究来看，教育惩戒的历史与教育史几乎一样长，不分国家、民族、文化、政治体制，有教育必有教育惩戒。不难发现，教育惩戒之所以广受教育界的重视和信赖，与其功能的实用性及目的的正当性不无关系。

### （一）实用性

教育惩戒是在明确的教育目的下采取的特殊教育手段，相比于单纯的惩罚行为，教育惩戒更注重对行为背后原因的分析和调整，旨在改变被教育对象的不良习惯和行为，且简便易行，在教育实践中既不存在技术壁垒，也没有多少操作障碍，而效果常常立竿见影。

首先，教育惩戒可以树立教师的权威和地位。教育惩戒作为一种教育方式，对学生行为的规范起到了很好的效果，并有助于让学生尊重教师的权威和地位。同时，经过恰当的惩戒，学生对教师的教诲更容易付诸行动，并能形成对教育的积极态度和情感认同。

其次，它能提高学生的自我认识和责任感。通过合理的教育惩戒手段，学生意识到了自己不当行为的危害和影响，从而更加清晰地认识到自己的责任和义务。这样的过程不仅有助于预防学生的不良行为，而且还能使学生树立正确的人生观和价值观。

最后，教育惩戒也能有效提高学生的自我控制和自律能力。在教育惩戒的过程中，教师会引导学生反思错误行为并制定纠正措施，这有助于提高学生对自我行为的监控和调整能力。同时，良好的惩戒方式还能增加学生对规则的遵守和内心的约束，并使其养成自我控制和自律的良好习惯。

### （二）正当性

教育惩戒不是简单的个人行为，而是得到社会广泛认同的职业行为。一般而言，职业行为由于得到社会或政府的认可及授权，其行为往往自动具备正当性。所谓"正当性"（justification），是指"某物的存在或做某事是否有充足的理由"（a good reason why something exists or is done）。[①] 教育惩戒，作为一种教育方式，是维持正常教育秩序、保证教育教学顺利进行的必要手段。有效的教育惩戒有助于规范学生的不良行为，培养其规则意识，引导他们的道德判断，促进其健康发展。[②] 仅从教育惩戒的目的性来看，其是符合教育目的，并满足

---

① A. S. Hornby. 牛津高阶英汉双解词典（第 6 版）［M］. 陆谷孙，等译. 北京：商务印书馆，2004.
② 穆翎. 美国公立中小学教育惩戒的改革实践与价值转变——从"零容忍"到支持性教育惩戒［J］. 比较教育研究，2020（9）：45-52.

社会预期的，其"理由"显然是"充分的"。当然，目的的正当性作为教育惩戒行为正当性的组成部分，并不意味着整体正当性的自证成立，还要考虑行为的方法是否得当、行为的程度是否合理、行为的效果是否理想。由此，当教育惩戒的正当性受到质疑时，应当更准确地假定为，教育惩戒行为的某个环节或某个局部受到质疑，而不能引申为教育惩戒行为整体性、全盘性的质疑或否定。具体到学校教育行为中，教育惩戒在以下方面的正当性是可以确证的：

其一，教育惩戒可以提高学生的社会责任感。在校园里，学生应该遵守学校规章制度和社会道德标准，如果出现不良行为，就应该承担相应的责任。通过对不良行为展开惩戒，可以让学生认知到自己必须承担的行为后果，同时提高自己应该严格遵守学校的相关规定的意识，从而使学生具有更高的社会责任感。

其二，教育惩戒可以维护学校治理秩序。作为一个公共场所，学校需要依据特定的规章制度来维持学生的日常活动与学习。针对不遵守规章制度的不良行为，采取适度的教育惩戒，可以引导学生养成良好的行为习惯，并保持学校的良好秩序，这样能够营造和谐有序的教学环境。洛克在《教育漫话》中这样说道："惩戒不能解决所有的问题，但是作为一种教育手段有其独特的作用，对于一些'调皮捣蛋型或者顽固反抗型'学生，可以采取惩戒手段，必要时可以使用棍棒进行惩戒，但绝不能坐视不理，放任自流，一定要防微杜渐将学生的错误行为扼杀在摇篮里。"[1]

其三，教育惩戒可以促进学生的全面发展。惩是手段，戒才是目的。不良行为往往是由于学生自身社会经验、价值观、情绪等因素引起的。通过加以惩戒，可以让学生意识到自己错误的行为，并且帮助其反思个人行为，在正确认识和重视这些问题的同时，更好地发掘自己的优点和潜力，从而形成合理的人格。[2]

其四，教育惩戒需要有良好的过程保障。教育惩戒的正当实施要遵循一定的原则和程序，以确保教育惩戒是科学合理的。在真正实施教育惩戒之前，需要依法或依规通过规定程序进行公示、听证等，以确保事实清楚、证据确凿。学校和教师不得利用惩戒手段损害学生的人身财产安全或伤及学生身心健康。在执行教育惩戒时，相关负责人不得随意发泄情绪或滥用职权，必须严格遵守学校的纪律和规定，实行明确的惩戒程序和相应的实名制管理，确保整个惩戒过程的公正、透明和严谨。同时还要对惩戒方式及结果进行监督以避免滥用教

① 洛克.教育漫话［M］.徐诚，杨汗麟，译.石家庄：河北人民出版社，2001.
② 余雅风，张颖.论教育惩戒权的法律边界［J］.新疆师范大学学报（哲学社会科学版），2019(6)：2，96–102.

育惩戒，损伤学生健康成长与个体尊严。

长期的教育经验表明，教育惩戒可能是不可或缺的教育手段。作为一种社会正义的基石，教育惩戒的合法性、必要性和重要性因其存在而彰显。当然，任何教育手段必然存在两面性，因方法不当、程序不当、适用不当等，存在利大于弊情形的同时，也可能存在利弊相当，甚至弊大于利的情形，因此，遵循相关的原则和程序，在持续完善教育管理、提高教育水平的过程中，不断地掌握和运用好教育惩戒这一有益于校园秩序和安全、有利于学生个人行为规范和价值观养成、有利于教育发展和社会进步的有效手段就显得尤为重要。

## 二、科学教育的依据

科学理论是现代教育的基础，它可以帮助人类了解人类个体学习和认知的基本原理。这些理论包括心理学、神经学和认知科学等。通过了解这些理论，教育专家可以创造出最优化的教育体验，提升学生的学习效果。只有遵循这些科学原则，才能够创造出最优秀的教育体系，培养未来需要的人才。教育惩戒作为教育的构成部分，无数教育实践者和教育研究者揭示了其作用机理，找到了支撑证据。

### （一）教育惩戒规范人性发展方向：自由与边界

人的成长需要一个界限，这个界限就是自由与边界。没有边界的自由会促成兽性的放纵，而没有自由的边界则会成为人性的枷锁。教育惩戒旨在通过明确的惩罚和奖励机制，建立学生的自由与边界，使学生能够自觉遵守社会道德规范。同时，教育者也需根据学生的发展阶段和特点，制定合理的惩罚和奖励方式，以逐渐培养出他们良好的生活习惯和价值观念。

教育是什么？从工具意义上来看，它是"社会借此可以保存、延续、进步，个体借此得以获得某种素质而在未来过上幸福完满的生活的工具"。[①] 那么，什么又是"幸福完满"？"幸福完满"是每个人都渴求的状态，意味着一切都是如此美好，其实也就是达到人生理想状态的标志。对它的定义不同的人可能会赋予其不同的内涵，但幸福完满与自由必然有着千丝万缕的联系，因为自由与幸福是相辅相成的。[②] 贝尼提茨·格普斯坦在其文章《幸福和自由问题》中指出，幸福和自由必须同时存在，否则无法实现个人的最高愿望。贝尼提茨·格普斯坦讲述了从古代的亚里士多德，到现代重要的哲学家、心理学家和社会学家对幸福与自由关系的探索及发展，并总结出三个要素：具备满足基本

---

① 周浩波.教育哲学 [M].北京：人民教育出版社，2000.
② Gopnick B. Happiness and Freedom [J]. Political Theory，2007，35（4）：491–514.

需要的物质和精神条件、有意义和高效的个人与社会互动、人们享有自由和选择的机会。在只有快乐而没有自由的环境中，幸福完满就只是一个虚幻目标，是不能被实现和保持的。因此，自由是幸福完满的必要条件之一。

自由给人们提供了追求幸福完满的机会。它是一个人充分发挥个人能力、成为自己、过自己想要的生活的前提。具体来说，这意味着人们能够享有选择、言论、集会和信仰的权利，也意味着人们能够追求自己的理想生活方式，如追求教育、工作、婚姻和宗教的自由。自由还可以帮助人们充分发展自己的理想，并在生活中实践这些理想，从而成为更自豪、有尊严、有价值的人。

但要注意的是，自由又是有条件和有边界的，在脱离社会现实的超理想情况下，自由一般被定义为行动的可能性，这种行动不受外界限制。但这种自由属于"负自由"，即没有被外界（特别是政府）限制的行动。负自由并不能保证幸福完满，相反，负自由可能会带来一种孤独和绝望感，从而威胁个人的稳定。因此，有条件、有边界、积极的自由才是最有价值的自由，这种自由涉及是否可以实现个人愿景、是否能够充分发挥自己的才能，以及是否有机会与他人分享知识、经验和资源等。

教育是个体获得积极自由的必要途径。通过好的教育，每个人都可以获得更大的自由，包括经济自由、社会自由和精神自由。

经济自由是指个体在经济上能够独立自主地作出决策和选择，而不受到外部限制的能力。对于个体来说，经济自由具有重大的意义，因为经济自由可以帮助他们获得更高的生活水平、更好的医疗条件和更多的机会。教育对于经济自由的影响是非常显著的。可以通过提供良好的教育来增加人们的就业机会和劳动收入。研究表明，受教育程度越高的人群在就业市场上越具竞争力，且能够获得更高的劳动收入。美国的一项研究发现，持有学士学位的人的平均收入比高中毕业生高28%，而持有硕士学位的人则比学士学位持有者平均多赚约40%。[①] 这意味着，通过接受高等教育可以获得更高的工资，从而获得更大的经济自由。

除了就业机会和工资收入，教育还能够在创业方面帮助个体获得更大的自由。创业是指个体通过创造、发展和推广新产品或服务来创造经济价值的过程。创业是拥有经济自主权和财富自由的途径之一。研究表明，受过教育的人往往比没有受过教育的人更有创业精神，更有可能独自创办企业。具体来说，美国的一项研究发现，90%的"千禧一代"认为创业是一个"非常好的"或

---

① Hundley G. The Wealth of College Graduates in Perspective [J]. Monthly Labor Review, 2001 (124): 33–41.

"好"的职业选择，而且他们中的许多人都计划进行创业。这些研究表明，教育可以激发个体的创业精神，从而帮助他们获得更大的经济自由。

教育对于社会自由的提升同样拥有重大的作用。教育可以帮助人们获得必要的社交技能，如交流和合作技能、解决问题和冲突的技能等。这些技能在社交活动中非常重要，如在工作场所、社区和家庭中。研究表明，接受高质量的早期教育和培训可以帮助孩子发展社交技能，从而更容易适应社会环境。[①] 此外，教育还可以使人更好地理解不同的文化和生活方式，增强交际能力和开阔眼界。除了提高社交技能，教育还能帮助个体理解他们的公民职责，并鼓励他们在社会生活中积极参与。在一项研究中，调查发现，接受过电子邮件、电话或信函的公民教育课程的人比没有接受过此类教育的人更有可能参与政治和社会活动。这表明，教育可以增强个体对公民职责的认识，并激发他们参与社会事务的意愿，从而获得更大的社会自由。在这里，职责毫无疑问是公认的社会边界约定，可见边界与自由也是相辅相成的。

教育还培养人们的理性思考能力，使他们能够更好地分析问题和评估信息。通过进修不同的学科和主题，个体能够获得关于文化、哲学、科学、历史和世界各地的人们生活方式等方面的规则和知识，从而更好地理解他们所处的世界。这种力量在今天的互联网时代尤为重要，因为互联网上存在很多错误的资料和虚假信息。良好的教育可以帮助个体辨别和评估信息来源的可靠性，从而有助于看清自我义务和虚假想法之间的区别。在这里，规则意识、边界意识是个体理性意识的重要前置条件及天然组成部分。

教育惩戒作为一种久经考验的教育方法，主要是通过制定明确的规则和相应的奖惩机制，来加强学生对社会道德的认识，并促进其形成良好的行为习惯。道德规范作为社会公认的准则，其重要性不言而喻。许多研究者坚信，教育惩戒可以有效实现学生遵守规则、尊重他人、自我约束等多方面能力的培养。通过这种方法来弘扬社会道德规范，有助于形成学生的良好道德观念，以提高其整体品德。教育惩戒还通过创造适当的奖惩机制，来激励学生的自我发展和自我约束。有研究同样证实了教育惩戒也是一种行之有效的激励性手段，可以启发学生主动思考和自我修正，以形成积极的行为模式。这种机制的引入，使教育惩戒成为一种能够激发学生内在动力的教育方式，以促进其长期发展。更重要的是，教育惩戒不仅是对学生的行为进行管理，同时也可以培养学生的社会适应力。学生通过接受奖惩，形成了对自己行为的约束，同时明确了

---

① Magnuson K., Duncan G. Investing in Preschool Programs [J]. JAMA Pediatrics, 2016, 170 (10): 931-932.

自己和他人的边界，并逐渐形成与周围环境的积极互动。教育惩戒不仅有利于学生边界意识的提高，还可以使他们能够愈加深刻地认识到他们自身在社会中的位置和责任。

**（二）教育惩戒符合身心发展规律：试错与纠错**

在学习和成长过程中，试错是难免的。然而，对于错误的行为，应当及时进行纠正。教育惩戒就是一种及时纠正错误的方式。学生通过承受一定的惩罚和接受奖励，能够对自己的行为作出正确的判断，并在以后的生活中更好地遵守规范。

成长是一个极具个性化的过程，它需要我们逐步认识自己，学会面对周围的世界和人际关系，并适应外部环境的变化。在这个过程中，每个人都会经历许多失败、错误和挫折。然而，这些反复试错的过程对于个人成长来说是至关重要的。因为通过反复试错，人们可以不断学会如何面对问题、解决问题和从失败中吸取教训。

第一，反复试错可以帮助人们不断尝试新的方法以解决问题。犯错或失败虽然会带来痛苦，但正因为痛苦，方显其珍贵。痛苦的经历让人们学会了什么事情不能做，或者如何使用更好的方法去解决问题。而经验和经历则可以帮助我们在面临类似问题和挑战的时候，更快速和更有效地解决。每个人都有自己成长的道路，而这条路是根据个体情境及其应对机制来进行塑造的。另外，反复试错也有助于调整我们的期望值和目标，促进个体成长，健康融入社会。①

第二，反复试错让人们学会了如何从失败中吸取教训。犯错本身不可怕，可怕的是没有很好地利用错误带来的红利——许多人往往认为失败是终点，但实际上，失败更是一个机会，这种机会让人们了解自己的不足、缺乏的技能和需要改进的领域等。如果人们愿意通过失败来找到自己失败的原因，并寻求解决问题的方法，那么就可以在失败中成长，获得更多知识和经验。

第三，反复试错是让人们认清自我价值的一个关键。在反复试错的过程中，人们不仅会认识到自己的短处和不足，还会发现自己的优势和潜力。这个过程会让人们对自己的了解更加深刻，找到属于自己的路径和方向。研究者指出，反复迭代过程能使学习空间化，只不过在这个过程中个体的成长需要具备具体、细致和有意义等必要条件。

教育惩戒是一种重要的纠错机制。纠错是指在发现错误或缺陷后采取相应的措施予以纠正的过程。对于学生来说，教师和家长可以视为纠错机制的代

---

① Harvey J., Alter C., Haddad S. Learning from Failure: A Longitudinal Study of Entrepreneurial Failure and Recovery [J]. Academy of Management Journal, 2016, 59 (4): 1276-1304.

表。在这个过程中，教育惩戒作为纠正系统的一部分，通过惩罚学生错误行为来促进学生改正错误并避免再次犯错。因此，教育惩戒是一种有效的纠正方式，为学校和家庭提供了一个纠错、监督和管理学生行为的重要手段。

教育惩戒还对学生的心理健康和人格发展有深刻影响。首先，教育惩戒可以促进学生自制力和规范意识的提高。在学生犯错误行为后，教育惩戒可以引导学生思考自己的行为是否符合规范，并提醒他们改正错误。通过相应的惩戒，学生可以增强自我约束和规范意识，形成良好的行为习惯，避免在将来再次犯错。其次，教育惩戒可以提高学生的情绪管理能力。研究表明，典型的情绪调节策略是"情绪抑制"和"情绪转移"。这两种策略涉及注意、认知和行为方面的应对方式。在教育惩戒的过程中，学生会面临种种情绪，如羞耻、愤怒和自责等。如果学生能够善加管控自身情绪，就可以避免由于情绪失控而爆发不可知的极端行为。

教育惩戒对于维护学校纪律和课堂秩序同样具有重要的作用。在大多数国家的学校，教育惩戒被视为一种正式的纪律管理制度。通过惩戒，学校可以建立起明确的法规制度，强化对学生的管理，并且防范不良行为的发生。此外，教育惩戒还可以促进教师与学生之间的交流和互动。惩戒作为教学过程中的一部分，帮助教师建立良好的信任关系，并加强其对学生的尊重和理解，从而使教育过程更加富有成效。

# 第四节　社会学依据

社会学是一门探讨社会组织、社会行为、社会结构和社会变迁等现象的学科，旨在揭示人类社会运作的规律和本质。它通过对各种社会现象的研究，帮助我们理解社会的发展进程，探究人类与社会所面临的问题，并提出对策和解决方案。社会学是一门广泛的学科，它涉及经济、政治、文化、教育、法律、医疗等方面，既可以研究微观个体行为和感受，也可以研究宏观社会结构和制度。

教育是一种社会活动，是社会发展的重要组成部分，它既反映社会的发展和变迁，又影响着社会的发展和变迁。教育学则是对这种活动的反思，教育学与社会学的关系紧密，社会学研究的很多内容都与教育学有关。涂尔干明确指出，一切教育学进行思考和研究的首要前提是：教育在起源上和功能上都明显是一种社会活动。与其他科学相比，教育学研究应该更紧密地依赖于社会学。教育学涉及的领域包括教育制度和政策、教育理论、教育过程、教育方法和教育成果等，这些都是社会学所关注的内容。

决定教育的各种习俗和观念不是个人的创造，而是社会生活的共同产物，表达了社会生活的共同需求。社会的价值观、要求、规范必然会投射到教育领域，因此，教育活动不过是社会活动的具象或缩影，许多教育手段不过是社会手段的迁移或挪用，如现代教育手段、在线学习平台、互动游戏等都是社会发展和科技进步的产物。这些技术手段最初并不是为教育而生的，而是为其他社会活动服务的。然而，在实践中，人们发现，这些技术手段对教育也非常有益，便运用到了教育领域。例如，利用多媒体教室可以营造出更加生动、直观的教学环境，提高学生的理解和记忆能力；利用在线学习平台可以让学生随时随地学习知识，提高了教育的高效性和灵活性。

同理，惩戒思想与制度作为维护社会秩序不可或缺的威慑工具，同样适用于教育领域。教育惩戒的核心在于"约束"与"引导"的结合。约束是指从学生的角度出发，限制不良行为的发生，防止蔓延；引导是指为学生设置正确的行动方向。进行教育惩戒时，教师必须找到某种方法来打破学生不良行为的系统，并引导学生形成一种新的优良行为，让学生懂得什么是良好的行为，并让他们知道应该成为什么样的人。

德国的现代社会学的缔造者斐迪南·滕尼斯（Ferdinand Tönnies）在其《共同体与社会》一书中首创了"共同体"概念，他认为，共同体就是"自然形成、整体本位的小群体社会，在这个社会中，人们密切接触、互相熟知，社会靠传统文化的力量和占主导地位的约束性法律，将依赖性较低的众多同质性个体凝结为一个有机整体，进而达到社会的良性运转和高度和谐"。[①]我国现代著名社会学家费孝通后来将滕尼斯提出的"共同体"翻译为"熟人社会"，用来指一种建立在血缘、地缘和共同记忆基础上，以人之间情感关系为纽带的传统社会形态。[②]在这样的熟人社会中，教育场所中的教师扮演的是"代父母"的角色，因而天然具有了教化性的权力。虽无正式的惩戒规则，但教师在习俗型信任的默许下，大胆地运用教化性权力对学生进行教育管理。通常在这种道德伦理的监督和约束下，教师也能够较好地拿捏惩戒的尺度和分寸，与学生之间保持稳定与和谐的关系。如果对学生惩戒过度或对学生做了不道德的事情，他的行为会受到熟人群体的强烈谴责，甚至会被赶出熟人圈。[③]显然，一般而言，在熟人环境下，教育惩戒虽然缺乏约束，不免偶有失控，但大体在可控范

① 刘海涛.滕尼斯"共同体"理论的中国化及其当代意义——兼论中华民族共同体理论构建的创新发展［J］.北方民族大学学报，2021（1）：11–18.
② 郑新丽.异化与重构：教育惩戒权变迁的社会学审视［J］.上海教育科研，2020（12）：5–10.
③④ 郑新丽.异化与重构：教育惩戒权变迁的社会学审视［J］.上海教育科研，2020（12）：5–10.

围内，因而为社会广泛容忍及接受。

但在高度分工、人员充分流动的时代，"熟人社会"自动解体，进而进入"陌生人社会"，道德评价体系和惩罚机制的支撑环境发生剧变，"教化惩戒"不再适用，人们不得不依赖"契约性教育惩戒"。[②] 因为一方面师生间的关系不再像熟人社会那样亲密，另一方面家校间通过学生形成了一个脆弱的直线型关系，一旦学生出了任何问题，家校间的关系就会瞬间崩裂。[③] 教育秩序在两个社会形态转折时期需要经历"破立"的阵痛，秩序混乱与秩序重建不可避免。社会必须以契约的形式介入教育，以达成新的秩序平衡。一方面，可以使教师依法合规、适当公平地开展教育惩戒，以保障学生的合法权益和正常的教育教学秩序；另一方面，也可以使互不信任的家校双方因为"规则"这一制度保障而彼此放心，通过履行各自的权利与义务来促进理性惩戒的正常开展。[④]

1977年，美国社会学家萨金特（Thomas J. Sargent）在其论文《社会化的本质》（*The Nature of Socialization*）中提出了"社会化的本质就是角色承担"这一观点。他指出，社会化就是一个人从"自然人"转变为"社会人"的过程，也就是一个人学习角色技能、接受角色期望、适应角色要求的过程。在这个过程中，人们通过家庭、学校、同龄群体、工作场所等社会机构的学习和体验，获得对自我、他人和社会的认知及理解，并形成一定的价值观、行为模式和人格特征。因此，社会化不仅是一个被动接受的过程，还是一个主动参与的过程，每个人都在其中扮演着不同的角色，承担着不同的责任和义务。然而，无论被动接受，还是主动参与，无不揭示了个人务必接纳社会意志的基本逻辑，如果不这样，"自然人"向"社会人"的角色转变就难以达成。而为了推进这一角色转变，社会不得不设计诸多制度作为这一进程的辅助支撑手段，惩戒就是其中的一个重要环节。

从社会学的立场来看，教育惩戒首先是因为有效而存在。姜华基于惩戒与表扬的对立统一中提出，对学生错误行为进行区别对待的教育惩戒是一种完整而有效的教育，是必要的。[③] 劳凯声等从教育惩戒的合法性角度出发，认为教育惩戒权是教师的一种权利，是对教学活动的一种影响和控制，是教师在职业范围内做出的专业行为。[④] 美国犯罪学家特拉维斯·赫希（Travis Hirschi）在

---

② 费孝通.乡土中国［M］.上海：上海人民出版社，2013.

③ 曾娇，马早明.从教化性权力到契约性权力：社会变迁视野下的教育惩戒权［J］.教育研究与实验，2020（1）：47–51.

③ 姜华.论教育惩戒及其适用理性［J］.教育发展研究，2012（13）：115–118.

④ 劳凯声，蔡春，寇彧，等.教育惩戒：价值、边界与规制（笔谈）［J］.教育科学，2019，35（4）：1–10.

思考"人类为什么不犯罪"这一问题时，提出了社会控制理论（亦称社会键理论）[1]。该理论认为，任何个体要想在社会中发挥其功能、实现其目标，都必须在社会规则和强制力的规范下进行活动，即任何一个社会成员都需要社会控制。[2] 个人达成社会控制的目标无非三种控制模式：自控（社会的内在控制）、他控（社会的外在控制）、自控加他控。而在社会学的主流思想流派中，无论是功能主义理论、冲突理论，还是交叉互动理论（符号互动）、文化理论，均强调个体与外部社会因素之间密切交互，以防范个体的越轨。这表明，完全的自控与他控都是极小概率事件，自控加他控方是常态。而在控制机制中，惩戒是不可或缺的组成部分，因为不这样，社会的权威性就不足以树立，社会预期的秩序将趋向崩溃。教育惩戒作为教育措施，在对个体进行影响的同时，也对其他学生进行了附带教育，关联对象广、影响力强，所以是一种正式的外在控制。[5]

健全的社会控制必须具备全阶段完备的社会控制系统，不同阶段的控制手段必须对应不同性质、不同层级的社会越轨现象。在社会控制系统中，学校作为主体之一不仅连接着家庭，还联系着整个社会，其影响范围非常广泛。教育惩戒作为学校教师的一种正式外在控制手段，应以教育性为主导，以学生为出发点，预防、控制及矫正学生的越轨行为。如此一来，学生的越轨行为预防效果将显著高于后期治理，并且行为人的越轨行为的矫治难度也会逐渐降低。如果能在校园中矫正大多数具有越轨倾向的学生个体，将可以避免因学生行为不当带来的意想不到的损失。从宏观的角度来看，合理的教育惩戒措施不仅对社会个体、群体产生影响，还能够涵盖整个社会控制环节。

# 第五节　法学依据

规范教育惩戒，尤其是学校教育惩戒是现代社会的普遍共识，但由谁规范？怎样规范？不同国家采取了不同的思路和行动路线。但总体来说，无外乎法治化、行政化、行业化三个基本方向。其中，法治化是 20 世纪以来最主流的一种发展倾向，但在具体的实践中，往往多采取多措并举的混合管理模式。

[1][5] 王小海，荣冲. 未成年人社会化视角下教育惩戒的社会学意义 [J]. 成都师范学院学报，2021(9)：20—28.

[2] Hirschi T. Causes of Delinquency [M]. Berkeley：University of California Press，1969.

## 一、规范由法制开始

矫正学生的违纪行为是学校教育的重要组成部分，也是教师重要的职责之一。然而，由于家长与学生维权意识日益强化，由教育惩戒引发的冲突明显增多，社会批评日益尖锐，广大教师顾虑重重，教育惩戒行为的合法性和合理性也受到质疑。为了平息社会的疑虑，同时更好地将教育惩戒纳入有效监管及规范的轨道，以法制化的形式对教育惩戒进行规范自然成为最优选择之一。

在世界范围内，许多国家都有相关的教育惩戒法规。其中，美国是最早通过立法治理教育惩戒的国家，20世纪初就开始制定涉及教育惩戒的法案。早在1904年，纽约州政府就通过了一项法案，要求全州范围内的学校禁止使用利用皮鞭和棍棒等殴打学生的方式进行惩戒。此后，越来越多的州政府开始出台类似的法案，明确规定了学校对学生的惩戒方式。1927年，新泽西州通过了《学校纪律法》，该法规定了学校可以使用的惩戒方式，包括口头警告、禁闭和体罚等。此后几十年间，美国各州相继出台了类似的法案，并在实践中不断完善和调整相应的惩戒措施，以确保学校安全和纪律的维护。

20世纪60年代，英国经济和社会开始转型，人们开始重视个人的自由和平等，这也反映到了教育领域。然而，一些学生和家长对于学校的管理和纪律感到不满，认为学校对于违纪行为的处理过于宽松，学校的管理和教学方式也比较单一，体罚等不当行为较为严重。此外，一些学校也存在着教学质量低下、管理不善等问题。因此，政府开始着手制定法律来规范学校的管理和纪律措施。1962年，英国颁布了《纪律与秩序法》（*Discipline and Disorder Act*），该法案规定学校有权对违纪学生进行惩戒，包括开除、停学、留校察看、体罚等措施。

在瑞典，20世纪60年代发生了一系列儿童虐待事件，从学校到家庭都爆出了对儿童进行残忍惩罚的事件。这些问题的揭露促动瑞典政府于1979年颁布了《禁止体罚法》。该法律详细规定了学校和家长不能使用任何形式的体罚来惩罚儿童和学生。这条法律的实施有力地保护了瑞典儿童的权益和尊严，成为全球范围内最为严格的限制教育惩戒的法规之一。

美国、欧洲等国家在全球迅速形成示范效应，很快带动了其他国家的跟进，从立法层面规范学校的教育行为，教育惩戒行为成为风潮。从立法实践效果来看，法律的介入一方面限制了教育机构和教育从业人员的不当惩戒行为，但另一方面也为教育惩戒的合法性提供了坚强的法理依据。

## 二、司法管辖与教育规范

什么是司法管辖？司法管辖是指法院依法行使审判权的范围和限制。司法管辖分为两种，即一般司法管辖和特别司法管辖。一般司法管辖包括民事、行政、刑事诉讼，其中，民事诉讼用于解决民事纠纷，行政诉讼用于解决政府与公民之间的法律问题，刑事诉讼则用于追究犯罪分子的责任。特别管辖则特指一些非常规的或特殊的司法管辖范围。

从教育惩戒和司法管辖的本质来看，教育惩戒所涉及的基本权利和法律规范都应被视为一般司法管辖的范畴。首先，教育惩戒中多数情况下涉及的是学生的个人权利，包括人身安全、尊严和自由等。这类法律纠纷需要通过审理、证据和裁决来保障学生的合法权益，具有普遍性和典型性。

其次，教育惩戒也涉及学校管理、教育行业规范和职业道德等方面的法律规范。这种规范也需要受到一定司法管辖制度的保障和约束，以避免管理者超越职权、违反规定或滥用职权。

需要注意的是，有些教育惩戒案例所涉及的法律问题可能既有行政性质，也有刑事性质。例如，严重的体罚、欺辱和性骚扰行为可能触犯刑法规定，必要时可能需要采取刑事司法管辖。而对于普通的教育惩戒行为，如有必要，当事相关方可以考虑用民事诉讼来解决争议。

但是在教育实践中，司法管辖并不适宜直接介入教育管理。因为司法管辖处理周期长、过程复杂，会给当事人造成较大心理和经济负担，并且由于未成年人干预以及涉及教育机构的社会声誉、当事学生的个人隐私等问题，司法管辖往往难以顺利进行。

因此，以教育立法为底线，以行政管辖或行业规范为主体是最可行的模式。其中，行政管辖具有处理周期短、程序简单的优势。但缺点在于行政惩戒往往容易局限于系统内部的自我审查，由于缺乏第三方更加客观公正的视角，因而易受诟病。此外，行政思维也可能会忽略专业因素的诉求，导致事件长远发展目标的受损。行业规范是由教育行业自行制定的管理规范以及行为准则。行业规范的优点在于具有灵活性和前瞻性，能够通过职业道德建设、教师培训等方式提高教育惩戒水平，同时也有利于保护教师合法权益。但缺点在于约束力度相对较弱，难以对情节严重的违规行为形成有效威慑，且行业自律同样存在系统内部自我审查难以服众的短板。

## 三、世界主要国家立法规范教育惩戒概况

中国对于学校教育惩戒的相关立法规定主要包括《中华人民共和国教育法》和《中小学教师职业道德规范》。其中，《中华人民共和国教育法》明确界定了学校教育惩戒的范围、种类及实施方式，同时规定了教育惩戒应当依据事实、情节、性质和情况予以区别处理，并强调了教育惩戒必须在尊重师生

权利、严格依法、保护学生身心健康等原则的基础上进行。

此外，国家还出台了一系列与学校教育惩戒相关的管理制度，如《义务教育学校安全工作规程》《中小学生行为管理规定》《中小学教师实施教育惩戒操作规则》《中小学教育惩戒规则（试行）》等，为学校教育惩戒提供更具体和操作性的规范。同时，针对学校教育惩戒中出现的问题，国家也加强了相关的教育和宣传工作，如开展师生教育意识和法律法规教育、推广和宣传先进的教育惩戒工作经验等，以提高学校教育惩戒的专业水平和规范管理水平。

总体来说，中国在学校教育惩戒方面日渐完善了一些相应的制度和管理措施，并不断加强相关行为规范。此外还需要注意在教育实践中不断加强监督和管理，同时避免出现过度解读、管理过当等新问题。

在世界范围内，各个国家在立法规范教育惩戒方面各具特色。

**（一）美国**

美国的教育惩戒立法主要是各州根据个别情况而制定规章制度，但《预防残忍虐待儿童法》和《学校的安全与教育枪支管制法》等联邦法律明确规定了针对学生暴力行为和教师使用枪支等危险物品实施的相应措施。此外，美国还大力推进"零容忍"政策，努力消除学校体罚、侮辱等严重违法违纪的行为。

**（二）日本**

日本针对学校教育惩戒的立法是《学校教育法》，该法规定了对学生的教育惩戒措施种类和实施方法，包括口头警告、记录警告、体罚等，同时规定了实施教育惩戒的限制条件，以保障学生权利。此外，日本还实行了"教师容忍离任制度"，即当教师在一定条件下实施了合理的教育惩戒，学生因此离校，教师并非纯粹无端做出决定时，其不会被追究责任。

**（三）韩国**

《教育基本法》是韩国教育惩戒管理的法律依据，该法规定了学校教育惩戒的适用范围、种类、程序及原则等要素，同时规定了针对欺凌、暴力等恶劣事件的惩戒条款及追加责任人的条款。此外，韩国还设立了专门的教育惩戒制度，将教育惩戒作为教育的一部分，加强教育惩戒工作人员的培训和监督。

**（四）英国**

在英国，学校教育惩戒由《2006年教育与督学》（*Education and Inspections Act* 2006）和《教育惩戒规则》（*Behaviour and Discipline in Schools*，2012年修订版）等法规规定。这些法规规定了学校教育惩戒的范围和程序，包括警告、严肃谈话、罚写文句、留校察看、停课一天、取消某些特权等。此外，英国还建立了一个自主咨询机构——学校惩戒和调查咨询中心（Schools Exclusion and Investigation Unit），用于提供针对惩戒和调查问题的意见及帮助。

### （五）德国

在德国，学校教育惩戒由各个州教育法规定。这些法规规定了学校教育惩戒的程序和标准，包括口头警告、书面警告、罚款、学期末成绩下降、训诫等。此外，德国也建立了一些机构和措施，如学校管理委员会（Schulleitung），在学校德育工作中发挥指导和监督作用；协同班级委员会（Kooperation Klassenrat），通过协商方式解决学生问题，以及教授社交技能课程等，帮助学生改正不良行为。

### （六）法国

在法国，学校教育惩戒由《教育法》（*Code de l'Éducation*）和《圆桌会议法案》（*Loi de la Table Ronde*）等法规规定。这些法规规定了学校教育惩戒的原则和范围，包括口头警告、书面处分、禁止参加某些活动、留校察看等。此外，法国还建立了专门的机构——学校教育惩戒委员会（Conseils de Discipline），用于处理涉及学校纪律问题的事务，同时还设立了教育惩戒委员会（Commission Educative），用于对学生进行专项支持和帮助。

## 四、教育惩戒相关立法要解决的主要问题

### （一）教育主体进行教育惩戒的合法性身份

教育惩戒分为教育机构（学校）惩戒与教育人员（教师）惩戒。基于法理和法规分析，同时结合德国的学校实践，德国教育法学家福瑟尔（Hans-Peter Fuessel）明确提出了教育惩戒的两层含义：一是由教师在教育教学过程中针对学生个体当下的轻微违纪行为即时采取的干预措施，通常被称作"教育措施"（Erziehungsmassnahmen）；二是学校经由正式程序针对学生违纪行为事后实施的干预措施，通常被称作"纪律措施"（Ordnungsmassnahmen）。由于前者系由教师直接实施，可将其通约理解为"教师惩戒"后者的实施主体为学校，可将其通约理解为"学校惩戒"。[①] 学校与教师无疑是教育惩戒最主要的两个实施主体。为教育主体明确确权，赋予教育主体进行教育惩戒的合法性身份，是教育立法的首要职能。我国知名法学学者劳凯声指出，我国学校与学生之间是"教育与被教育、管理与被管理"的关系。[②] 教育权与管理权是明确的，但教育惩戒权则未明确。以《中华人民共和国教育法》为例，第二十九条指出，

---

① 胡劲松，张晓伟．教师惩戒行为及其规制［J］．华东师范大学学报（教育科学版），2020（3）：25-31.
② 劳凯声．变革社会中的教育权与受教育权：教育法学基本问题研究［M］．北京：教育科学出版社，2003.

学校及其他教育机构行使下列权利："对受教育者进行学籍管理，实施奖励或者处分。"在这里，法律明确规定了教育机构是具有"处分"权的，但"处分"权是否可以自动推导出"教育惩戒"权，则可能存在争议。在《中华人民共和国教师法》中，规定教师享有"制止有害于学生的行为或者其他侵犯学生合法权益的行为，批评和抵制有害于学生健康成长的现象"的权利。《中华人民共和国预防未成年人犯罪法》规定，学校应当"对有不良行为的未成年人进行批评教育，不得采用暴力手段或者其他违反法律、法规的强制方法"。同时，又规定教师应当"尊重未成年人的权利，不得歧视、侮辱、体罚或者变相体罚学生"。这三部法律仅明确确认了学校和教师的"批评"权，"批评"权是否自动代表"教育惩戒"权同样不好界定。毕竟，教育惩戒的内涵远远超出了"批评"概念的内涵，因此，从法律层面上可以说我国教育机构及教育从业人员并未明确获得"进行教育惩戒的合法性身份"。这可能是我国教育立法未来不得不慎重考虑的问题。

**（二）教育主体进行教育惩戒的执行标准**

现实中的教育问题极其复杂，在不同时间、不同场合，同一违纪或违规现象产生的后果并不一致，因而采取的预防及惩戒手段就不能简单同一。教育立法有必要就教育惩戒的执行标准进行分类管辖、适度细化规定，以便执行者落实行动。仅有原则方向，缺乏具体行为指引；或指引过细，试图穷极所有变量，让执行者陷入繁杂机械的行动条框中，均失适切。如德国各州教育法规定了学校教育惩戒的程序和标准，包括口头警告、书面警告、罚款、训诫等。但既没有枚举教师惩戒针对的学生具体违纪行为，又没有罗列教师可以实施的具体惩戒方式。立法者相信，只有充分保障教师在教育教学方面的专业性和自主性，才能有效实现学校的育人目标，因此也更愿意将这些惩戒的权力留给教师。[①] 这就是一种"取中留白"的思维，让具体落实人既有执行的尺度，又有审时度势的取舍空间。两相对照，我国的教育立法至少在以下两个方面有改进的空间：

一是要考虑明确行动标准，让行为人有相对清晰的行为参照。我国的几部相关法律在教育机构和教师的"教育教学权""指导评价权""制止和批评义务"方面作了相对清晰的确认，但这些"权"总体模糊宽泛，在实际教育惩戒实践中缺乏明确的可操作性。如"制止"行为的解读就是一个难题。制止能否包括肢体接触？在何等情形下可采取肢体接触？程度如何把控？我国的多部法律法规均明令禁止"体罚或变相体罚"。如：

---

① 胡劲松，张晓伟.教师惩戒行为及其规制［J］.华东师范大学学报（教育科学版），2020（3）：25-31.

（1）《中华人民共和国义务教育法》第二十九条规定："教师应当尊重学生的人格，不得歧视学生，不得对学生实施体罚、变相体罚或者其他侮辱人格尊严的行为，不得侵犯学生合法权益。"

（2）《中华人民共和国未成年人保护法》第二十七条规定："学校、幼儿园的教职员工应当尊重未成年人人格尊严，不得对未成年人实施体罚、变相体罚或者其他侮辱人格尊严的行为。"

（3）《中华人民共和国教师法》第三十七条规定，教师有下列情形之一的，由所在学校、其他教育机构或者教育行政部门给予行政处分或者解聘："（一）故意不完成教育教学任务给教育教学工作造成损失的；（二）体罚学生，经教育不改的……"

一旦发生肢体接触就有可能让相关行为人陷入涉嫌"体罚或变相体罚"的困境。教师从安全自保的角度出发对于"制止"权的使用就难免心存狐疑，可执行性事实上将大打折扣。

二是要充分考虑教育的复杂性与艰难性，细化补全教育不利或不能情况下的全预案。以义务教育为例，按照当前的法规政策，学校和教师以"批评"为主的各种手段通常会解决大部分涉事学生的教育问题，但当这些手段在某些个体身上失效时的相应对策应当如何？法律并没有就此情形作补充说明及相应安排。这显然是一个明显的漏洞，因为漏洞的存在，一方面，涉事学生得不到相应的矫治；另一方面，正常的教育教学秩序持续地受到破坏，而教育机构与教师又束手无策，这对正常的教育生态极其不利。

**（三）教育主体进行教育惩戒的规范和监控**

从对教育惩戒的监控不足到对教育惩戒的监控有余，我国在教育惩戒治理方面在较短的时期内实现了从观念到制度的重大转变。在发生这一转变之前，我国对于教育主体的"教育惩戒权"的理论解读主要分为"特别权力关系理论""公法契约理论""私法契约理论""代替父母理论""宪法理论""信托理论"等思想流派。[①] 其中，"特别权力关系理论"对我国学界的影响最大，是解释在学关系时的主导理论，[②] 主张惩戒权是教师天然的职业性权力。这一思想的缺陷较为明显，因为它过于强调教师与学生之间存在着天生的特权和权力关系，将教师的合理行为泛化，因而存在滥用权力的隐患。而制定明确的教育惩戒规范可以有效遏制教师滥用职权的行为。近年来陆续出台的相关法律法规与政策文件已经很好地消解了这一隐患。

立法在明确了不能做什么的同时，还应解决什么能做、怎么才能做的现实

---

① 申素平.教育法学原理、规范与应用［M］.北京：教育科学出版社，2009.
② 曾亚梅.功能主义视角下的中小学教师教育惩戒权研究［D］.南京：东南大学，2020.

疑问。当前的中国教育还存在两个事关教育惩戒的实践难题：一是在教育总体监控得力的前提下，个别严重违法违规的惩戒不当的事件仍旧零星发生，难以禁绝，引起社会的严重反感，如幼儿园的虐童事件、中小学的体罚丑闻。二是教师对学生违规违纪或失范行为不愿管、不敢管的现象越来越普遍，引起公众的强烈关注与担忧。这两个现象虽然性质不同，但追根溯源有其内在关联性，即与教育惩戒的有效规范密切相关。

所谓规范，是指约定俗成或明文规定的标准。这一标准应当符合科学性、正义性、适用性和可操作性，行之有矩、为之有度。规范学生，同样规范教师。依照这样的规范，教师既可以从容应对各种错综复杂的问题，也有充分的理据和支撑。《中华人民共和国教师法》第八条（五）款要求教师要"制止有害于学生的行为或者其他侵犯学生合法权益的行为，批评和抵制有害于学生健康成长的现象"。《中小学德育工作规程》第二十七条也要求要对"严重违犯学校纪律、屡教不改的学生应当根据其所犯错误的程度给予批评教育或者纪律处分"。两者均明确了教育惩戒，问题在于，法律或政策有无赋予教师足够的权力和规范来完成上述目标？如果这一条件不能满足，那么在教育实践中出现无奈情形之下的违纪乃至违法现象就成为可能——既可能出现因可操作的规范缺失导致的以目标为导向的激情行为，如私罚、误伤；也可能诱发习惯性权力缄默，如"佛系"。不同之处在于前者面临端口不畅采取的是"进取"策略，后者则选择了退缩路线。因此，更合理、更全面地审视教育惩戒的规范和监控制度不仅有助于惩戒失当行为的有效治理，而且有利于教育生态的全面建设与发展。

# 第九章

# 教育惩戒理念发展趋势展望

## ——文化视角

文化是民族之魂，国家之基，文化信仰则是这种文化在每个人内心深处的显化。文化信仰是一种精神价值观念，蕴含着文化认同感，指代着人们心中对于文化传承、弘扬的心理认同和情感认同，反映了民族、地区、时代等多种因素的独特集合。文化信仰深深地影响着教育理念，决定着教育发展的方向，不同的文化信仰蕴生不同的教育理念和制度。如精英教育文化意在精英人才的培养与选拔，重效率而轻公平。反之，大众教育旨在提高大众的公民素养，公平正义就是其考虑的首要因素。

中国漫长的教育史中大部分时期处于精英教育文化统率之下。进入近代，西方文化的入侵催生出大众教育的思想萌芽。但思想是不能脱离物质基础的，当社会生产与财富积累不能满足大众教育的基本需求时，思想距离实践便遥不可及。直至中华人民共和国成立，中华民族才首次实现了基础教育的普及化，基本消除文盲和基本实现全民义务教育成为两个显著的标志。从20世纪80年代开始，受益于改革开放制度带来的物质及文化红利，中国终于具备高等教育普及化的基本条件，高等教育毛入学率于2019年达到51.6%，高等教育进入普及化发展新阶段。

基础教育与高等教育的高速发展是伟大的成绩，但也要看到时间不足、积累不够造成的诸多不利影响。

2012年党的十八大报告提出，要"树立高度的文化自觉和文化自信"。2016年7月1日，习近平总书记在庆祝中国共产党成立95周年大会上的讲话指出，"文化自信，是更基础、更广泛、更深厚的自信。在5000多年文明发展中孕育的中华优秀传统文化，在党和人民伟大斗争中孕育的革命文化和社会主义先进文化，积淀着中华民族最深层的精神追求，代表着中华民族独特的精神标识"。2016年11月30日，习近平在中国文联十大、中国作协九大开幕式上的讲话中再次指出，"文化是一个国家、一个民族的灵魂。历史和现实都表明，一个抛弃了或者背叛了自己历史文化的民族，不仅不可能发展起来，而且很可能上演一幕幕历史悲剧"。2017 年 10 月 18 日，习近平在中国共产党第十九次全国代表大会上的报告又强调，"文化自信是一个国家、一个民族发展中更基本、更深沉、更持久的力量。必须坚持马克思主义，牢固树立共产主义远大理想和中国特色社会主义共同理想，培育和践行社会主义核心价值观，不断增强意识形态领域主导权和话语权，推动中华优秀传统文化创造性转化、创新性发展，继承革命文化，发展社会主义先进文化，不忘本来、吸收外来、面向未来，更好构筑中国精神、中国价值、中国力量，为人民提供精神指引"。

文化自信口号的提出是一个标志性的重大事件，它不仅体现了一个国家的文化底蕴和历史传承，同时也表征自身的文化产业具备在国际市场上同台竞技的实力，能够应对各种全球性挑战。教育文化作为当代中华民族文化的重要构成部分，当仁不让要创新发展，探索前沿，形成自身的特色，发出自己的声音。而要完成这一创举，离不开对历史的溯源及对未来的追索。

# 第一节　传统教育文化的精粹

## 一、正确看待师道尊严

2019 年 12 月，教育部等七部门印发的《关于加强和改进新时代师德师风建设的意见》（以下简称《意见》）中提出"师道尊严进一步提振"，首次将师德师风建设从教育系统工作上升为党和国家重点关注的工作，彰显了党和国家重塑尊师重道优良传统的决心与意志。国家的这一举措至少透露了两个重大信息：师道尊严价值重大，不容丢失；当下师道尊严重视不足，亟须提振。

自古以来，中华民族就有尊师重教、崇智尚学的优良传统。[1] 师道尊严的提法最早源于《礼记·学记》。其云："凡学之道，严师学难。师严然后道尊，道尊然后民知敬学。""师道"可从两个层面来理解：一方面，"师道"可以理解为"师传之道"，指称师者向学生所传授的内容，师者应向学生阐述事物原本之所是，传授事物自然所有之规律；另一方面，"师道"可以理解为"为师之道"，指称师者在履行自己职责时所应当秉持的根本价值原则和所应当追求

---

[1] 习近平.全面贯彻落实党的教育方针 努力把我国基础教育越办越好［N］.人民日报，2016-09-10（01）.

的根本价值使命。因此，尊道不仅要尊重教师所传授之道，也要尊重为师之道；而尊重师道不仅要求师者以外的他者成为主体，师者本身也应是尊师尊道的主体。①

"师道"与尊严相辅相成，从逻辑关系上来看，尊严既是"师道"的基石，更是"师道"的保障。"尊严是拥有自由意志的主体不被别的拥有自由意志的主体所主宰"②，是个人拥有自我意识的体现。因为尊严的存在，个体才能以理性思考问题，进行清醒的自我控制和判断，既不凌驾于他人自由意志之上，也不盲目受自身欲望驱使而侵犯他人尊严。③无论从维护自己的自由意志的角度来看，还是从营造平等有序的社会秩序目标来解读，尊严呈现出典型的中性必需特征，没有任何拔高的因素。有学者指出："'尊严'本身就是一种权利：其一，尊严是一种特殊的权利，是其他一切权利的基础，其他一切权利均因尊严而获得理由、意义；其二，尊严在权利的价值优先性秩序中居于原初的位置，具有第一优先性。"④尊严在权利体系中的地位，彰显的是其巨大的价值属性，因此，有研究者进一步指出："尊严的诉求是以人的利益最大化为内在前提，符合人的理性选择。"⑤这里的"人的利益最大化"并无特指，指向目标是全体成员，在面向教师群体强调尊严的同时，也指向了学生群体。尊严是基于师道的，更是基于师生一体的。

师道尊严不振严重影响广大教师的士气与情怀，更重要的是，这种情形与教育高质量发展的需要相悖。因此，2020年1月10日，在全国教育工作会议上，时任教育部部长陈宝生明确提出要在全社会重振"师道尊严"，"要抓紧出台教师实施教育惩戒的规则，编制教师实施教育惩戒的指导手册，明确教师进行教育惩戒的权限、范围、程序，解决教师对学生不敢管、不善管的问题"。在这里，师道尊严与教育惩戒紧密关联，无论对学校还是教师来说，教育惩戒权都与师道尊严的提振密不可分。

从学校层面来说，学校必须坚决维护教育的专业地位，确保教育者成为教育的主导者，将教育的话语权牢牢掌握在学校而不是社会的手中。这就要求学校和教育管理部门要保有可靠的专业定力和行业自信，而专业定力和行业自信离不开法律保障和政策依据。只有这二者兼具，当教师在依法依规行使教育权力或权利时，学校才有可能真正成为教师的坚强后盾，将社会杂音与校园环境

① 窦新颖.《礼记·学记》中"师道尊严"思想及其当代启示 [J].教育伦理研究，2019（1）：337-345.
② 翟振明，刘慧.论克隆人的尊严问题 [J].哲学研究，2007（11）：94-101.
③ 林丹，张佩钦.重振"师道尊严"：回到教师本身 [J].现代教育管理，2020（12）：79-86.
④ 高兆明.论尊严：基于权利维度 [J].桂海论丛，2016，32（3）：32-40.
⑤ 成海鹰.论尊严 [J].伦理学研究，2012（4）：16-21.

隔离，让教师安心于坚守于工作岗位，让事情不偏离专业的轨道。当正常的教学秩序受到干扰或者破坏，教师有勇气立即予以制止或纠正；当个别学生有偏离正常发展的迹象或行为，教师有信心及时地给予引导和矫正，如果因此引发了争议或不可预测的不良结果，教师个人不会因其职务或岗位行为承担不合理的风险。这意味着学校在任何情况下都是风险或压力的第一担当主体，而不是简单地将当事教师推到争议的第一线。

**（一）立德树人需要重树师道尊严**

师道尊严是教师权威和影响力的来源，是立德树人的重要基础。立德树人既需要有明确的榜样，更需要有具体的推动人，职业属性决定了教师是达成立德树人伟大目标的最关键人群。教师既然要代行"德行"教化之责，其形象与责任已经超越普通职业，带有额外赋予的一定神圣化的内涵。荀子提倡"国将兴，必贵师而重傅，贵师而重傅，则法度存"。老子在《道德经》中亦提到"不贵其师，不爱其资，虽智大迷"。两位古代大哲均提到"贵师"，这里的"贵"不仅意味着敬重，更意味着对教育工作者的高度重视，这是社会使命附加于教师身上的特殊意义使然。

教师作为"德""人"的代言者，不贵则无以立榜样，无以树规范。他们的权威形象理应得到全社会自动的支持与维护，因为教师的示范性与学生的向师性使教师个人品德修养极为重要。[1]从这个意义上讲，维护师道尊严与立德树人的使命是一脉相承的。反之，如果师道尊严这一基本条件未满足，从教师与学生两个层面来讲都将对教育使命造成消极的影响。

从教师层面来说，教师的自我身份认同与使命承接是教师积极履职的必要前提。教师身份认同是教育领域的重要概念，是对"我是谁"的基本回答，是关乎价值观念与行为实践的综合概念。[2]承认并尊重师道尊严无疑是让教师产生自我价值自豪感的有效且重要途径，途径的建立使信念与行为互为支撑、不可脱离——价值信念让教师或主动或被动地形成行动自觉，行为自觉则反过来持续强化价值信念的养成与维系，就像一只"看不见的手"，会自动调节好教育工作者的职业行为，令其保持在合理且有效的区间范围内。很难想象，一个对自身职业的自豪感都难以产生的教育工作者如何在教育教学工作中坚守职业操守，贡献专业效能。

从学生层面来说，不能被仰视的对象一定不是他们学习和效仿的好对象。学生时期是个人成长和发展的重要阶段，在这个阶段中，他们需要寻找并模仿那些让他们高度信服、充分信赖、衷心尊敬的学习对象。这些对象在专业上应

---

① 赵小丽，蔡国春."师道尊严"式微的时代根源与创造性转化［J］.江苏高教，2020（10）：69-76.
② 史兴松，程霞.国内教师身份认同研究：回顾与展望［J］.现代教育管理，2020（4）：54-60.

该是可靠的，在气质上应该是自信的，在精神上应该是达观的。没有人愿意效仿消极懒散、精气神不振的人。要胜任人格导师的重任，就要给予其必要的荣光。而有了师道尊严的加持，师长的引领才会成为学生接纳的自觉，立德树人便有章可循。

**（二）教育高质量发展需要重振师道尊严**

党的二十大报告指出，"以中国式现代化全面推进中华民族伟大复兴"，强调"教育、科技、人才是全面建设社会主义现代化国家的基础性、战略性支撑"。实现中国式教育现代化必须着力推进教育高质量发展，建设和重构高质量教育体系。[①]教育高质量发展是指从各个方面和层面提高教育的质量和水平，让每一个学生都能够获得德智体美劳的全面发展，培养具有创新能力和实践能力的高素质人才，这是国家发展的重要战略，也是实现中华民族伟大复兴的必由之路。这其中，如何发挥好教师群体的能动性至关重要。

然而，近年来由于师道不倡，不少教师屈从于外部压力和工作环境的变化，逐渐失去对教育事业的热情，甚至心生怠倦。要实现教育的高质量发展，教师必须保持高昂的斗志和热情，投身于教育事业，提供高质量的教育服务，在这个历史目标的支撑体系中，重振师德尊严扮演着不可或缺的角色。

首先，重振师德尊严服务于中华民族伟大复兴这一目标，它牵扯的不是个人荣辱，更非局部得失，而是战略全局，因此，为了保障战略胜利，全体教育工作者要挺身而出，要当仁不让；全体社会成员要充分理解，全力拥护。师道尊严，并不是狭隘的自我权力主张，而是提振教师的教育使命感和保证教育高质量发展的必由途径。师道的尊严应建立在教育的尊严之上，而教育的尊严源于教育的相对独立性。[②]教师既然是师道的化身，就要有师道的威信，引领也好，管理也罢，只要有利于全民综合素养的提高，有利于高质量教育发展的实现，权利的调整、观念的改变就必须审时度势，与时俱进。因此，时代需要重振师道尊严，教师专业地位因此得以提升，这是时代发展到某一阶段的附带结果，而且教师专业地位的提高并不意味着学生的地位的削弱，如教师因其知识的丰富性而在教学中获得主导地位，但这只是出于教学需要的特殊状态，而非人格意义上的不平等。

其次，重振师德尊严是中国教育高速增长三十年后由量向质的必要转进。自改革开放以来，中国教育经历了三十年的高速增长。在这个过程中，中国教育取得了巨大的成就，教育普及率大大提高，教育资源得到了充分利用，教育

① 北京师范大学党委理论学习中心组. 以高质量发展推动中国式教育现代化［EB/OL］.［2022-12-08］. http：//baijiahao.baidu.com/s？id=1751666510993669492&wfr=spider&for=pc.
② 刘铁芳. 教育者的形象与师道尊严［J］. 教育科学研究，2002（3）：5-9.

水平也有了明显提升。然而，数量的增长并不等同于质量的提高，教育资源的分配不均衡、教育质量参差不齐等问题逐渐浮现。提倡重振师道尊严除了含有保护教育工作者的专业地位的含义之外，还隐含了提升教师队伍道德水平和专业素养的目标。对应世界上最大规模的教育，中国相应建立了世界最大规模的教师队伍，这支庞大的队伍虽然总体质量稳中有升，但仍大有潜力可挖。从师德水准到专业素养，不能排除有少部分教师德不胜任，才不配岗，而师道尊严的重振以及在适当时机推出评估与退出机制，将是对这部分教师的资格重审。同时，让教师岗位重新焕发活力和吸引力，显然有助于吸引更多优秀人才的进入，一出一进之间，教师队伍的新陈更替系统将全面盘活，教育高质量发展的目标将得到有力支撑。

## 二、正确看待体罚

任何教育方法或手段都有两面性，不存在百利而无一害的教育手段，将教育的任何元素绝对化都是不可取的，因为这样既可能落入教育"万能论"的泥淖，也可能陷入教育"无用论"的误区。体罚作为教育惩戒中的一种手段，在此就其利弊进行评估和判断。[1]

体罚问题是一个极为复杂的教育问题，它的复杂性主要体现在两个方面：一是体罚的争议性，二是体罚的效用性。体罚无疑是存在巨大争议的，从古至今，世界各国对体罚都褒贬不一，认知分裂严重。即便今天，对体罚持批评及反对的意见占据主流，但依然有国家及民族坚定地、保留性地支持教育体罚，如新加坡等国家，至于在大部分已明确禁止教育体罚的国家中，支持恢复体罚的亦大有人在。之所以存在这种分裂现象，一个重要原因在于体罚天然存在于惩戒的场域之内，二者区分不易，严格禁止体罚，有可能导致惩戒陷入难以操作的窘境。

体罚无疑是存在负面效应的，大量的心理学实验反复证明，儿童时期不当的受罚经历可能导致焦虑、攻击性、吸毒、酗酒等不良行为概率的明显上升，这些研究也成为反体罚的重要佐证，推动了现当代全球反体罚运动的发展。然而，如果只是将注意力聚焦于体罚的负面效应方面显然是有失公允的，事实上有大量的证据可以证明体罚在不良行为的威慑和矫治方面能够起到很大的作用。

---

[1] 教育中的体罚并不可取，我国法律禁止对学生施加体罚。

# 第二节　当今教育文化的反思

## 一、师生关系探新

近现代以来，学术界以师生关系为对象研究其背后的哲学、科学内涵，形成日趋严密的教育理论体系。在整个建设与发展过程中，西方由于研究起步早、基础雄厚，处于领先地位。虽然从经验与技术角度来看，近现代教育中西双方对于师生关系的理解与做法并不存在根本的差异，但从哲学、伦理学深度对其进行源流剖析发现，西方哲学家、教育思想家确实作出了重大的贡献。从 17~18 世纪的笛卡尔、康德发出"主体性"的呐喊，到 20 世纪的胡塞尔、哈贝马斯等揭示"主体间性"的现象，再到列维纳斯提出"他者性"的关系隐喻，跨越几个世纪，西方学者基本完成了对师生关系从思想深度到理论高度的深刻解构，并成为当下这一领域的主流思想。20 世纪 70 年代末 80 年代初，美国当代著名的教育哲学家内尔·诺丁斯提出了以关系为中心的"关怀理论"。此后直至今天，这一理论仍在全球范围内被不断热议，但究其实质，并未超越从"主体性"至"他者性"的个体式理论框架。Poulou 特别指出，他者视角下，教师对学生的责任担当应紧密结合现实的教育教学实践，立足学生当下，为学生的未来发展负责。Tocci 则强调了在教育实践和教育理论中，动态性和不确定性的必然性。

（一）成就

20 世纪 80 年代以来，国内师生关系研究总体呈现从外吸纳、向内求索、认知分化三个基本特征。

（1）从外吸纳。在从外吸纳方面，孙向晨、陆有铨、黄瑜等学者作出了重要贡献，将有关理论系统引入国内。之后冯永刚、冯建军等对推动相关理论的本土化作了深入研究。冯永刚指出，"自我"与"他者"的对象化关系是探讨师生关系时不能回避的，构建良好的师生关系需要双方共同努力。要正视差异，强化师生双方的共在向度；超越自我，推动师生的对话与共享；强化责任，构建交互性的师生共同体；彰显伦理，增进教师对学生的人文关怀。冯建军亦分别在《他者性：超越主体间性的师生关系》和《他者性教育：超越教育的同一性》两文中，从他者性的视角出发探讨师生关系的可能出路。

（2）向内求索。王策三认为，在教育教学中，教师应发挥主导作用，同时与学生的主体地位相互配合，学生的"学"可以检验教师"教"的结果，教育方针和教学效果最终通过学生的"学"得到反馈，教师的主导作用和学生的主体地位在教育活动中缺一不可，缺少了学生主体，教师的主导作用也将失去意义。冯向东亦提出，在教学活动中，教师与学生之间不存在唯一主体，师生都是具有主观能动性的教学活动主体，教师作为教学主体并不意味着其是教学活动的中心。冯永刚认为，对平等、自由与民主的追求，越来越成为这一时期师生关系发展的新倾向。20世纪90年代是师生关系的一个重要转变时期，这一阶段许多学者开始注重师生关系中的动态结构，研究师生之间的有机互动过程。主体间性的师生关系发生了内在融合，师生关系逐渐由单纯强调外在的契约与利益约束，逐渐向关注内在契合与平等对话的方向发展，初步呈现出向内在主体间性转变的特点。谢泉峰提出，以个体为中心的教学会产生多重的界限问题，强化个体意识导致个体与个体之间的界限，强化个体认知导致知识与知识之间的界限，强化个体学习导致个体与知识之间的界限。

（3）认知分化。郝文武指出，21世纪以来日渐凸显的师生冲突、师生情感疏离、矛盾激化等成为困扰中国教育的新现实问题。针对此现象，师生之间的关系需通过包容和差异来实现共同发展。李阳杰也认为，师生交往问题始终存在，现实状况亦不容乐观。具体表现为师生交往的情感性成分逐渐减少，非情感性成分则逐渐增加，非自主性交往超过自主性交往的趋势日益明显。多层面的交往简化为教学层面的交往，由应然层面的丰富、热情、多面转变为现实层面的匮乏、冷漠、单一。从教师的教育行为来看，一方面，教师管理学生的意愿意志持续退缩，以至于有关部门不得不提醒教师要积极行使"批评权"；另一方面，教师"躺平"思潮则愈演愈烈，"佛系"教师现象的出现似乎已成为当前中国教育的特殊一景。从学生的学习行为来看，一方面，学生与教师情感疏离；另一方面，师生之间显性、隐性冲突发生的概率显著增加。但雷浩却认为，随着新课程改革推进，师生关系的依赖性和友善性逐年增强，冲突性和回避性逐年降低。类似这样的认知分化还表现在理论认知与研究的分化上。以"学生中心"为关键词在知网进行检索，从2022年1月1日起计，至2023年4月10日止，检索结果高达700条；以"主体间性"为关键词进行检索，检索结果为228条；以"他者性"为关键词进行检索，检索结果为69条，三者比例为10.1∶3.3∶1。从侧面可以看出，国内教育在思想认知上存在一定的倒挂现象，这一现象既反映出大国教育的多元性，也隐现教育思想认知的严重分化。

**（二）问题**

现有研究虽然在理论上完成了"我—你—他"关系内蕴的全覆盖，但仍可能存在以下不足：

（1）视域不足。在现代社会，个体不是社会的全部。仅着眼于个体这一视域，是否忽略了集体的价值？教育教学本身是教与学、个体加个体的社会活动。过度关注个体，尤其是学生个体的需求，可能就是现有师生关系理论发展暂时进入一个相对瓶颈期的根源所在。

（2）实践困境。理论的目的必须指向实践，条件、成本、路径等因素必须具备现实基础。理论的理想性与实践的可操作性应当考虑适切性，反推的逻辑应当以现实为基础，构建理论的新框架。

（三）剖析

从主体性理论到他者性思维，西方教育哲学家进行了卓有成效的探索，为师生关系的发展走向提供了创造性的思路，为现当代教育改革贡献了革命性的智慧。但从实践的反馈来看，教育在某些方面产生进步的同时，似乎又在某些方面发生了退步。

（1）"主体性"理论模型的问题。以"主体性"思想为例，传统的教师中心固然可能不利于学生的健康成长与个性养成，但学生中心下师道尊严的迅速衰落又让教师的履职意愿与使命意识受到较大幅度的削弱，两个"中心"的利弊都非常明显。在"主体性"师生关系的结构模式中，要么教师权威过重，要么学生唯我过当，师生关系终难平衡。

（2）"主体间性"理论模型的问题。为了调谐师生之间的地位均衡，"主体间性"提出双主体的思想。冯建军指出，作为对个人唯我主义的反制，"主体间性"理念试图平衡师生主体地位之争，强调不同主体之间平等交往，"我思"与"你思"同在。"主体间性"这种结构模式实质隐含以教师自我压抑为前提达成与学生平视的意蕴，教师的行为变化依然离不开外部压力的驱动，这无疑存在动机隐患。因为在教育应然环境下，平等的双主体理论上可达到和谐美好，但在发展水平与信息占有并不完全对等等复杂的教育实然条件下，受制于师生双方专业素养、意志能力等个体性差异，所谓的平等交往很可能导致效率不高，而师生交互的质量也不确定能得到可靠保障。另外，即便师生冲突受到明显的抑制，但双方情感疏离的问题又可能成为新的不谐因素。

（3）"他者性"理论模型的问题。为革此弊，"他者性"学者高调举起"责任"的伦理大旗，声称主体应肩负起超越"义务论"和"后果论"的责任。"他者性"结构模式可能导致道德与技术两个层面的信念危机——过于理想主义。"他者性"以他者的"非同一性"为逻辑起点，强调教育不是教师对学生的灌输，也不是师生对等的对话、交流，而是教师对学生的回应——一种负责任的回应。冯建军一针见血地指出，在"他者性"的视域中，师生关系是非对称的伦理关系，学生作为他者，意味着教师对学生发展负有无限的责任，显然，这是超现实主义的。

主体性、主体间性、他者性理论模型如图 9-1 所示。

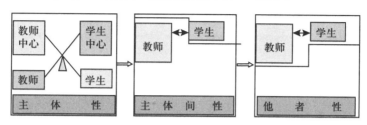

**图 9-1　主体性、主体间性、他者性理论模型结构图解**

每一种理论的进化都不是对前一种理论的简单否定，而是在批判基础之上的再建设，那么，是否存在这样一种可能：在这三种理论之外，有一种新的理念结构，这种新理念同时观照了从"主体性"到"他者性"的理想诉求，同时又可最大限度地避开教育实然中的陷阱？

**（四）探索**

新的理念模型应该能良好响应以下教育关切。首先，如何保证师生关系的高质量？高质量的师生关系要求在情感认同、学业发展、目标共识等方面充分交互、高度同步。一方面，学生信任、敬爱老师，愿意接受老师的指引和帮助，为实现既定的学业发展目标努力奋斗；另一方面，老师展现足够的责任意识和专业水准，调动学生的学习动机和探究欲望，促进学生学习效果和身心发展的最大化。其次，如何保证师生关系的高效益？这里的高效益有两个含义：一是确保全员发展；二是确保课时效率。前者意味着即便欠发展学生也能受到有力且有效的督导，后者则要求教育教学能按教学计划和合理的进度得以有效落实。综合以上两个响应，新的理念结构应该满足以下三个条件：

（1）组织性——"自我"与"他者"的同一。组织针对每个个体向外明确边界，向内提供黏性。对于每个个体来说，承认并尊重每个学生个体的主体性是基础和前提，当然，对教师主体地位的承认亦然，这是黏性的来源。但当每个主体都在强调自己的主体性时，除了会带来混乱和低效外，并没有太大的实际意义。要破此僵局，唯有打破个体的藩篱，引入组织这一概念——"师生动同体"或许是一个新思路。因为在组织规则内，个体是需要有条件来限制的，换句话说，在一定条件下，"师生动同体"的主体权利可高于每个个体的主体权利，即边界，因而在组织框架内，混乱与低效有可能受到有效的牵制。

（2）共同性——"引导"与"交互"的互补。组织毕竟不是一个具体实体，其组成离不开每一位个体的合作，即组织必须通过个体实现关系正义和教育目标。由此，基于"师生动同体"基本利益的诉求，组织首先要承认教师主体的"引导"甚至"主导"权力——具体学术事件的主从关系，这一权力允许教师在教育教学活动中的意愿和行为优先于学生个体的意愿和行为，但前提是，教师应该与学生充分"交互"、紧密且动态，通过专业化的职业活动成功凝聚成共同性的教育学术组织。如果说"引导"赋予了老师权力，那么"交互"权则是对老师的职业约束。基于组织性与共同性这两个要素，将新的师生理论结构命名为"共同体性"。

（3）差异性——"激励"与"惩戒"的协同。在教育实践中，差异性是绝对的。如学生个体的发展水平、学习意愿、身心情态绝不同一，教师个体的个性禀赋、专业素养、职业认知也参差不齐，设立强有力的"激励"与"惩戒"机制作为组织运行的保障极为紧要。因为无论对于教师还是学生来说，形式、程序、结果都应该得到有效的关切，一切指向目标的合理行为均要受到鼓励，一切不符合组织利益的行为必有边界来矫正，通过这些基本手段，最大化地削减差异，让组织目标更好地向同一靠拢。

共同体性理论模型结构如图 9-2 所示。

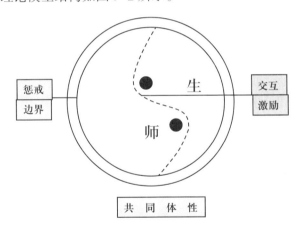

图 9-2　共同体性理论模型结构图解

## 二、逆势教育原则的启示

教育原则是一个重要且复杂的概念。说其重要，是因为它是专门针对教育，体现教育内在的本质规定性的活动准则，[①]对教育活动从顶层设计到具体实施都起着重大的指导作用，使教育实践免于盲目的境地。说其复杂，是因为不同的机构或专家对其概念的认知或解读分歧颇多。比如，教育原则能否跨越时代、意识形态而独立存在？个性优先还是社会性优先？理想与实践如何平

————————
① 黄启兵.教育原则的澄清与重构［J］.教育理论与实践，2005（6）：11-14.

衡？是原则服从于目标还是目标与原则共生……可见，越是重要的事物越难以达成根本性的共识。然而重要源于需要，教育原则不彰，教育进步难显。面对教育诉求日趋复杂的现代社会，教育原则仍存在与时俱进、不断完善与发展的必要。

**（一）概念的提出**

综观广为应用的教育原则及各下位行为原则，如以人为本教育原则、个性与社会性统一教育原则、启发式教学原则、兴趣导向教学原则、导向式德育原则、疏导式德育原则等，不难发现它们大多具备顺应类特征，即顺应个体或社会的需要、顺应某类自然或社会发展需要立论以成规范。顺应大势是人类在长期的生产生活中总结出来的颠扑不破的真理，其实用性及可靠性毋庸置疑，但在教育这一特殊领域完全照搬则恐有失当之嫌。教育之所以特殊是因为教育面对的对象是人，人是兼具生物性与社会性的高等智慧生命，教育被赋予了双重使命：既要服从于社会化，又不可背离个性化。而个性化与社会化的对立统一注定了人的教育之途必然困难重重。顺应类教育原则要完美应用于教育领域至少隐含了两个假设：第一，人的成长环境、条件是完全合乎理想的，且将来对应的现实环境亦是理想化的；第二，个人需要、教育理想、社会期许三者高度合拍，个性化与社会化之间的任何冲突均可化解。以上两个假设从理想原点出发，至理想终点结束，自成逻辑，似乎难以证伪。然而冷静下来后我们不得不承认，真实的世界并非如此，而是恰恰相反：人的成长环境、条件与理想相距较远，而现实环境不仅复杂，且颇多险恶；教育愿景与社会需要的脱节是常态，个人夹杂在教育理想与社会期许之间会经常陷入困境。以以人为本教育原则为例，我们虽然相信并愿意努力践行这一崇高理念，但在实践层面，我们在多大程度上能真正做到以人为本——无论是教育实践还是社会实践？以兴趣导向教学原则为例，我们高度强调兴趣对个人发展的重要性，但在真实生活中又有多少人能真正做自己感兴趣的事，或总是能面对自己感兴趣的人？倘若面对的人和事均与我们的兴趣相左又当如何处置？再以导向式德育原则为例，德育导向的实质就是价值诉求的去多元化。价值诉求因人而异，个体间的价值诉求千差万别，个体与社会期许的价值诉求往往也貌合神离。价值导向如何才能有效地达成去异求同？费效比是否经济？如果不成，那么症结何在？当如何改进？是否有必要跟进……显然，顺应类原则难以完全解释以上诸多问题。

逆应原则不是对顺应类原则的否定与颠覆，而是补充与完善。如果说顺应类原则关注的是教育理想，那么逆应原则则着眼于教育现实。顺应类原则从应然到应然，逆应原则从实然到实然，因此，逆应原则从一开始便坚持问题导向，即教育情境必须是社会现实的真实投影，只有首先承认社会现实不良，并将种种不良纳入教育学习认知的对象区间，逆应原则才有存在的意义。理由有三：其一，教育现实是社会现实的一个组成部分，如果社会现实的真实情况是非理想的，教育现象怎么可能超然物外臻于理想？社会中德位不配、能位不配的现象比比皆是，作为教育工作关键一极的教育工作者群体中力不胜任者不在少数，仅以此推论，顺应教育原则的效果已然大打折扣，教育理想如何实现？这就有了逆应原则发挥作用的余地。其二，教育的终极目标是使人良好地融入社会，这意味着教育必须赋予人清醒认知社会的知识和能力，并相应具备适应社会生活的知识及素养。真善美显然不是真实社会的全部，教育有责任让受教育者也能接触到不美好的体验。以权利和尊严为例，理想条件下，任何个体的权利和尊严不容侵犯。但在现实中，侵犯与反侵犯、维权与反维权总是接连出现。侵犯也好，维权也罢，二者之间既有边界，又有平衡点，从这一点来讲，坚持将教育办成"象牙塔"式的教育是功绩，亦是败笔。逆应原则使用得当则建功可期。其三，即便排除教育及社会的不良干扰因素，人自身亦存在诸多不确定性。如惰性、生物性偏好、青春期叛逆、遗传性暴力倾向等，这给人的社会化进程增添了变数，这些对顺应类原则来说可能有些力不从心，但这恰恰属于逆应原则聚焦的领域。

逆应原则从问题出发，归于何处？这个问题其实也可置换为其他的句式：面对困境，我们当如何自处？面临困难，我们应具备何种素养？智慧如何产生……其实，从古至今，由中而外，无数先贤已经在思考这些问题，并尝试给出了发人深省的解答。理性是只有通过奴隶般的艰苦磨炼才能得到的。[①] 如何磨炼意志？无非借着外界种种困难，将自己的意志千锤百炼，炼成一种不屈不挠的意志。一所好学校既应该给学生提供丰富的知识，也应该给学生提供发展情感、锻炼意志的机会……开展形式多样的挫折磨炼活动，并使之经常化、制度化。[②]20 世纪 50 年代，美国心理学家阿姆塞尔基于动物实验和儿童行为实验，提出了"挫折—奋进"理论。"逆境商数"用于衡量一个人应对逆境的能力，"心理韧性"是个体从消极经历中恢复过来并灵活适应外界多变环境的能力……[③]综合无数直面人性拷问的思想实验和研究成果可以发现，面对逆境或压力，只有有意识地将其主动纳入人类的生命进程而不是回避和否认，人类才有可能超越自身的局限性，从不可能走向可能。因而，不妨将逆应原则定义如

---

① 柏拉图.理想国［M］.郭斌和，张竹明，译.北京：商务印书馆，1986.

② 翟天山，杜时忠.逆境教育问题初探［J］.华中师范大学学报（人文社会科学版），1999（1）：31-37+158.

③ Stoltz P. G. Adversity Quotient—Turning Obstacles into Opportunities［M］New York：John Wiley & Sons, Inc.，1997.

下：通过设置可控的情境障碍、条件剥夺或不良体验等逆向教育手段，培养以"抗逆力"为核心的综合心智素养的教育准则或标准。

**（二）内涵**

逆应原则并非新生事物，哪怕在最原生态的教育形态中，逆应原则都天然存在。在人类漫长的文明史中，放养式的教育占据了相当长的时期，彼时大多数人既缺乏系统的成长指导，也没有科学知识作为身心发展的依靠，人们顺其自然，随波逐流，宛若现代的孤岛求生，优胜劣汰，适者生存，顺应、逆应皆在其中。到了近现代，人们逐渐发现了个体身心发展的科学规律，顺应类教育原则作为标志性的教育文明发展成果主导了教育走向，垄断了教育话语权。逆应教育原则由于没能体系化地进入教育系统中，日益被边缘化，平衡自此被打破。现代教育理应全面深刻地认识逆应教育原则的重大意义，研究并揭示其丰富内涵。

1. 以深度内省为前提

逆应原则关注教育和社会的阴暗面，却追求人性光明，这就注定了冲突和风险的存在。因而逆应原则的应用存在着较大的不确定性，这些不确定性既可能关乎个体差异，也可能关乎教育效果。以个体差异为例，有研究发现，在同样的压力和逆境下，有的儿童身心健康，而有的儿童却有明显的心理疾病或精神失常。[1] 显然，个体差异明显。那么个体差异源于何处？可能源于先天，也可能来自后天。如果是先天因素，这意味着对脱敏人群采取逆应方案，只需细节可控，教育效果只有大小差异，其他可忽略不计。但对部分敏感人群，逆应原则的切入必须万般小心，一个不慎，很有可能不仅不能对教育对象的身心进行补强，甚或可能导致逆反效果，造成或轻或重的伤害，那就得不偿失了。如果是后天因素，对脱敏人群的处置方案可如前文所述；而对敏感人群，就必须抽丝剥茧，找出其成长经历中的偏离或退缩源头，对症下药，制定针对性的教育或矫正方案，给予顺向或逆向手段定向补偿。无论是前者还是后者，均要求对人群作细致的筛查，然后针对不同的个体研究并制定个性化的方案，严忌"一刀切"。而这一切的实施，没有对教育的深度内省是不可能的。再以教育效果为例，简单区别无非可划分为负效、无效、低效、高效四种情况。如果是前三种结果，显然大家难以接受。然而要解决问题，我们却面临一系列棘手的难题。我们该怎样准确地测量教育效果？选择什么样的工具？由谁来组织测量？精度如何把握？如果我们连教育效果都无法确知，我们所谓的所有原则又在多大程度上拥有合理性？我们虽然号称早已进入教育现代化时代，事实上我

---

[1] 梅烨. 逆商的内容结构及其相关因素研究［D］. 广州：暨南大学，2013.

们的教育却从未摆脱过这种混乱的状态，因为教育领域从未建立过有效的深度内省机制，而没有深度内省作为前提，逆应教育原则要真正地发挥作用将成空谈。

2. 是对顺应教育原则的逆调谐

顺应教育主导了个体发展的方向和结构，逆应教育是在此基础上的局部强化、修正及补全。所谓调谐，原意指调节一个振荡电路的频率使它与另一个正在发生振荡的电路（或电磁波）发生谐振。[①]这里的逆调谐可定义为通过逆应教育原则指导下的行动方案和顺应教育共同作用以实现受教育个体身心的定向发展。首先，逆应教育是对过度依赖顺应教育的矫正。以兴趣导向为例，人之兴趣有多元性、可变性、强度、维持度等多个指标。过度强调兴趣导向弊端明显——多元性可让人精力难以集中，可变性不利于个体的深度学习，强度大小变化意味着学习者专注力稳定性的不可预期，维持度则直接影响个体意志品质的锻炼。过度依赖兴趣，学习者很容易因为选择过多而无从选择。而适度的逆兴趣训练，进可培养新兴趣，退可强化学习者坚毅的学习品质及适应能力，顺逆结合，个体在目标事务和人际关系的处理能力方面将获得更大的自由度。其次，可对部分顺应教育目标产生逆向强化。以自尊管理为例，为加强内隐自尊儿童的自我管理水平，顺应教育开出的药方通常是：对高内隐自尊的流动儿童进行更多积极刺激和正强化，使其拥有更多正性情绪；而对于低内隐自尊的流动儿童应注意少用消极刺激或惩罚性负强化，避免负强化增强其不良情绪状态和行为，应对他们有更多宽容和鼓励，多给予积极刺激诱导和积极情绪训练，引导其产生更多积极情绪。[②]这个处置方案非常典型，同时具有普遍性，即无论内隐水平高低，无区分地强调顺应的正强化。从理论上讲，顺应教育的处置方案并不缺乏合理性——即便无功，通常也无过。但如此矫治的效果如何？标本兼治的概率有多大？恐怕研究者本人都没有足够的信心。但如果在儿童早期成长过程中就引入逆强化，通过可控的伤害与反伤害指导训练，增强儿童对自尊伤害的耐受力，高内隐自尊的形成可能是大概率事件。同样，在事后的矫治中恰当使用逆应教育，更好的有效矫正效果同样可能是大概率事件。此外，逆应教育还可填补顺应教育的缺位。在人的成长过程中，失败或挫折会随机地发生，针对失败与挫折管理，系统性、专业性的指导基本缺失。在学业失败群体中，这一现状如果不能得到及时的纠正，如无法正确归因，后果通常较为

① 来自百度百科。
② 李时来，李玥漪，王力，等．外显自尊和内隐自尊对流动儿童情绪的影响［J］．中国健康心理学杂志，2020（3）：419-424.

严重。学习不良的学生往往存在不恰当的归因方式,[①] 这句话反之推导亦成立。儿童因无法摆脱学业失败挫折逐渐丧失学习意愿,从而沦为顽固型学困生难以救赎。而逆应教育可通过系统的失败或挫折管理训练帮助相当一部分学生改善处境,且此类训练对学业处境良好的学生群体也有一定的积极作用,因为恰当的归因对个体的学习和行为有积极促进作用。[②] 如"逆境商数"的创造者——加拿大培训咨询专家 Paul Stoltz 所言:"将障碍变成机会。"

3. 主要作用于非智力领域

逆应教育原则并不具备顺应类教育原则那样全面的普适性,这在其概念中已有明示,以抗逆力为核心的非智力领域应是其发挥作用的主阵地。抗逆力,也称为心理弹性、复原力、韧性等,是指个体身处困难、挫折、失败等逆境时的心理协调和适应能力。[③] 不难发现,抗逆力本身就是一个内涵非常丰富、覆盖面非常宽广的概念,几乎涉及心理的所有要素,从心理欲望、学习动机到自我意识、情绪管理,乃至人生规划、人际技巧,逆应教育原则皆有用武之地。尽早在我国开展逆应教育的研究和应用具有重要性和紧迫性,因为我国国情的特殊性强烈需要强有力的心理干预力量介入青少年的成长进程中。在我国,由于生活水平不断提高,加之独生子女越来越普遍,家庭和社会对孩子倍加保护,使很多学生极少经历磨难,挫折承受能力低。[④] 首部《中国大学生成长白皮书》显示,高校中有 95.7% 的大学生存在迷茫和困惑。[⑤] 2012 年,教育部印发了《中小学心理健康教育指导纲要(2012 年修订)》。2018 年,中共教育部党组印发《高等学校学生心理健康教育指导纲要》,这些从侧面揭示了我国受教育公民心理健康问题形势的严峻。当然,逆应教育虽然潜力巨大,也不可过于高估其作用。因为以心理为代表的非智力领域通常属于内隐性领域,对其进行干涉存在作用周期长、产生效果慢、问题易反复、退行性风险(加重伤害)等问题,且实施条件苛刻(专业要求高)。具体实施需要全社会高度重视,投入足够的资源,各方面密切配合、科学设计、专业施工,以内在保护性因素为切入点,以体验式的学习为手法,是一个行之有效的提升青少年抗逆力的教育模式。[⑥] 而确保风险可控则应当视为首要前提。

① 韩含,李积鹏,刘玉琳,宋文翠.学习不良初中生学业成败的归因训练研究[J].心理与行为研究,2019(4):529-535.
② 胡晓红,张倩.高职数学学优生与学困生归因的分析与研究[J].教育与职业,2009(24):177-178.
③⑥ 沈之菲.青少年抗逆力的解读和培养[J].思想理论教育,2008(1):71-77.
④ 边仕英.挫折情绪产生源理论及其对我国教育的启示[J].西南民族大学学报(人文社会科学版),2007(9):231-233.
⑤ 王聪聪,朱立雅.中国青年报与腾讯 QQ 联合发布《00 后画像报告》[EB/OL].(2018-05-04)[2019-7-11].http://news.cyol.com/yuanchuang/2018-05/04/content_17158497.htm.

# 附录

# 中小学教育惩戒规则（试行）<sup>①</sup>

第一条　为落实立德树人根本任务，保障和规范学校、教师依法履行教育教学和管理职责，保护学生合法权益，促进学生健康成长、全面发展，根据教育法、教师法、未成年人保护法、预防未成年人犯罪法等法律法规和国家有关规定，制定本规则。

第二条　普通中小学校、中等职业学校（以下称学校）及其教师在教育教学和管理过程中对学生实施教育惩戒，适用本规则。

本规则所称教育惩戒，是指学校、教师基于教育目的，对违规违纪学生进行管理、训导或者以规定方式予以矫治，促使学生引以为戒、认识和改正错误的教育行为。

第三条　学校、教师应当遵循教育规律，依法履行职责，通过积极管教和教育惩戒的实施，及时纠正学生错误言行，培养学生的规则意识、责任意识。

教育行政部门应当支持、指导、监督学校及其教师依法依规实施教育惩戒。

第四条　实施教育惩戒应当符合教育规律，注重育人效果；遵循法治原则，做到客观公正；选择适当措施，与学生过错程度相适应。

第五条　学校应当结合本校学生特点，依法制定、完善校规校纪，明确学生行为规范，健全实施教育惩戒的具体情形和规则。

学校制定校规校纪，应当广泛征求教职工、学生和学生父母或者其他监护人（以下称家长）的意见；有条件的，可以组织有学生、家长及有关方面代表参加的听证。校规校纪应当提交家长委员会、教职工代表大会讨论，经校长办公会议审议通过后施行，并报主管教育部门备案。

教师可以组织学生、家长以民主讨论形式共同制定班规或者班级公约，报学校备案后施行。

第六条　学校应当利用入学教育、班会以及其他适当方式，向学生和家长宣传讲解校规校纪。未经公布的校规校纪不得施行。

---

① 全文摘自中华人民共和国中央人民政府网站（https：//www.gov.cn）。

学校可以根据情况建立校规校纪执行委员会等组织机构，吸收教师、学生及家长、社会有关方面代表参加，负责确定可适用的教育惩戒措施，监督教育惩戒的实施，开展相关宣传教育等。

第七条　学生有下列情形之一，学校及其教师应当予以制止并进行批评教育，确有必要的，可以实施教育惩戒：

（一）故意不完成教学任务要求或者不服从教育、管理的；

（二）扰乱课堂秩序、学校教育教学秩序的；

（三）吸烟、饮酒，或者言行失范违反学生守则的；

（四）实施有害自己或者他人身心健康的危险行为的；

（五）打骂同学、老师，欺凌同学或者侵害他人合法权益的；

（六）其他违反校规校纪的行为。

学生实施属于预防未成年人犯罪法规定的不良行为或者严重不良行为的，学校、教师应当予以制止并实施教育惩戒，加强管教；构成违法犯罪的，依法移送公安机关处理。

第八条　教师在课堂教学、日常管理中，对违规违纪情节较为轻微的学生，可以当场实施以下教育惩戒：

（一）点名批评；

（二）责令赔礼道歉、做口头或者书面检讨；

（三）适当增加额外的教学或者班级公益服务任务；

（四）一节课堂教学时间内的教室内站立；

（五）课后教导；

（六）学校校规校纪或者班规、班级公约规定的其他适当措施。

教师对学生实施前款措施后，可以以适当方式告知学生家长。

第九条　学生违反校规校纪，情节较重或者经当场教育惩戒拒不改正的，学校可以实施以下教育惩戒，并应当及时告知家长：

（一）由学校德育工作负责人予以训导；

（二）承担校内公益服务任务；

（三）安排接受专门的校规校纪、行为规则教育；

（四）暂停或者限制学生参加游览、校外集体活动以及其他外出集体活动；

（五）学校校规校纪规定的其他适当措施。

第十条　小学高年级、初中和高中阶段的学生违规违纪情节严重或者影响恶劣的，学校可以实施以下教育惩戒，并应当事先告知家长：

（一）给予不超过一周的停课或者停学，要求家长在家进行教育、管教；

（二）由法治副校长或者法治辅导员予以训诫；

（三）安排专门的课程或者教育场所，由社会工作者或者其他专业人员进行心理辅导、行为干预。

对违规违纪情节严重，或者经多次教育惩戒仍不改正的学生，学校可以给予警告、严重警告、记过或者留校察看的纪律处分。对高中阶段学生，还可以给予开除学籍的纪律处分。

对有严重不良行为的学生，学校可以按照法定程序，配合家长、有关部门将其转入专门学校教育矫治。

第十一条　学生扰乱课堂或者教育教学秩序，影响他人或者可能对自己及他人造成伤害的，教师可以采取必要措施，将学生带离教室或者教学现场，并予以教育管理。

教师、学校发现学生携带、使用违规物品或者行为具有危险性的，应当采取必要措施予以制止；发现学生藏匿违法、危险物品的，应当责令学生交出并可以对可能藏匿物品的课桌、储物柜等进行检查。

教师、学校对学生的违规物品可以予以暂扣并妥善保管，在适当时候交还学生家长；属于违法、危险物品的，应当及时报告公安机关、应急管理部门等有关部门依法处理。

第十二条　教师在教育教学管理、实施教育惩戒过程中，不得有下列行为：

（一）以击打、刺扎等方式直接造成身体痛苦的体罚；

（二）超过正常限度的罚站、反复抄写，强制做不适的动作或者姿势，以及刻意孤立等间接伤害身体、心理的变相体罚；

（三）辱骂或者以歧视性、侮辱性的言行侵犯学生人格尊严；

（四）因个人或者少数人违规违纪行为而惩罚全体学生；

（五）因学业成绩而教育惩戒学生；

（六）因个人情绪、好恶实施或者选择性实施教育惩戒；

（七）指派学生对其他学生实施教育惩戒；

（八）其他侵害学生权利的。

第十三条　教师对学生实施教育惩戒后，应当注重与学生的沟通和帮扶，对改正错误的学生及时予以表扬、鼓励。

学校可以根据实际和需要，建立学生教育保护辅导工作机制，由学校分管负责人、德育工作机构负责人、教师以及法治副校长（辅导员）、法律以及心理、社会工作等方面的专业人员组成辅导小组，对有需要的学生进行专门的心理辅导、行为矫治。

第十四条　学校拟对学生实施本规则第十条所列教育惩戒和纪律处分的，

应当听取学生的陈述和申辩。学生或者家长申请听证的，学校应当组织听证。

学生受到教育惩戒或者纪律处分后，能够诚恳认错、积极改正的，可以提前解除教育惩戒或者纪律处分。

第十五条　学校应当支持、监督教师正当履行职务。教师因实施教育惩戒与学生及其家长发生纠纷，学校应当及时进行处理，教师无过错的，不得因教师实施教育惩戒而给予其处分或者其他不利处理。

教师违反本规则第十二条，情节轻微的，学校应当予以批评教育；情节严重的，应当暂停履行职责或者依法依规给予处分；给学生身心造成伤害，构成违法犯罪的，由公安机关依法处理。

第十六条　学校、教师应当重视家校协作，积极与家长沟通，使家长理解、支持和配合实施教育惩戒，形成合力。家长应当履行对子女的教育职责，尊重教师的教育权利，配合教师、学校对违规违纪学生进行管教。

家长对教师实施的教育惩戒有异议或者认为教师行为违反本规则第十二条规定的，可以向学校或者主管教育行政部门投诉、举报。学校、教育行政部门应当按照师德师风建设管理的有关要求，及时予以调查、处理。家长威胁、侮辱、伤害教师的，学校、教育行政部门应当依法保护教师人身安全、维护教师合法权益；情形严重的，应当及时向公安机关报告并配合公安机关、司法机关追究责任。

第十七条　学生及其家长对学校依据本规则第十条实施的教育惩戒或者给予的纪律处分不服的，可以在教育惩戒或者纪律处分作出后15个工作日内向学校提起申诉。

学校应当成立由学校相关负责人、教师、学生以及家长、法治副校长等校外有关方面代表组成的学生申诉委员会，受理申诉申请，组织复查。学校应当明确学生申诉委员会的人员构成、受理范围及处理程序等并向学生及家长公布。

学生申诉委员会应当对学生申诉的事实、理由等进行全面审查，作出维持、变更或者撤销原教育惩戒或者纪律处分的决定。

第十八条　学生或者家长对学生申诉处理决定不服的，可以向学校主管教育部门申请复核；对复核决定不服的，可以依法提起行政复议或者行政诉讼。

第十九条　学校应当有针对性地加强对教师的培训，促进教师更新教育理念、改进教育方式方法，提高教师正确履行职责的意识与能力。

每学期末，学校应当将学生受到本规则第十条所列教育惩戒和纪律处分的信息报主管教育行政部门备案。

第二十条　本规则自2021年3月1日起施行。

各地可以结合本地实际，制定本地方实施细则或者指导学校制定实施细则。